汽车制造工艺学

主　编　周述积　叶仲新
副主编　袁金华
主　审　黄寿全

北京理工大学出版社
BEIJING INSTITUTE OF TECHNOLOGY PRESS

内容简介

本书根据汽车相关专业人才培养目标定位而编写，也考虑到专业职业能力培养的要求。其内容包括汽车制造工艺过程基础知识，汽车典型零件机械加工工艺，汽车车架、车轮、车身等制造工艺以及整车总装配工艺，汽车制造轻量化，机械加工质量分析，工件装夹与机床夹具和汽车零件加工工艺规程的制定等，共9章。

本书基于编者长期同东风汽车公司等汽车制造企业开展的校企合作，致力于课程改革与研究，较好地处理了工艺类课程教学与教材的难点，充实了大量汽车生产图片资料，重点强调了新材料、新工艺和冷热加工工艺在汽车制造中的综合应用。

本书适合于高职学校汽车相关专业的师生使用，也可供汽车及相关行业的工程技术人员参考。

版权专有　侵权必究

图书在版编目（CIP）数据

汽车制造工艺学/周述积，叶仲新主编．—北京：北京理工大学出版社，2020.1 重印

ISBN 978-7-5640-8245-1

Ⅰ．①汽…　Ⅱ．①周…②叶…　Ⅲ．①汽车-生产工艺-高等学校-教材　Ⅳ．①U466

中国版本图书馆CIP数据核字（2013）第194384号

出版发行 / 北京理工大学出版社有限责任公司
社　　址 / 北京市海淀区中关村南大街5号
邮　　编 / 100081
电　　话 /（010）68914775（总编室）
　　　　　82562903（教材售后服务热线）
　　　　　68948351（其他图书服务热线）
网　　址 / http://www.bitpress.com.cn
经　　销 / 全国各地新华书店
印　　刷 / 北京虎彩文化传播有限公司
开　　本 / 787毫米×1092毫米　1/16
印　　张 / 17.5
字　　数 / 403千字
版　　次 / 2020年1月第1版第6次印刷
定　　价 / 46.00元

责任编辑 / 张慧峰
文案编辑 / 多海鹏
责任校对 / 周瑞红
责任印制 / 李　洋

图书出现印装质量问题，请拨打售后服务热线，本社负责调换

前言
QIAN YAN

2012年暑期，在全国一次总结与推进校企合作和工学结合的研讨会上，北京理工大学出版社的同志约湖北汽车工业学院与会代表结合学院与东风汽车公司等企业长期开展的校企合作，着力于产、学、研结合，根据课程改革的经验，编写车辆（汽车）工程专业的一本核心书籍，即《汽车制造工艺学》。会后，相关教师与企业人员一同研究与商量，通过近一年的努力，完成了该书的编写。

编写本书的指导思想是遵循"高职专业系统的基础知识培养"和"专业系统的工程能力训练"相辅相成的原则，依托高职学校和汽车制造企业合作资源优势，基于工作过程与要求设计安排内容，注重学生工程能力与素质的培养，以适应就业需求并使学生具有再学习的职业发展潜力。

借鉴和比较同类书籍的经验与不足，本书编写思路是把汽车发展与大规模生产要求、现代制造技术、冷热加工工艺的综合应用三者融为一体，从不同类型零部件结构分析、材料选择、毛坯供货、成形工艺、机械加工、热处理，直至涂装与总装配，构建完整的汽车制造工艺路线，让学习者全面了解、熟悉和重点掌握汽车制造过程的相关专业知识。本书也有意将汽车生产一线管理和制造工程能力训练等融入教学过程。由此，本书按照教学大纲的要求，拟实现三大教学目标：一是为汽车类专业学生提供汽车与机械制造工艺专业应用知识；二是为学生进入汽车产业（汽车制造与零部件配套生产）提供生产技术和工艺管理基础知识；三是为汽车类专业学生完成汽车零部件加工与汽车生产的技术能力综合训练，比如为学生在生产现场学习与考察、工艺文件编制整理、毕业设计等方面提供方法与指导。

本书具有以下特色：内容由传统机械加工工艺扩展到汽车零部件与整车结构分析，形成了由材料到现代制造技术与冷热加工工艺综合应用的融合，总结出不同类型零部件与汽车总成的典型制造（装配）工艺路线，提供了近400幅汽车生产的理论与现场图片资料，比较恰当地处理了知识与应用、理论与实际、结构与工艺的关系，凸显出完整的现场情景和生产指导性。编写技巧上注意到全书前后呼应、少而精、可读性和技术应用指导。

本书分别由湖北汽车工业学院周述积教授、叶仲新副教授担任主编，由吉利控股集团袁金华高级工程师担任副主编。其中，周述积负责编写第1章、第4章（第1~4节）和第6章；叶仲新编写第7~9章；袁金华编写第4章（第5节）和第5章；唐远志教授应邀参与策划并负责编写第2章（第1~3节）；叶四友参编第2章（第4节）和第3章。全书由周述积编写分章学习目标、知识点、思考与习题。

本书由东风汽车公司原总机械师、研究员级高级工程师黄寿全担任主审。黄寿全对书稿进行了认真审阅,并提出了宝贵意见。本书在编写中得到了湖北汽车工业学院、东风汽车公司、浙江豪情汽车制造有限公司等相关领导和不少同事的支持与帮助,在此一并表示感谢。

由于编者水平有限,书中错误在所难免,敬请批评指正。

编 者

目录
MU LU

▶ 绪 论 …………………………………………………………………………………… (1)
   0.1 汽车及其零部件生产模式 ……………………………………………………… (1)
   0.2 汽车制造业现况与发展 ………………………………………………………… (2)
   0.3 课程教学目标 …………………………………………………………………… (3)
   0.4 教学内容与安排 ………………………………………………………………… (3)
      0.4.1 课程内容 …………………………………………………………………… (3)
      0.4.2 教学安排 …………………………………………………………………… (4)
      0.4.3 教学条件 …………………………………………………………………… (4)

▶ 第 1 章 汽车制造工艺过程基础知识 ………………………………………………… (5)
   1.1 汽车制造方法与生产过程 ……………………………………………………… (5)
      1.1.1 汽车生产过程及工艺过程 ………………………………………………… (6)
      1.1.2 工艺过程的组成——工序 ………………………………………………… (8)
      1.1.3 汽车生产的组织形式 ……………………………………………………… (10)
   1.2 汽车零件毛坯成形工艺的应用 ………………………………………………… (11)
      1.2.1 铸造成形方法应用 ………………………………………………………… (11)
      1.2.2 模锻工艺应用 ……………………………………………………………… (14)
      1.2.3 毛坯精化及特种成形工艺 ………………………………………………… (15)
   1.3 汽车零件机械加工尺寸和形状的获得方法 …………………………………… (20)
      1.3.1 零件机械加工尺寸精度的获得方法 ……………………………………… (20)
      1.3.2 零件机械加工形状精度的获得方法 ……………………………………… (21)
      1.3.3 零件表面相互位置精度的获得方法 ……………………………………… (22)
      1.3.4 经济加工精度和表面粗糙度 ……………………………………………… (23)

▶ 第 2 章 汽车典型零件机械加工工艺 ………………………………………………… (25)
   2.1 发动机曲轴机械加工工艺 ……………………………………………………… (25)

2.1.1 发动机曲轴概述 (25)
2.1.2 曲轴的工艺特征 (27)
2.1.3 曲轴工艺分析 (28)
2.1.4 曲轴主要表面的加工 (32)
2.1.5 曲轴其他加工工序 (38)
2.2 发动机缸体的机械加工工艺 (41)
2.2.1 发动机缸体概述 (41)
2.2.2 缸体定位基准的选择 (43)
2.2.3 缸体加工阶段和顺序 (45)
2.2.4 缸体加工工序内容 (47)
2.3 发动机连杆机加工工艺 (52)
2.3.1 发动机连杆概述 (52)
2.3.2 连杆机加工工艺 (54)
2.3.3 连杆辅助工序 (59)
2.4 齿轮制造工艺 (60)
2.4.1 齿轮的结构特点 (60)
2.4.2 齿轮材料和毛坯 (60)
2.4.3 齿轮机械加工工艺 (61)

第3章 车架、车轮制造工艺 (68)

3.1 汽车车架结构及材料 (68)
3.2 车架零件的冲压及车架总成制造工艺 (71)
3.2.1 车架钢板材料 (71)
3.2.2 车架（厚板）冲裁工艺要点 (71)
3.2.3 车架厚板件弯曲成形工艺 (72)
3.2.4 车架纵梁冲压成形方案 (73)
3.2.5 车架横梁冲压成形方案 (73)
3.3 车轮制造工艺 (74)
3.3.1 汽车车轮结构概况 (74)
3.3.2 汽车车轮按材质分类 (75)
3.3.3 型钢车轮结构与选材 (76)
3.3.4 型钢车轮制造工艺 (77)
3.3.5 滚型车轮的制造工艺 (80)
3.3.6 铝合金车轮制造工艺 (83)

第4章 汽车车身制造工艺 (85)

4.1 汽车车身结构 (85)
4.1.1 轿车车身 (85)

    4.1.2 客车车身 …………………………………………………………………… (89)
    4.1.3 货车车身 …………………………………………………………………… (92)
    4.1.4 汽车车身基本构件 …………………………………………………………… (93)
  4.2 汽车车身材料 ……………………………………………………………………… (93)
  4.3 汽车车身覆盖件冲压工艺 ………………………………………………………… (96)
    4.3.1 车身覆盖件的结构与质量要求 ………………………………………………… (96)
    4.3.2 车身覆盖件的冲压工艺 ………………………………………………………… (97)
    4.3.3 车身覆盖件冲压工艺实例 ……………………………………………………… (99)
    4.3.4 车身覆盖件冲压模具 ………………………………………………………… (100)
  4.4 汽车车身装焊工艺 ……………………………………………………………… (106)
    4.4.1 白车身的装焊程序 …………………………………………………………… (106)
    4.4.2 汽车车身焊接方法与设备 …………………………………………………… (107)
    4.4.3 汽车车身装焊夹具及装焊生产线 …………………………………………… (111)
  4.5 汽车车身涂装工艺 ……………………………………………………………… (116)
    4.5.1 汽车车身涂装基础知识 ……………………………………………………… (116)
    4.5.2 汽车车身涂装工艺 …………………………………………………………… (119)
    4.5.3 汽车车身典型涂装工艺 ……………………………………………………… (128)
    4.5.4 汽车车身涂装面漆常见缺陷介绍 …………………………………………… (129)

▶ 第 5 章 汽车装配工艺 ……………………………………………………………… (131)

  5.1 汽车装配基础知识 ……………………………………………………………… (131)
    5.1.1 汽车装配的基本概念 ………………………………………………………… (131)
    5.1.2 汽车装配的常用方法 ………………………………………………………… (132)
    5.1.3 装配精度意义和内容 ………………………………………………………… (133)
  5.2 汽车装配的工艺过程和内容 …………………………………………………… (134)
    5.2.1 装配基本过程 ………………………………………………………………… (134)
    5.2.2 装配的组织形式 ……………………………………………………………… (135)
    5.2.3 装配方法的选择 ……………………………………………………………… (136)
  5.3 汽车装配技术和质量要求 ……………………………………………………… (140)
    5.3.1 总装装配工艺守则 …………………………………………………………… (140)
    5.3.2 典型装配过程质量要求 ……………………………………………………… (143)
    5.3.3 产品防护 ……………………………………………………………………… (146)
  5.4 汽车总装工艺常用设备简介 …………………………………………………… (147)
    5.4.1 整车装配常用工具 …………………………………………………………… (147)
    5.4.2 整车装配常用设备 …………………………………………………………… (148)

▶ 第 6 章 汽车制造轻量化 …………………………………………………………… (152)

  6.1 汽车轻量化的意义与创新途径 ………………………………………………… (152)
    6.1.1 铝、镁合金材料的应用 ……………………………………………………… (153)

6.1.2　低合金高强度钢的开发与使用……………………………………………（154）
6.1.3　其他轻量化材料的应用现状……………………………………………（155）
6.2　汽车通用塑料及其实际应用…………………………………………………（155）
6.2.1　工程塑料在汽车中的应用现状…………………………………………（155）
6.2.2　聚氨酯泡沫塑料…………………………………………………………（156）
6.2.3　通用塑料及其在汽车结构中的应用……………………………………（157）
6.3　FRP 在汽车中的应用…………………………………………………………（162）
6.3.1　SMC………………………………………………………………………（162）
6.3.2　TMC………………………………………………………………………（163）
6.3.3　GMT………………………………………………………………………（164）
6.4　汽车制造中粘接工艺的应用…………………………………………………（167）
6.4.1　汽车用胶黏剂和密封剂…………………………………………………（167）
6.4.2　开创汽车制造中粘接工艺应用的新纪元………………………………（170）

第 7 章　机械加工质量分析……………………………………………………（173）

7.1　机械加工质量的基本概念……………………………………………………（173）
7.1.1　加工精度与加工误差……………………………………………………（173）
7.1.2　表面质量…………………………………………………………………（174）
7.1.3　工艺系统误差分类………………………………………………………（174）
7.2　工艺系统几何误差与控制……………………………………………………（175）
7.2.1　加工原理误差……………………………………………………………（175）
7.2.2　调整误差…………………………………………………………………（175）
7.2.3　主轴回转误差……………………………………………………………（177）
7.2.4　机床导轨误差……………………………………………………………（179）
7.2.5　机床传动误差……………………………………………………………（180）
7.2.6　刀具几何误差……………………………………………………………（181）
7.2.7　夹具几何误差……………………………………………………………（181）
7.2.8　测量误差…………………………………………………………………（181）
7.3　工艺系统受力变形误差及其控制……………………………………………（182）
7.3.1　概述………………………………………………………………………（182）
7.3.2　对工艺系统刚度的认识…………………………………………………（182）
7.4　工艺系统热变形误差与控制…………………………………………………（185）
7.4.1　工艺系统热源……………………………………………………………（185）
7.4.2　工艺系统热变形引起的误差……………………………………………（185）
7.4.3　内应力引起的误差………………………………………………………（188）
7.5　影响表面质量的因素及其控制………………………………………………（189）
7.5.1　加工表面粗糙度影响因素及改进………………………………………（190）
7.5.2　影响表层力学性能因素及改进…………………………………………（192）

第8章 工件装夹与机床夹具 (196)

8.1 工件装夹与机床夹具概述 (196)
- 8.1.1 工件装夹要求与夹具功能 (197)
- 8.1.2 夹具的组成 (197)
- 8.1.3 夹具的分类 (198)

8.2 基准问题 (199)
- 8.2.1 基准的概念 (199)
- 8.2.2 基准的分类 (199)

8.3 工件定位原理及其应用 (201)
- 8.3.1 工件的六点定位原理 (201)
- 8.3.2 工件正确定位应限制的自由度 (203)
- 8.3.3 关于几种工件定位的定义 (204)

8.4 工件定位方式及定位元件 (205)
- 8.4.1 平面定位 (205)
- 8.4.2 外圆定位 (207)
- 8.4.3 圆孔定位 (208)
- 8.4.4 组合表面定位 (210)
- 8.4.5 定位误差分析 (210)

8.5 工件在夹具上的夹紧 (212)
- 8.5.1 夹紧装置组成 (212)
- 8.5.2 夹紧装置的设计要求 (212)
- 8.5.3 典型夹紧机构 (214)

8.6 车床夹具 (217)
- 8.6.1 车床夹具分类 (218)
- 8.6.2 车床夹具设计要点 (219)

8.7 铣床夹具 (220)
- 8.7.1 典型铣床夹具 (220)
- 8.7.2 铣床夹具设计要点 (221)

8.8 钻床夹具 (223)
- 8.8.1 钻床夹具典型结构 (223)
- 8.8.2 钻套结构设计 (225)
- 8.8.3 钻模板结构 (226)

8.9 镗床夹具 (227)
- 8.9.1 镗床夹具的典型结构 (227)
- 8.9.2 镗床夹具的设计要点 (228)

8.9.3 汽车零件镗床夹具案例……………………………………………………(230)

第9章 汽车零件加工工艺规程的制定……………………………………(233)

9.1 概 述……………………………………………………………………………(233)
   9.1.1 机械加工工艺规程及其作用……………………………………………(233)
   9.1.2 制定工艺规程的原则和原始资料………………………………………(236)
   9.1.3 制定加工工艺规程的步骤………………………………………………(237)
9.2 工艺路线分析与设计………………………………………………………………(240)
   9.2.1 粗基准的选择……………………………………………………………(240)
   9.2.2 精基准的选择原则………………………………………………………(241)
   9.2.3 经济加工精度与加工方法的选择………………………………………(243)
   9.2.4 典型表面的加工路线……………………………………………………(249)
   9.2.5 加工顺序的安排…………………………………………………………(252)
   9.2.6 工序的集中与分散………………………………………………………(253)
   9.2.7 加工阶段的划分…………………………………………………………(254)
9.3 加工余量与工序尺寸………………………………………………………………(255)
   9.3.1 加工余量的概念…………………………………………………………(255)
   9.3.2 工序尺寸及公差的确定…………………………………………………(258)
9.4 工艺尺寸链…………………………………………………………………………(259)
   9.4.1 直线尺寸链概述…………………………………………………………(259)
   9.4.2 尺寸链的计算……………………………………………………………(259)
   9.4.3 几种典型工艺尺寸链计算………………………………………………(261)
9.5 机械加工生产率和经济性…………………………………………………………(263)
   9.5.1 生产率……………………………………………………………………(263)
   9.5.2 提高生产率的措施………………………………………………………(264)

参考文献……………………………………………………………………………………(267)

绪 论

0.1 汽车及其零部件生产模式

汽车主要由零件、部件、分总成和总成等装配而成。汽车制造归属于大量生产类型，是一个社会化的生产模式，集汽车制造主体企业和广大地方配套企业合作完成。专业化企业（车间）按产品协议和工艺路线组织、协调生产，必须满足"质量、效率、成本、安全"的原则，最终保证按时、按质、按量供货，绝对不许耽误装车。

汽车及其零、部件生产模式如图 0-1 所示。

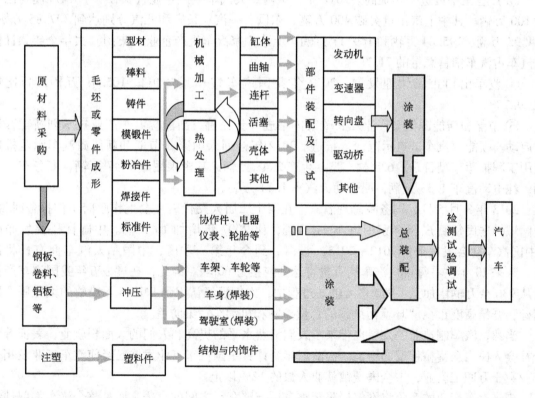

图 0-1 汽车及其零部件生产模式

如图 0-1 所示，企业要生产汽车发动机，首先要依靠铸造、锻造厂（车间）生产毛坯，然后安排机械加工、热处理，并经再加工，待全部零件产品加工检验合格后，经零件库或直接送入装配线，同其他专业技术产品，如火花塞（汽油机）、燃油泵（柴油机）等各种附件进行部件和总成装配,最后调整试验达到发动机所要求的性能指标。

一个完整的生产模式,除了上述毛坯生产、机械加工、热处理、装配和性能检测等过程外,还要进行设置并由专人负责生产准备和生产服务,包括原材料与半成品供应和生产、技术管理等。

0.2 汽车制造业现况与发展

我国汽车工业经济运行情况:据国家工信部网站2013年1月29日发布,2012年,国内汽车市场实现平稳增长,节能与新能源汽车快速发展,出口高速提升,产业集中度进一步提高,汽车产业结构进一步优化。具体表现在以下几个方面:

① 2012年汽车产销量双超1 900万辆,创新全球历史记录。据《行业快报》统计,2012年全国汽车行业规模以上企业累计完成工业总产值5.29万亿元,其中17家重点汽车集团企业完成2.09万亿元,创利税总额3 916.85亿元。

② 1.6L及以下排量乘用车市场平稳发展。2012年,1.6L及以下排量乘用车共销售1 040.50万辆,同比增长5.7%。

③ 产业集中度进一步提高。2012年,国内5大汽车生产企业(集团)产销规模均已超过100万辆。其中上汽销量突破400万辆;东风、一汽、长安和北汽分别达到307.85万辆、264.95万辆、195.64万辆和169.11万辆。上述5家汽车生产企业(集团)去年全年累计销售汽车占汽车销售总量的71.7%。

④ 汽车出口市场快速发展。2012年我国汽车整车累计出口105.61万辆,同比增长29.7%。

⑤ 节能和新能源汽车产业发展政策体系进一步完善,新能源汽车产业技术创新工程正式启动。新能源汽车试点示范深入推进。2012年被列入国家《节能和新能源汽车示范推广应用工程推荐车型目录》628款车型共生产2.48万辆,其中乘用车1.47万辆,商务车上万辆;纯电动汽车1.33万辆,混合动力汽车1.14万辆。

2013年3月5日,国务院总理温家宝在第十二届人民代表大会上作政府工作报告时说:我国城镇居民每百户拥有家用汽车21.5辆,比2007年增加15.5辆。中国社科院发布的《中国汽车社会发展报告2012—2013》披露,到今年第一季度,中国私人汽车拥有量将破亿,未来10年左右每百户汽车拥有量将达到或接近60辆。因此,在过去五年我国汽车产销量从930余万辆增加至1 900多万辆的过程中,人们已经认识到PM2.5污染物的大范围严重超标,开始高度重视"环境污染物的总量控制和机动车污染防治"。

当然,汽车制造业的发展也带来了人们消费水平的提高和人们的大面积就业,表征着整个社会人民大众富裕程度的增长。据前三年统计:中国汽车工业发展已经使汽车工业及相关产业数千万职工就业,占全国城镇就业人数的12%以上。

未来汽车产业的竞争将不仅局限于整车厂与整车厂之间的竞争,而是整个汽车零部件制造商、供应链与供应链之间的竞争。所有制造商都在以降低成本、提高效率、引进和加快培养人才等方式增强竞争力。

0.3 课程教学目标

车辆（汽车）工程专业培养面向汽车整车设计制造，汽车零部件生产、管理，汽车检测、维修与销售服务等行业人才。现代大学生应该具有职业岗位所需要的相应基础知识和专业技能、良好的职业道德和职业生涯发展基础，在人才竞争中充分利用各种机遇和优势加速培养自身价值和竞争力。

本书编者长期利用汽车生产的大工程背景——东风汽车公司等生产现场，依靠校企合作，承担汽车制造工艺的理论和生产实习、课程设计等教学工作，从中深深感受到，必须结合汽车生产实际，把汽车制造工艺与生产运行中许许多多活的知识与经验传授给后来者，并充分意识到培养专业人才的责任。由此，编者聘请了一些行业专家负责本节部分内容的编写和主审工作，总的一个目的是让车辆（汽车）工程专业的学生早日适应行业就业需求，满足生产一线需要，跟随世界汽车先进制造技术发展而发展。

本书利用汽车制造工厂的生产现场而科学合理地组织教学，使得教学内容、载体来源于汽车生产实际又回归于汽车生产，经教学而转化、提炼，形成各个有效教学单元。

本书的开发与编写力求体现内容、方法的不断改革创新及教学过程的职业性、实践性和开放性。本书的图文与学生所学的基础知识和学习能力相适应，着力于提高学生对课程的学习兴趣，力求浅显易懂和形象化，以充分调动学生自主学习。

0.4 教学内容与安排

0.4.1 教学内容

本书根据本课程大纲编写。各章内容做如下安排：

第1章 汽车制造工艺过程基础知识

本章首先是从宏观上说明汽车生产过程及工艺过程和汽车生产的组织形式，同时初步引入毛坯精化与近净成形工艺及其在汽车制造中的应用、汽车零件机械加工尺寸与形状的获得方法等。编写技巧上，用词严谨，又说明有关概念、内容的应用意义，引发读者对整个课程的兴趣与学习主动性。

第2章和第3章 汽车典型零、部件制造工艺

这两章与其他同类教材相比不同的是，其先行介绍曲轴、缸体、连杆、齿轮和车架、车轮等汽车典型零件的制造工艺。内容编写中，遵循从结构工艺性分析、工艺过程设计或安排、工艺文件实例介绍，将其典型性或特殊性逐一阐述、说明，以从后面第5~9章的通用性或普遍性中引出规律性的结论。而过去多数教材一般是先讲工件装夹、夹具、工艺规程等，然后再去讲零、部件加工工艺，即由一般到特殊，提不起学生兴趣，有点本末倒置。

第4章和第5章 汽车整车制造四大工艺

这两章把汽车制造的四大工艺，包括车身冲压、焊装、涂装与汽车总装配放在一起编写，既有针对性，又有生产连贯性。内容上不追求深度，主要是做好引入，说明方法、工艺管理、质量控制及自动化生产的意义。

第6章　汽车制造轻量化

这一章内容重点是新材料应用，一是调整学生在课程进行中的思维，建立一个创新思路；二是引导读者重视汽车制造轻量化的途径与现状，并鼓励其对汽车结构与制造工艺的创新改进。

第7~9章　汽车零件机械加工质量、工件装夹、汽车零件加工工艺规程的制定

在第7~9章中，把汽车制造工艺知识的综合应用及工艺技术总结、文件规范等放在一起，从加工质量标准与质量控制途径开始，到工件定位与装夹、夹具应用与设计、机械加工工艺规程的制定等，分章编写，思路连贯、系统，可以一气呵成，便于对读者后续工作的指导与应用。

0.4.2　教学安排

课前完成机械制图、汽车构造、汽车材料、机械制造基础、机械设计、金工实习等技术基础课程和相关实践教学环节的教学。课后安排汽车生产实习，主要是现场学习典型零件的加工工艺与汽车制造生产运行。如果能计划安排1~2周汽车零件制造工艺课程设计，可使学生在课程内容巩固与应用，特别是在工艺文件的撰写和将来毕业设计从事工艺类课题研究或工作中开展工艺技术创新等方面奠定一定的基础。

0.4.3　教学条件

建议通过校企合作进一步完善汽车制造方面的实践教学条件。如在课程教学中，若无法就近组织学生参观汽车生产现场，可考虑在校内建设一个汽车材料零、部件成形与加工工艺展示厅，以利于教学中理论与实际相结合。

第 1 章
汽车制造工艺过程基础知识

【学习目标】

本章先从宏观上说明汽车生产过程与工艺过程的概念和组织形式,然后引入毛坯精化及近净成形工艺在汽车制造中的应用;介绍汽车零件机械加工尺寸与形状的获得方法等。学习中,要求从了解汽车及其零部件生产模式、现代汽车制造业发展状况和汽车大量流水生产的特点出发,了解汽车生产过程,掌握工艺过程与工序的划分和组织,全面回顾毛坯制造方法与本质,逐步学会应用与创新,了解汽车零件机械加工尺寸和形状的获得方法。愿学员在构建汽车零件毛坯、机械加工工艺与制造方法的基础知识之后,能够有较好地学习汽车各分总成、总成及整车制造工艺的思路,以利于自己跨入汽车产业的职业大门。

1.1 汽车制造方法与生产过程

汽车是一个集机、电、光、液、气等综合学科应用的精密机械产品,结构紧凑复杂,要求整车舒适安全、操作轻便、美观大方;汽车生产规模大,产业关联度较高,一年产量至少几十万甚至数百万辆,且一辆车有上万个零件。由此可以计算,为了完成年计划,使得方方面面配套好,一天一个生产班或者一个工人究竟要完成多少辆车的生产任务,需要多少设备、多少材料或毛坯,多少人干活,生产过程怎样安排,设备与生产场地如何布置,物品等在工厂、车间怎样流动。凡此种种说明了具有现代化生产模式的汽车制造与组织是何等的不容易。上述一系列问题,多数还是管理上的事,而有关汽车制造方法、专业技术及相关知识、技能等方面的内容与工作错综复杂,这些都是我们要学习和解决的问题。下面首先介绍一下汽车制造工艺过程的基本知识。

(1)传统制造方法

汽车制造就是对材料进行冷热加工、零件成形与装配的生产过程。图 1-1 所示为轿车装配与调试现场情景。

金属热加工工艺包括铸造、锻压、焊接、热处理、表面改性和粉末冶金等。

金属冷加工工艺主要包括金属切削、板料冲压、特种加工与成形等。

非金属材料成形,比如注塑与复合材料的成形和加工。

(2)现代汽车制造技术

现代汽车制造技术可以用以下四点来概括,即:综合机械制造知识与技能,交叉光、电、声、信息、材料、管理等学科理论，融合社会科学、文化、艺术等，构建出现代汽车生产服务体系。

1.1.1 汽车生产过程及工艺过程

汽车由上万个零、部件和分总成组成，发动机、底盘、车身三大总成构成整车。汽车的生产特点是产量大、品种多、质量高，生产组织涉及整个社会行业。

图1-1 轿车装配与调试现场情景

1. 汽车生产过程及其组成

（1）汽车生产过程

汽车生产过程是指将原材料或半成品通过各种加工工艺过程制成汽车零件，并将零件装配成各种总成，最后将总成通过总装配组装和调整为整车的全过程。

（2）汽车生产过程的组成

汽车生产过程由基本生产过程、辅助生产过程、生产服务过程及技术准备过程组成。

基本生产过程包括毛坯成形（铸造、锻造、冲压、焊装、粉末冶金）、零件机械加工、毛坯或半成品热处理、涂装、总成和整车装配等工艺过程，是产品整个生产过程的中心环节。

辅助生产过程包括动能供应、非标准设备及工装夹具等准备过程。

生产服务和技术准备过程包括运输、材料与配件采集、产品销售与服务等，形成了一个庞大的物流、信息流和协作网。

（3）汽车制造工艺过程

在生产过程中，直接改变生产对象的形状、尺寸、相对位置和材料性能等，使之成为半成品或成品（汽车）的全过程即汽车制造工艺过程。汽车制造工艺过程包括毛坯成形、热处理、零件的机械加工及零、部件与总成的装配等工艺过程。

2. 毛坯制造工艺过程

毛坯制造工艺过程是指通过铸造、锻造等方法将合金材料制成具有一定形状、尺寸和性能的铸件或锻件的过程。图1-2所示为生产过程中典型铸、锻件的毛坯形态，其中图1-2(a)所示为刚凝固并带浇注系统的缸体毛坯；图1-2(b)所示为锻造飞边切除后的齿轮锻件毛坯和飞边。

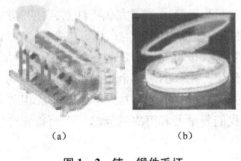

（a）　　　（b）

图1-2 铸、锻件毛坯

铸造属于金属液态成形，其是将熔化后温度、成分合格的合金液浇注到与零件内外形状相适应的型腔中，待其冷却凝固（结晶）后得到铸件的生产方法。汽车曲轴、气缸体、气缸盖、变速器壳体和铝合金车轮、铝活塞等都是铸件。

锻造属于金属塑性成形，其是指合金材料受力产生不可恢复的塑性变形而形成所需形状、尺寸与高性能的零件毛坯的加工方法。齿轮、连杆、十字轴和载重车前梁等都是模锻件。汽车模锻件是通过锻模锻造得到的，即利用锻模对加热坯料施压受力而使之在模膛内依靠塑性变形而成形。

冲压也属于金属塑性成形，它是把一定厚度的薄板在室温条件下受力分离，并通过弯曲、拉深、翻边、成形等变形工序而得到各式壳体与加强筋零件。汽车车身覆盖件和骨架零件大多由金属板料冲压成形。

金属焊接在汽车制造中应用很广，属于金属构件的连接成形技术。汽车车身主要通过焊接进行装配。

粉末冶金成形也属于毛坯或制品成形，其包括配料混粉、模压成形和高温烧结三大主要生产环节，属于粉末烧结成形技术。

塑料为高分子材料。塑料的成形与应用是汽车轻量化的重要途径。

在现代汽车制造中，通过精密铸造、精密锻造、精密冲裁、冷镦、冷挤、轧制等都可以直接成形零件制品，实现少、无切屑加工。同样也可以通过粉末冶金与注塑等方法直接得到零件制品而无需加工。

3. 零件机械加工工艺过程

零件机械加工工艺过程是指在机床设备上利用切削刀具或其他工具，将毛坯或型材、棒料通过切削加工成零件的工艺过程，如图1-3(a)和图1-3(b)所示。

(a)

(b)

(c)

图1-3　零件机械加工和轴类零件表面感应淬火
(a) 车削；(b) 铣削；(c) 高频感应淬火

零件机械加工工艺过程是进一步改变毛坯形状和尺寸的过程，也称其为提高零件尺寸精度和表面质量的机械加工工艺过程。机械加工对象主要集中于汽车零件的型面加工。型面加工包括平面、旋转面、孔及诸如齿轮齿面轮廓、球面、沟槽等各种表面的加工。

汽车零件制造中常采用车、钻、刨、铣、拉、镗、铰、磨、超精加工和齿轮轮齿加工中的滚齿、插齿、剃齿、拉齿以及无切屑加工中的滚挤压、轧制、拉拔等方法进行机械加工。

4. 热处理工艺过程

热处理工艺过程指用热处理方法（如退火、正火、淬火、回火、调质、表面热处理等），不改变零件形状，只改善毛坯或零件的使用性能和工艺性能，以挖掘材料性能潜力、提高产品质量、延长零件使用寿命的工艺过程。如汽车零件制造中的铸件、锻件等毛坯退火、正火，曲轴、齿轮等的调质和耐磨面的表面热处理等。调质即钢的淬火+高温回火。图1-3 (c) 所示为轴类零件表面感应淬火的现场情景。

5. 总成及整车产品装配工艺过程

总成及整车产品装配工艺过程是指将半成品或成品通过焊接、铆接和螺旋紧固等方式连接成合件、组件、部件、分总成或装配成总成直至整车的工艺过程。

装配只是改变零件、总成或部件间的相对位置，不改变其尺寸、形状与性能，如车架、发动机、变速器等总成的装配和汽车整车的总装配等。由此，产品装配是对产品相对位置的固定与调整，故称为装配工艺过程。

在生产中,若生产对象不同,则其制造、加工或装配工艺过程也完全不同。

1.1.2 工艺过程的组成——工序

工艺过程是由若干工序组成的。工序按一定顺序排列,是组成工艺过程的最基本单元。

工序内容在机械加工过程中划分较细,其通常还可以划分出安装、工位、工步和走刀等环节与相应内容。

材料成形加工依据形体加工要求与材料及成形工艺方法不同而确立工序内容与顺序,详见本书第3~5章车架、车轮、车身制造与总装配。

图1-4所示为工序内容举例。图1-4(a)所示为大型轴套零件在车床上加工前的安装。图1-4(b)与图1-4(c)所示分别为冲压材料准备和车架焊接中的一道工序。

图1-4 工序内容举例
(a) 车床上安装找正(基准); (b) 冲压材料准备; (c) 车架焊接

1. 工序概念

工序是指一个(或一组)工人在一个工作地点(机床设备),对同一个(或同时对几个)工件所连续完成的那一部分工艺过程。

划分工序的主要依据是工作地点是否改变及对同一个(或同时对几个)工件是否连续加工完成。图1-5所示为用铣削加工汽车变速器输入轴毛坯大、小头两端面的工序安排。

2. 工序内容

机械加工工序可分割成安装、工位、工步和走刀。

(1) 安装

安装,即工件每次装夹后所完成的那一部分工序内容。一道工序可允许有一次或几次安装。

(2) 工位

工位与安装在概念上基本一样,其意义不在于名词本身,而是指工件在通过每一次装夹后所在空间位置上实际完成的那一部分工艺过程,即部分加工工序内容。如图1-6所示,在同一回转工作台上只完成一道工序,可分别在4个工位上实施装卸工件、钻孔、扩孔和铰孔加工。

简单地讲,工位即通过分度或移位装置改变加工位置时,每一位置上所完成的加工内容。工位的变换必须借助机床夹具分度机构和工作台移位或转位来实现。

如图1-7所示,借助卧式铣床的回转工作台夹具可实现一道工序、一次安装、两个工位和连续加工。该方案比掉过头来加工(一道工序、两次安装)更省时、效率更高、位置误差更小。

第1章 汽车制造工艺过程基础知识

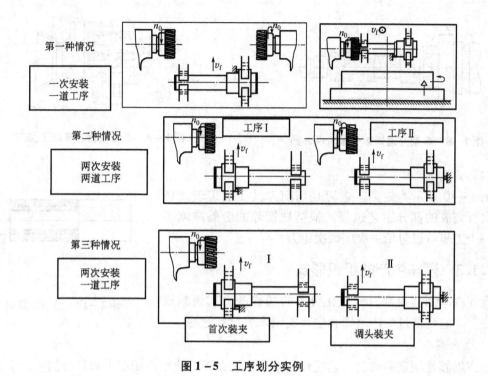

图1-5 工序划分实例

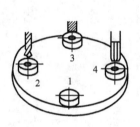

图1-6 回转工作台
上4个工位
1—装卸工件；2—钻孔；
3—扩孔；4—铰孔

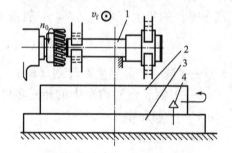

图1-7 借助卧式铣床的回转
工作台加工示意
1—工件；2—回转工作台；
3—夹具底座；4—分度机构

（3）工步与复合工步

工步是指工件同一工位内，在加工表面、刀具和切削用量三不变的条件下所连续完成的那一部分工序内容（工艺过程）。图1-8所示为五个工步实施连续加工。

复合工步是指采用多把刀具同时加工工件的几个表面的加工过程。如图1-9所示，在立轴转塔车床上用多把调整好的刀具，采用一个复合工步来完成钻孔及多个外圆和端面的加工。

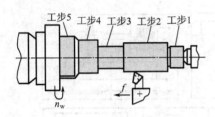

图1-8 车削变速器第一轴阶梯外圆

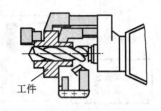

图1-9 在立轴转塔车床上加工

（4）走刀

图1-10所示为走刀。走刀是切削刀具在加工表面切削一次所完成的部分工艺过程。根据被切除的金属厚度不同，一个工步可以包括一次或数次走刀。

1.1.3 汽车生产的组织形式

现代汽车制造业都以专业化分工与协作的方式组织规模化生产。它是通过生产纲领和生产类型来进行实施的。

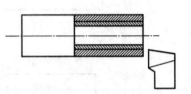

图1-10 走刀示意图

1. 生产纲领

生产纲领是制定和修改工艺规程的重要依据，是企业按市场需求和自身的生产能力，在一定计划期内（如一年）所应生产的产品产量和进度计划。

汽车零件的年生产纲领（N）一般按下式计算：

$$N = Qn(1 + a\%)(1 + b\%) \tag{1-1}$$

式中，Q——同一产品年生产计划（辆）；

n——1辆（台）汽车中的相同零件数；

$a\%$——备品率；

$b\%$——废品率。

2. 生产类型及其工艺特征

根据企业（车间）专业化生产程度的分工和生产纲领中产品年产量的不同，汽车产品和零件的生产类型可以划分为大量生产、成批生产和单件生产。

汽车产品和零件的生产类型取决于产品特征（重、中、轻、微、轿）和生产纲领。

汽车制造厂生产类型与生产特征及年产量之间的关系见表1-1。

（1）大量生产

大量生产指每年产品品种单一稳定，每个产品年产量大，一台机床设备可长期固定地重复进行某个或某几个相似零件的某一道工序内容的加工。例如汽车、轴承、空调、彩电等的制造。

（2）成批生产

每年生产的汽车产品品种较多，每种产品产量较大，产品或零件呈周期性地成批投入生产。如每台机床或同一个工作地点担负较多机械加工工序，乃至成批重复完成不同零件或同一零件相似工序的加工。这就是成批生产。

表 1-1 汽车制造厂机械加工车间生产类型的划分   辆

生产类型	汽车特征	轿车或1.5t以下商用车年产量	商用车或特种车年产量	
			2~6t 汽车	8~15t 汽车
单件生产		各类汽车新产品的试制，数量一般为一辆或几十辆		
成批生产	小批量	2 000 以下	1 000 以下	500 以下
	中批量	2 000 ~ 10 000	1 000 ~ 10 000	500 ~ 5 000
	大批量	10 000 ~ 50 000	10 000 ~ 30 000	5 000 ~ 10 000
大量生产		50 000 以上	30 000 以上	10 000 以上

成批生产又可分为大批、中批和小批生产。

大批生产和大量生产的工艺特征相似，小批生产又和单件生产工艺特征相似。因此，人们常常只称大批大量生产和单件小批生产。

一般情况下，轿车制造多属于大量生产；中、轻型货车制造多属于大批量生产；重型车、特种车制造多属于中批量生产。

(3) 单件生产

单件生产一般指每年生产的产品品种多而不确定，每个品种数量少而不定型，每台设备或工作地点只能单个生产不同的产品，很少重复，如重型机器制造、专用设备制造以及汽车制造厂中新产品试制等均属单件小批生产。产品维修企业更是如此。

1.2 汽车零件毛坯成形工艺的应用

前面已经提到，汽车上许多零件毛坯均由铸造、模锻和冲压成形。

气缸体、变速器箱体、铝质活塞与轮毂等，采用铸造毛坯并经机械加工而制成零件。

对于连杆、十字轴、载重车前梁、军车曲轴、齿轮等要求高的重要零件，则采用模锻件毛坯，再经相应热处理和机械加工来制成零件。

车身覆盖件与加强件、车架等，直接采用冲压成形方法制成半成品或成品。

铸件、模锻件和冲压件占汽车质量的 70% 左右，因此，铸造、锻造和冲压加工技术在汽车生产过程中占有举足轻重的地位。毛坯成形精度越高，机械加工负荷越小。

1.2.1 铸造成形方法应用

1. 铸造成形方法

铸造按成形方法和工艺条件不同分为砂型铸造和特种铸造。

特种铸造包括熔模铸造、金属型铸造、压力铸造、低压铸造、离心铸造和实型铸造等。

2. 铸造成形工艺过程

砂型铸造工艺过程如图 1-11 所示。

图 1-11 中造型材料是指用来制造铸（砂）型与型芯的混合物。这种混合物以原砂为主，砂型铸造的造型材料包括型砂、芯砂与铸型涂料等。汽车铸件一般采用机械化流水线生产。

型砂、芯砂混合物中均匀混合有原砂、旧砂、黏土、树脂和少量水分，它们分别用以造

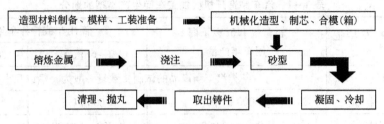

图 1-11　砂型铸造工艺过程

型与制芯，并具有成形性、耐火性、黏合性和透气性等工艺性能。型芯主要用于成形铸件的内部空腔与孔洞。金属熔炼必须保证获得成分和温度合格的合金液，把合格的合金液浇注到装配固定好的砂型中，通过冷却、凝固、开箱和铸件清理，即可获得铸件。

除熔模铸造与实型铸造外，金属型铸造、压力铸造、低压铸造和离心铸造等还需金属铸型，且其金属铸型应用热作模具钢等耐高温材料进行加工制作。其结构工艺特点为强度大，一型多铸，使用寿命长，生产效率高；型腔表面光洁，合金液冷却快，结晶细密，产品力学性能好。但金属铸型制造周期较长，设备投资较高。

熔模铸造与实型铸造仍采用砂型混合物制造铸型，其造型方法基本相同。

3. 铸造成形工艺的优点

铸造是成批或大批量生产汽车零件毛坯的主要制造方法，其优点是成本低、工艺灵活性大、适用范围广。铸造几乎不受零件尺寸大小、形状结构复杂程度、金属材料种类、生产批量的限制。如缸体、缸盖等极为复杂的零件毛坯等只能铸造加工，而其他成形工艺是无法加工制作的。图 1-12 所示列举了 4 种形状复杂的汽车铸件。

图 1-12　形状复杂的各类汽车铸件

4. 汽车铸件类型

汽车铸件根据铸造合金材质与相应铸造方法不同而分为铸铁结构件、铝合金铸件、铜合金铸件和少量小型铸钢件等。铸铁结构件主要以砂型铸造为主；铝合金、铜合金铸件多采用金属型铸造、低压铸造和压力铸造，如活塞、轮毂与汽车变速箱盖等。像汽车上的风路、油路、水路管接头和三通等小型铜合金件、商用车挂钩等铸钢件，一般采用熔模铸造生产。

（1）铸铁结构件

汽车铸铁结构件可以大致分为箱体、盘类，汽车飞轮壳、桥壳及许多安保件类，发动机曲轴类等三类。如气缸体、气缸盖、变速器壳体等属于箱体、盘类，其常选用普通灰口铸铁 HT250（抗拉强度≥250MPa）铸造；汽车飞轮壳、桥壳及许多安保件类则采用铁素体基体球墨铸铁（如 QT420-10）铸造；发动机曲轴等高强度铸件则采用珠光体基体球墨铸铁（如 QT700-02）铸造。以上采用的铸造形式一般为砂型铸造，如图 1-13 所示。

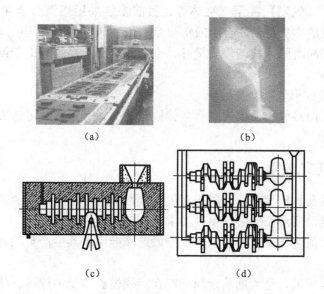

图1-13 砂型铸造成形工艺示意

(a) 砂型铸造生产线；(b) 浇注；(c) 球铁曲轴卧浇立冷工艺；(d) 球铁曲轴侧浇侧冷工艺

所谓铁素体基体球墨铸铁和珠光体基体球墨铸铁即在其石墨晶体满足合格的球状条件下，铁素体基体球墨铸铁的结晶基体组织必须保证75%~80%以上是铁素体，不允许有多量的珠光体出现，以保证足够的塑性和韧度；珠光体基体球墨铸铁必须保证75%~80%以上是珠光体，不允许有多量的铁素体出现，这样才能满足高强度要求。其牌号所规定的力学性能为：QT420-10的抗拉强度与延伸率分别要求达到420MPa和10%以上；QT700-02的抗拉强度与延伸率要求分别达到700MPa和2%以上。

发动机凸轮轴一般采用冷激铸铁铸造毛坯。其凸轮表面通过安放在砂型中的成形冷铁的冷激（快速冷却）作用而形成一层耐磨性非常好的细微渗碳体组织，且轴体与凸轮中心仍然保证得到良好的高强度球墨铸铁。

在当前东风汽车公司和一汽集团的汽车生产中，汽车零件的砂型铸造都实现了机械化与自动流水线方式生产和计算机辅助控制。

(2) 铝合金铸件

汽车铝合金铸件通常采用金属型铸造、压力铸造与低压铸造成形。

① 金属型铸造的应用。汽车活塞是铝硅合金材料（硅含量一般为13%左右），采用金属型铸造成形（见图1-14）。金属型铸造是指将合格的铝合金液浇入周围实施循环水冷的金属型腔内所得到铸件毛坯的过程。

金属型铸造具有尺寸精度高、表面光洁、结晶组织致密、力学性能良好、生产效率高等优点。但是比起砂型铸造来，其铸造工艺相对复杂，且制造成本较高。

② 压力铸造与低压铸造的应用。轿车自

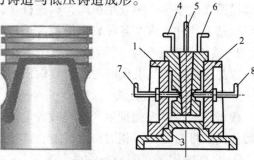

图1-14 铝活塞金属型铸造

1,2—左右半型；3—底型；4,5,6—分块金属型芯；
7,8—销孔金属型芯

动变速器壳体、车轮（轮辋）甚至气缸体等，目前多数采用铝镁合金实施压力铸造或低压铸造成形。压力铸造的本质是铝镁合金或铜合金液借助压铸机的高压以高速注入压铸模型腔内并在高压作用下结晶凝固，其铸件质量好、生产效率高。当然，由于设备与模具的提前投入，其成本相对较高。

（3）用离心铸造成形气缸套铸件

气缸套为薄壁环形铸件，采用耐磨合金铸铁制造，适宜于离心铸造方法成形。离心铸造原理如图1-15所示。

1.2.2 模锻工艺应用

锻造分为自由锻造和模型锻造，属于金属热塑性成形。锻造是指金属被加热到一定温度后受力能产生塑性流动变形而使之获得高力学性能汽车锻件的方法。

因汽车制造为大量生产，故必须采用模型锻造才能满足其生产与毛坯质量要求。

1. 模型锻造

模型锻造，简称模锻，是为加热金属坯料在锻模模膛内受力成形，使得锻件与模膛形状正好相反的塑性成形工艺。锻件是实体（有时带孔），模膛是空腔，加热坯料在模膛空腔内受力塑性流动而形成锻件。图1-16所示为汽车前梁锻造成形后等待校正的瞬时状态。

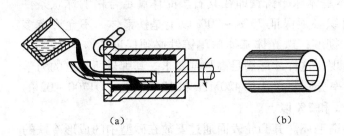

图1-15 气缸套离心铸造工艺示意
(a) 气缸套离心浇注过程；(b) 气缸套毛坯

图1-16 汽车前梁锻造成形后等待校正情景

按使用设备不同，模锻可分为锤上模锻和压力机上模锻等。东风汽车公司等多家企业已采用基于1 200MN的热模锻压力机的锻造自动生产线，主要用来生产质量为75kg左右的前梁与军工要求的汽车曲轴等大型模锻件。

模锻在汽车生产中应用很广，如连杆、转向节、摇臂、万向节及大多数齿轮等都以模锻获得锻造毛坯件。汽车各种典型模锻件毛坯如图1-17所示。

2. 模锻成形过程

以热模锻压力机上模锻为例，模锻成形过程如图1-18所示。

3. 模锻成形工艺优点

模锻是成批或大批量生产汽车锻件毛坯的主要制造工艺方法，适合于中、小型盘类和轴类锻件的大批量生产。相对自由锻造，其优点是：

① 生产效率高，劳动条件得到改善。

② 可锻制形状较复杂的锻件，形状、尺寸精度和表面质量高。

③ 锻件内金属流线分布合理，力学性能好。

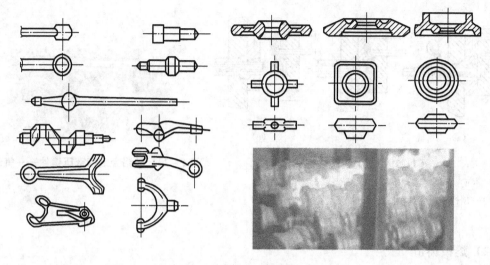

图1-17 汽车各种典型模锻件毛坯

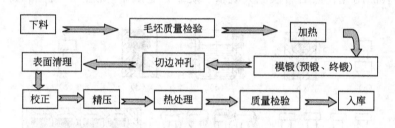

图1-18 模锻成形过程

④ 锻件的机械加工余量小,材料利用率较高。
⑤ 易于组织机械化、自动化生产。

1.2.3 毛坯精化及特种成形工艺

一般铸件和模锻件等毛坯,由于附有机械加工余量、毛边、工艺敷料等,其材料利用率通常为50%~70%。为提高生产率和材料利用率,现代汽车制造业不断应用精密铸造和精密模锻等近净成形工艺,以提高铸、锻件毛坯精度,使毛坯精化,实现少、无切屑加工。

下面列举一些汽车零件毛坯精化及特种成形工艺实例。

1. 铸件精化途径与应用

(1) 压力铸造

前面已经指出,压力铸造是指合金液借助压铸机的高压以高速注入压铸模型腔内并在高压作用下结晶凝固的铸造方法。压力铸造的原理为:在金属模(压铸模)内成形;借助于高压作用结晶,因此,汽车压铸件的铸造精度高、表面质量好、内部结晶组织致密。

压铸件的质量表现为:尺寸精度可达到IT13~IT11;表面粗糙度值为$Ra3.2~0.8\mu m$;强度提高25%~30%,可实现少、无切屑加工。

图1-19所示为压力铸造过程。图1-20所示为硬铝合金精密压铸件——气门摇臂。

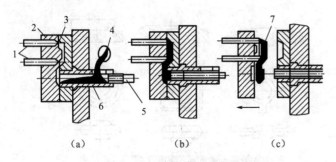

图1-19 压力铸造过程
(a) 合型浇注；(b) 施压成形；(c) 开模取件
1—顶杆；2—活动半型；3—固定半型；4—金属液；
5—压射冲头；6—压射室；7—铸件

图1-20 硬铝合金精密压铸件——气门摇臂

(2) 熔模铸造

熔模铸造又称失蜡铸造，俗称精密铸造。熔模铸造工艺过程如图1-21所示，即先压蜡制模，在蜡模表面制壳，然后熔模流失脱水、烧结，金属熔炼浇注、凝固和铸件清理等。

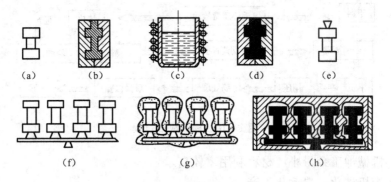

图1-21 熔模铸造工艺过程
(a) 母模；(b) 压型；(c) 熔模；(d) 压蜡；(e) 蜡模；(f) 蜡模组合；(g) 制壳；(h) 造型、浇注

熔模铸造特点：

① 铸型是一个内空壳体，无分型面；铸件无披缝，表面光洁，尺寸、形状精确，尺寸精度可达IT11~IT14，表面粗糙度值为$Ra12.5$~$1.6\mu m$。

② 铸造合金不受限制，任何性质的合金铸件都可以采用熔模铸造成形。

③ 可制造形状特别复杂且难以加工的薄壁（最小壁厚0.7mm）精密铸件，像汽车上的小型风路、油路、水路管接头与三通等小型铜合金和合金钢铸件等，一般都采用熔模精密铸造生产。

熔模铸造广泛应用于汽车、拖拉机、航空、兵器等制造业，已成为少、无切屑加工中最重要的工艺方法，特别是那些具有形状复杂、难以加工的精密合金铸钢件，如商用车挂钩等，需要采用熔模铸造。

2. 精密模锻的应用

精密模锻可直接锻制形状复杂、表面光洁、锻后不必切削加工或少量切削加工的高精度锻件，是精化毛坯或直接获得成品零件的一种先进模锻工艺。如精锻汽车差速器行星锥齿轮零件，锻件尺寸公差可达到±0.02mm以下。

（1）汽车差速器行星齿轮的精密模锻

汽车差速器行星齿轮结构与形状如图1-22所示，其精密模锻工艺要求将锥齿轮齿形直接锻造出来。通过精密模锻所得到的行星锥齿轮精锻件如图1-23所示。

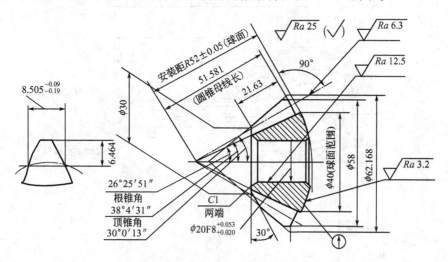

图1-22 行星齿轮结构与形状

精锻工艺流程：下料→车（或磨）削外圆以除去表面缺陷层→加热→精密模锻→冷切边→酸洗→加热→精压→冷切边→检验。

汽车差速器行星锥齿轮精锻锻模结构如图1-24所示，这是典型的开式精密锻模。

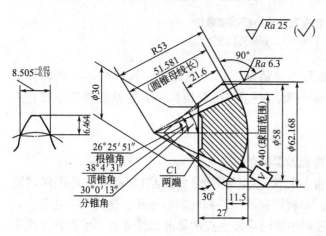

图1-23 行星锥齿轮精锻件

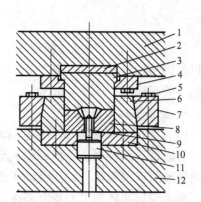

图1-24 行星锥齿轮精锻锻模结构

1—上模板；2—上模垫板；3—上模；4—压板；
5—螺栓；6—预应力圈；7—凹模压圈；8—凹模；9—顶杆；10—凹模垫板；
11—垫板；12—下模板

为便于放置毛坯和顶出锻件，其凹模安放在下模板上，且采用双层组合凹模，并用预应力圈加强，而凹模压圈只起紧固凹模的作用。顶杆可将锻件从凹模中顶出。

（2）轿车连杆的精密模锻

为保证连杆锻件的精度和质量公差（对于轿车发动机连杆≤±5g），汽车发动机连杆常采用精密模锻成形（见图1-25）。

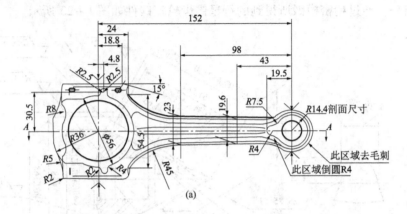

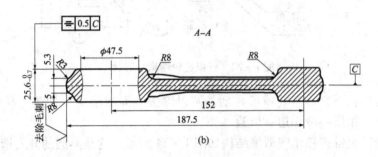

图1-25 轿车发动机连杆精密锻件
(a) 零件图；(b) 精锻毛坯图

某轿车1.6L发动机连杆精锻工艺流程为：精密下料→电加热→辊锻制坯→精密模锻（预锻、终锻）→热切边→热校正→热处理→喷丸→金相组织检验→力学性能检验→探伤→精压→外观检查→称重→弯检。

3. 金属辊压回转加工

（1）金属辊压回转加工工艺原理、特点及其应用

金属辊压回转加工是指利用成形轧辊与轧件（金属毛坯）做相对转动（轧件回转或轧辊回转或两者都回转）的塑性加工方法。如辊锻制坯、特种轧制、辗压、辗环和旋压等。

金属辊压回转加工的特点是在回转过程中使毛坯发生连续局部塑性变形，使得难以成形的环形或截面积保持不变的异形零件能够在相对回转过程中渐次变形而成形。

金属辊压回转加工可分别在加热或室温条件下进行。如辊锻制坯和特种轧制等，一般就控制在锻造温度范围内成形；钢制车轮辗压或旋压等，一般在室温下成形。

金属辊压回转加工在汽车制造中可用于加工齿轮、半轴套管、车轮等，以获得少、无切屑加工的精密锻件。辊压与轧制成形工艺技术已在CA1040轻型车、CA67800轻型车及BJ2310、BJ2815农用车上成功应用。该新工艺比模锻工艺的材料利用率提高了20%，减少了33%的机械加工量，使生产效率提高了1~3倍。

图 1-26 所示为连杆辊锻制坯现场操作情景。

(2) 实例

1) 后桥半轴套管的正挤与横轧成形工艺

后桥半轴套管是变径、变截面的中空管形件，不少国家采用整体模锻工艺生产，其致命弱点是材料利用率很低（<35%），后续机械加工量大，生产率低，制造成本高。我国自主开发的正挤与横轧中空半轴套管成形新工艺实现了该类锻件的精化特种成形。

如图 1-27 所示，局部加热的管坯由芯模推进到由 3 个成形轧辊组成的回转型腔中。半轴套管的外形由轧辊成形面形成，内腔则由芯模保证。

图 1-26 连杆辊锻制坯现场操作情景

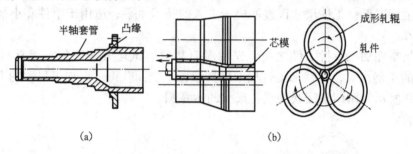

图 1-27 半轴套管正挤与横轧工艺原理
(a) 产品结构；(b) 正挤与横轧原理

2) 汽车从动锥齿轮辗环成形

① 工艺原理。

辗环成形是在旋转的轧辊间进行辗扩的成形方法，如图 1-28 所示。此工艺可用于生产轴承内外圈、凸缘、齿轮等环形锻件。

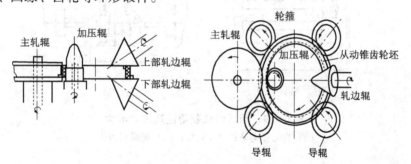

图 1-28 辗环成形工艺原理

② 汽车从动锥齿轮辗环成形工艺流程。

辗环成形工艺可取代模锻工艺生产汽车从动锥齿轮坯。其工艺流程为：下料→加热→镦粗、规圆→冲孔→卡压→辗环→热处理→喷丸。

该工艺已在东风 EQ1090 型与解放 CA150P 商用车的从动锥齿轮生产中得到成功应用，其不仅使材料利用率提高了 15%，而且可使锻件精化，并减少了 25% 的机械加工量。

1.3 汽车零件机械加工尺寸和形状的获得方法

机械加工的目的是获得被加工零件技术要求的尺寸、形状、位置精度和表面质量。

1.3.1 零件机械加工尺寸精度的获得方法

零件机械加工尺寸精度的获得方法通常有：试切法、调整法、定尺寸刀具法、主动及自动测量控制法四种。

1. 试切法

通过在机床上试切、测量、调整、再试切，经多次反复进行到被加工尺寸达到要求为止的方法。

特点：生产率低；工件尺寸误差取决于工人的技术水平；适用于单件和小批生产。

2. 调整法

调整法是指在加工一批工件之前，先用对刀装置或试切方法调整好刀具与工件（或机床夹具）间的正确位置，并在加工过程中保持位置不变而获得一定加工尺寸的方法。

图1-29所示为用调整法获得镗孔尺寸的示意图。

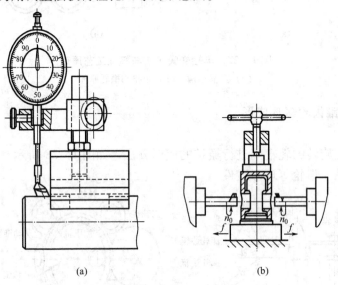

图1-29 用调整法获得镗孔尺寸示意
(a) 镗刀径向伸长尺寸调整；(b) 镗活塞销孔

图1-29(a)所示为镗刀调整器，图中百分表对准刀尖。图1-29(b)所示为活塞夹紧后正处于往返进给状态。在加工一批活塞销孔之前，必须保持刀具与工件间的正确位置不变，即需要将镗刀径向伸长尺寸调整到位并保证被加工活塞销孔尺寸精度要求。

其特点是：生产率高，加工尺寸稳定，适用于大批生产，广泛用于半自动机床或自动生产线加工。

3. 定尺寸刀具法

定尺寸刀具法是利用刀具的相应形状和尺寸来保证被加工表面尺寸的方法，如用钻头、铰刀、拉刀加工孔；用丝锥攻制螺纹孔；用齿轮铣刀、拉刀加工齿轮齿形等。

其特点是：生产率高，加工尺寸精度取决于刀具尺寸精度，适用于大批量生产。

图 1-30 所示为拉削圆孔简图，圆孔拉削用的是定尺寸圆孔拉刀。

4．主动及自动测量控制法

加工过程中，在精密机床上利用检测装置对加工尺寸进行跟踪测量并通过数显控制系统实现自动进给，以保证表面加工尺寸达到精度要求的方法，称为主动及自动测量控制法。

图 1-31 所示为在汽车传动轴类外圆磨削加工中常采用的挂表式主动测量控制装置，其工作原理是：挂表是一只百分表，先按标准样件尺寸调整对零；针对外圆磨削，将装置的三个触点（两个固定触点、一个活动触点）与被磨外圆表面相接触，其中活动触点通过弹性量杆端面与百分表触头接触；随着被磨外圆表面尺寸逐渐减小，百分表指针向一个方向不断摆动。当指针对零时，表示外圆磨削达到标准样件尺寸，然后退出砂轮，完成外圆磨削工序。

自动测量控制法是一种对被加工零件表面尺寸的自动控制方法，其创新思路是把测量、进给装置和控制系统组成一个自动加工控制系统，并依靠该系统自动完成加工过程。这种系统常应用在自动及半自动内、外圆磨床或数控机床上，能适应加工过程中加工条件的变化和自动调整切削用量等。

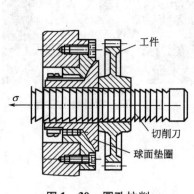

图 1-30　圆孔拉削

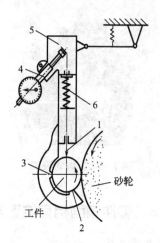

图 1-31　挂表式主动测量控制装置

1—活动触点；2,3—固定触点；
4—百分表；5—量杆；6—弹簧

自动测量控制法的特点是：生产率高，加工尺寸误差小，尺寸稳定性高，适用于大批量生产的汽车制造业。

1.3.2　零件机械加工形状精度的获得方法

零件机械加工形状精度的获得方法有轨迹法、成形法和展成法三种。

1．轨迹法

轨迹法是依靠刀具的运动轨迹而获得工件所需形状的方法。刀具运动轨迹取决于刀具和工件相对位置的切削成形运动，其形状精度取决于成形运动的精度。

机械加工中，普通车削、铣削、刨削、磨削等均属于轨迹法。

2. 仿形法

刀具按照仿形装置（样板或靠模）表面形状轨迹运动进给而获得工件形状的加工方法，称为仿形法（实属轨迹法）。

仿形车削、仿形铣削模具等均属于仿形加工。

其特点是：生产率较高；工件形状精度取决于仿形机构和机床主轴精度；应用于大批量、形状较复杂的零件加工。

采用仿形机构加工凸轮轴上的凸轮比用数控机床加工生产率要高出很多。

3. 成形刀具法

成形刀具法是指使用成形刀具加工获得工件表面的方法。如车外螺纹，拉键槽、花键孔等，如图 1-32 所示。

4. 展成法

展成法又称范成法、包络法、滚切法，其是指在刀具与工件做相对运动中，刀刃包络出被加工表面形状的方法。如滚齿、插齿即属展成法加工。图 1-33 所示为利用插齿刀具与被切齿轮坯的啮合运动切出齿形。

图 1-32 齿轮铣刀

图 1-33 插齿机上插齿

1.3.3 零件表面相互位置精度的获得方法

1. 一次装夹法

一次装夹法是指工件上几个加工表面（包括基准面）的位置精度能够在一次装夹中获得的方法，如图 1-34 所示。

一次装夹加工出的各表面间的位置精度不受定位、夹紧影响，只与机床精度相关，其位置精度能得以保证。

2. 多次装夹法

工件因受加工表面形状、位置和加工方法等的限制，不可能通过一次装夹就可加工出所有型面和尺寸，因而需要采用多次装夹才能完成零件的加工，此种加工方法称多次装夹法。图 1-35 所示为在一台普通车床上通过多次装夹法加工一轴类零件。由于工件各个表面的加工是在多次装夹中进行，因此，位置精度需要在几次装夹中通过多次调整才能获得，其在加工过程中容易出现位置误差。

零件加工表面相互位置精度与诸多因素有关，如机床夹具精度、定位和夹紧方式及夹具本身精度等。采用夹具装夹加工所得到的位置精度相对较高，适用于汽车零件的大批量生产。

图1-34 变速器箱体在专用夹具中铣削加工（一次装夹）

图1-35 普通车床上加工（多次装夹）

在加工过程中，同时获得的零件尺寸、形状和位置三方面的精度有一定的相依关系。一般来说，形状精度高于尺寸精度，位置精度大多高于相应的尺寸精度。也就是说，尺寸精度得到保证时，形状精度和位置精度一般能够得到保证。

1.3.4 经济加工精度和表面粗糙度

1. 经济加工精度

经济加工精度指在正常生产条件下所能保证的公差等级和表面粗糙度。正常生产条件包括采用符合质量标准的设备和工艺装备、使用标准技术等级的工人和不延长加工时间等。

各种加工方法都对应一定经济加工精度和表面粗糙度范围。在选择表面加工方法时，应当满足与工件加工要求相适应的要求等。

2. 经济加工精度与表面粗糙度的关系

经济加工精度和表面粗糙度对应一定的公差等级和表面粗糙度等级范围。一般情况下，被加工表面尺寸公差值小，对应的表面粗糙度值也一定小；但表面粗糙度值小的，尺寸公差值不一定小。例如机床手柄表面、一些要求抗腐蚀或提高疲劳强度的零件表面，规定的表面粗糙度值较小，但尺寸公差却可稍大一些。

【本章知识点】

1. 汽车及其零部件生产模式：社会化生产、专业化生产。
2. 汽车制造方法与生产过程：传统制造方法、现代制造技术、现代汽车生产服务体系。
3. 汽车制造工艺过程及其组织：汽车生产过程及工艺过程；工艺过程组成——工序。
4. 生产纲领与生产类型。
5. 汽车零件毛坯成形工艺的特点、方法、应用及毛坯精化途径。
6. 汽车零件机械加工尺寸和形状的获得方法：零件加工中尺寸、形状、位置精度与表面质量的获得方法与原理。

【思考与习题】

1. 综述汽车制造方法与基本技术内容（写出不少于 300 字的短文）。
2. 何谓汽车生产过程？汽车生产过程由哪几部分组成？如果现在要你去考察一个汽车制造厂，你将如何安排考察路线？
3. 何谓汽车制造工艺过程？汽车制造工艺过程包含哪些子过程？从汽车生产组织需要来说明（顺序不能颠倒）。
4. 汽车零件年生产纲领是如何计算的？如何划分汽车产品和零件的生产类型？
5. 以砂型铸造为例，说明其工艺过程是如何组成的。
6. 说明模型锻造工艺过程、生产条件和在汽车制造中的应用。模锻件有何优点？
7. 特种铸造包括哪些主要方法？说明各种铸件毛坯精化途径及其在汽车制造中的应用。
8. 什么叫工序？如何组织与安排机械加工工序？
9. 如何区分安装、工位、工步和走刀？
10. 综述汽车零件机械加工尺寸和形状的获得方法。

第 2 章

汽车典型零件机械加工工艺

【学习目标】

本章讲述曲轴、缸体、连杆和齿轮（以形面加工为主）四种典型汽车零、部件的机械加工工艺。整体思路是从零件结构与技术要求出发，依次介绍材料、毛坯、结构工艺特点、定位基准选择、机械加工工艺过程、加工方法与质量检验等，以定性分析为主、定量分析为辅，重在提高分析问题和解决问题的能力。学习本章内容要求熟悉曲轴、缸体、连杆和齿轮四种典型汽车零、部件的结构特点，了解其产品材料、性能要求、毛坯制造方法与来源，重点掌握其机械加工中的定位、工艺过程、加工方法、质量控制及热处理工艺的应用等。

2.1 发动机曲轴机械加工工艺

2.1.1 发动机曲轴概述

1. 发动机曲轴工况

曲轴是汽车发动机的主要零件之一，用以将活塞的往复运动变为旋转运动，输出发动机功率。在单列式多缸发动机中，连杆轴颈的数目与气缸数相同，主轴颈的数目由发动机的形式和用途决定。图 2-1 所示为六缸汽车发动机曲轴结构，其主轴颈和连杆轴颈不在同一轴线上，具有七个主轴颈；六个连杆轴颈分别位于三个互成 120°的平面内。曲轴在六个连杆轴颈处形成了六个开挡，因此，曲轴是一个结构复杂、刚性差的零件。

2. 曲轴的技术要求

在曲轴加工过程中，除了要保证曲轴基本尺寸外，更重要的是保证曲轴的加工精度，即形位公差和尺寸公差方面的要求，其主要包括以下几个方面：

① 主轴颈、连杆轴颈的尺寸公差。
② 主轴颈、连杆轴颈的圆柱度。
③ 主轴颈单独以及相对的圆跳动量。
④ 连杆轴颈轴线相对主轴颈轴线的平行度。
⑤ 轴颈表面粗糙度。
⑥ 止推面的平面度和表面粗糙度。
⑦ 止推面与主轴颈的垂直度。

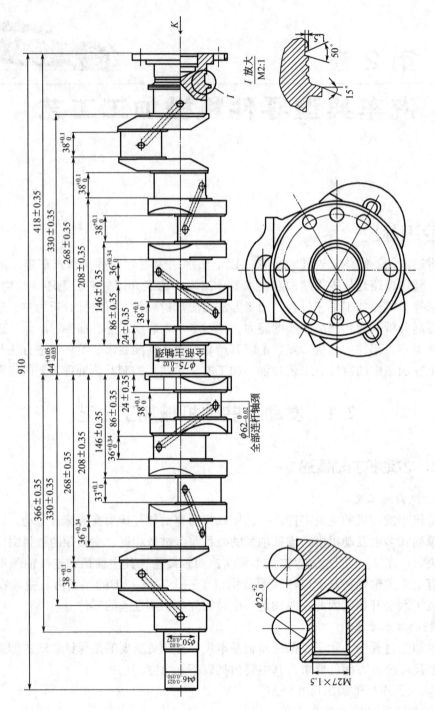

图 2-1 六缸汽车发动机曲轴结构

⑧ 曲拐夹角的相位角度偏差。
⑨ 动平衡精度。
曲轴主要技术参数见表 2-1。

表 2-1 曲轴主要技术参数

要求 内容	尺寸精度/mm	表面粗糙度 $Ra/\mu m$	其他
主轴颈	0.02	0.32	与连杆轴颈轴线间的平行度误差均不大于 0.015mm，平行度误差在每 100mm 长度上不大于 0.02mm
连杆轴颈			之间的角度偏差不大于 ±30°
第 4 主轴颈			以 1、7 主轴颈支承时，径向圆跳动误差不大于 0.03mm
飞轮法兰盘			端面跳动误差不大于 0.02mm，只允许凹入量不大于 0.1mm
曲柄半径	±0.05		
主轴颈，连杆轴颈，曲柄圆角		0.4	
曲轴			动平衡精度小于 100g·cm，需要进行磁力探伤

2.1.2 曲轴的工艺特征

1. 曲轴材料和毛坯

（1）曲轴材料

根据曲轴在发动机运行过程中承受弯曲、扭转、剪切、拉压等交变应力的实际工作情况，要求其具有较高的抗拉强度、疲劳强度、表面硬度、耐磨性及高淬透性；芯部要具有一定的韧度；高温下能保持良好的蠕变强度。

曲轴毛坯的成形方法主要有铸造和模锻两种。

铸造曲轴通常选用球墨铸铁 QT700-02 为材质。这是一种高强度球墨铸铁，并具有一定的塑性，其内部晶体组织是珠光体基体（≥75%~80%）+球状石墨，其铸造性能好，具有较小的缺口敏感性及较好的减震性及耐磨性。若在球墨铸铁中加入微量铜等合金元素，能够起到细化组织、稳定珠光体和提高基体强度的作用，可使曲轴直接进行机械加工，省去了毛坯正火或退火的热处理工序。球墨铸铁曲轴应用广泛，能满足一般功率发动机的工作要求。

模锻一般选用精锻中碳钢或中碳合金钢 45、40MnB、40Cr、45Mn2 等为材料。模锻毛坯的金属纤维分布合理，有利于提高曲轴强度。这类曲轴一般在锻造后需要采用调质（或正火）热处理来进一步提高力学性能并改善其表面加工性能。

近年来，在大功率发动机制造中较广泛地采用一种新钢种进行模锻，即微合金非调质钢。它可以通过在钢中添加微量 V、Nb、Ti 等元素来细化晶粒，提高钢的强度，从而直接省去了调质（或正火）热处理工序而简化了制造工艺，节时、节能，并能改善切削加工性能、提高刀具寿命、降低加工成本。微合金非调质钢相对于调质碳钢可以降低 7%~11% 的成本，相对于调质合金钢可降低 11% ~ 19% 的成本。

国外汽车发动机应用微合金非调质钢锻造曲轴已十分广泛。目前国内已经国产化的典型非调质微合金钢主要有 49MnVS3、48MnV、50MnV 等，但其加工工艺性比较差，且材料价格相对较高。

（2）毛坯技术要求

这里主要是针对球墨铸铁曲轴毛坯而言。其铸造技术要求为：曲柄起模斜度为 1° ~ 1°30′，其余铸造斜度为 30′ ~ 1°；毛坯加工余量为主轴颈、连杆轴颈 4mm 左右，轴颈台肩 3mm 左右；主轴颈、连杆轴颈铸造圆角 R5，其他铸造圆角 R3 ~ R5；铸件表面与内部不得出现砂眼、疏松、缩孔、杂质等内部缺陷；第 4 主轴颈跳动应 ≤2.5mm，其他未注明加工余量偏差为 -1.0 ~ 1.5mm。

2. 曲轴结构工艺特点

图 2-2 所示为六缸发动机曲轴，其包括 7 个主轴颈和 6 个连杆轴颈，连杆轴颈分别位于 3 个互成 120°的平面内。曲轴的结构工艺特点为形状复杂、刚度差、技术要求高。

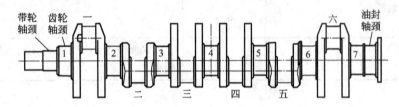

图 2-2 曲轴轴颈分布

1~7—主轴颈；一~六—连杆轴颈

（1）曲轴的形状复杂

曲轴中连杆轴颈和主轴颈不在同一根轴线上，在连杆轴颈加工中易出现质量分布不平衡的现象，需要配备能迅速找正连杆轴颈中心的偏心夹具，且需在夹具中加一平衡块。

（2）曲轴的结构刚度差

曲轴的长径比（$L/d = 11$）大，又具有 6 个偏心连杆轴颈，因此刚度较差。为防止其在加工过程中变形，需要选用较高刚度的机床、刀具及夹具，并用托轮来增强刚性；也可用两端传动和中间传动的方式联合驱动曲轴，增加辅助支承，改善曲轴的支承方式并缩短支承距离，以减小曲轴在加工中的弯曲、扭转变形和振动；同时还可以在加工中尽可能使切削力相互抵消或合理安排定位支承基准使其靠近被加工表面，以减小切削力所引起的变形。中间增设校直工序，能够减小前道工序的弯曲变形对后道工序的影响。

（3）曲轴加工的技术要求高

曲轴的机械加工工艺过程将随生产纲领和曲轴复杂程度的不同而有很大区别，但工艺内容一般均包括定位基准的加工，粗、精车和粗磨各主轴颈及其他外圆；车连杆轴颈；钻油孔；精磨各主轴颈及其他外圆；磨连杆轴颈；大、小头及键槽加工；轴颈表面处理；动平衡；超精加工各轴颈。

2.1.3 曲轴工艺分析

1. 曲轴加工基准的选择

在曲轴加工中，需要选择径向基准、轴向基准及圆周方向上的角向基准，如图 2-3

所示。

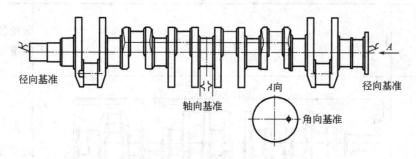

图 2-3 曲轴基准示意图

(1) 径向基准

加工中选择毛坯两端主轴颈作为粗基准铣两端面并钻两端中心孔,再以两端中心孔作径向定位基准。该基准也是曲轴的设计基准。曲轴加工中所有主轴颈及其他同轴线轴颈的粗、半精、精加工都用两端中心孔定位。加工连杆轴颈时一般采用两个主轴颈外圆表面作定位基准,以提高支承刚性。

(2) 轴向基准

选择第 4 主轴颈的两侧端面作为曲轴轴向的设计基准和安装基准。加工连杆轴颈时选用该轴颈的止推轴肩端面作轴向定位基准。曲轴本身不需要精确的轴向定位,在磨削加工工序中采用中心孔作轴向基准,用定宽砂轮磨削加工轴颈侧端面,轴向尺寸精度取决于磨削前的加工精度和磨削中的自动测量系统。

(3) 角向基准

角向定位拟采用在曲柄臂上铣定位面和在法兰盘端面钻定位工艺孔的方法来实现。曲柄臂上工艺定位面的周向定位精度低,只用于粗加工工序;法兰盘上的工艺孔定位精度高,可用于磨削、动平衡和抛光等精加工工序。

2. 加工阶段的划分

曲轴的主要加工部位是主轴颈和连杆轴颈,次要加工部位是油孔、法兰、曲柄、螺孔、键槽等;曲轴加工中除包括机械加工之外,还有轴颈表面中频淬火、探伤、动平衡等,在加工过程中还要安排校直、检验、清洗等工序。

(1) 加工阶段的划分

曲轴的机械加工工艺过程大致可分为:加工定位基准面;粗加工主轴颈和连杆轴颈;加工润滑油道等次要表面;主轴颈和连杆轴颈中频表面淬火;精加工主轴颈和连杆轴颈;加工键槽和轴承孔等;动平衡;光整加工主轴颈和连杆轴颈。

曲轴的主轴颈和连杆轴颈的技术要求都很严格。各轴颈表面加工一般安排为:

粗车→精车→粗磨→精磨→超精加工

粗加工时,一般都以中间主轴颈为辅助定位基准,且都是先粗加工和半精加工中间主轴颈,然后再加工其他主轴颈。

连杆轴颈的粗、精加工一般统一以曲轴两端主轴颈定位。连杆轴颈的粗、精加工都安排在主轴颈加工之后进行。

(2) 工序安排中应注意的问题(见表 2-2)

表2-2 曲轴机加工主要工序

序号	工序名称	工序简图	设备名称型号	工序安排中的注意事项
1	铣端面打中心孔	912.23$_{-0.6}^{0}$，441.95$_{-0.02}^{0}$，$\phi 19_{0}^{+0.2}$，$\phi 12$，1，60°，120°，Ra6.3	铣钻组合机床	主轴颈是连杆轴颈的设计基准。先加工主轴颈，后加工连杆轴颈
2	粗车第4主轴颈		曲轴的主轴颈车床	第4主轴颈是曲轴轴向的设计基准和安装基准
3	铣定位面（第4主轴颈两侧）	A—A	铣床	第4主轴颈是曲轴轴向的设计基准和安装基准
4	粗、精车第1、2、3、5、7主轴颈及法兰端面		曲轴的主轴颈车床	主轴颈是连杆轴颈的设计基准。先加工主轴颈，后加工连杆轴颈
5	铣1、12曲柄臂角向定位面	A向	曲轴定位面铣床	

续表

序号	工序名称	工序简图	设备名称型号	工序安排中的注意事项
6	车连杆轴颈		曲轴连杆轴颈车床	以第4主轴颈为辅助支承，降低曲轴加工中的弯曲变形。精磨时也是如此
7	钻、铰法兰盘工艺孔		钻床	
8	钻油孔		深孔组合钻床	油道孔的进出口都在曲轴的轴颈上；应安排在轴颈淬火前加工，要以粗加工过的轴颈定位
9	中频淬火		曲轴半圆中频淬火机	主轴颈、连杆轴颈表面淬火47HRC，深度2~4.8mm
10	粗、精磨主轴颈		主轴颈磨床	先精磨第4主轴颈，再精磨其他主轴颈和带轮轴颈、油封轴颈等

续表

序号	工序名称	工序简图	设备名称型号	工序安排中的注意事项
11	磨连杆轴颈	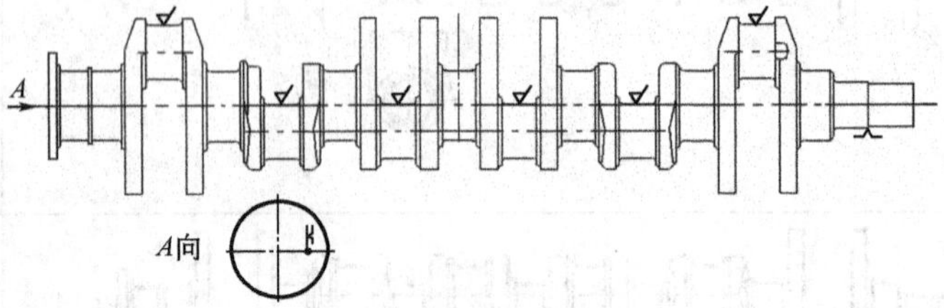	连杆轴颈磨床	以曲轴两端的主轴颈为测量基准，测量其他轴颈的径向跳动。可以通过校直进行纠正。把各轴颈的超精加工放在最后进行
12	动平衡	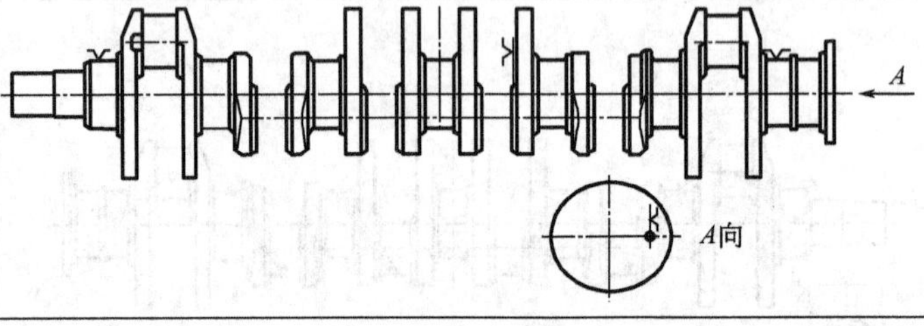	动平衡机	
13	抛光	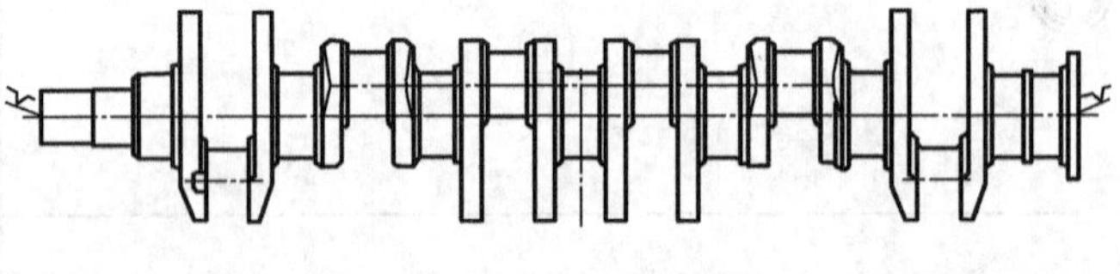	曲轴油石砂、带抛光机	

（3）检查与校直

在最后检查曲轴时，以曲轴两端的主轴颈为测量基准，测量其他轴颈的径向跳动。主轴颈的径向跳动超过要求时，可以通过校直进行纠正。校直对曲轴的疲劳强度有不利的影响，在制定曲轴的机械加工工艺过程中，应尽量减少曲轴的校直次数。为保证余量均匀、减少变形的影响，在关键工序上，如第4主轴颈加工前、淬火后和动平衡去重后等，仍应安排校直。

2.1.4 曲轴主要表面的加工

1. 曲轴中心孔的加工

铣端面钻中心孔是曲轴加工的第一道工序。中心孔是后续加工工序的主要定位基准，它的精度将对后续工序特别是对动平衡产生很大的影响。此外，工序的变动和各加工表面余量分布对动平衡的影响更大。

曲轴有几何轴线和质量轴线两个轴线。如在普通的铣端面、钻中心孔机床上,以曲轴两端主轴颈外圆定位,则所钻出的中心孔是几何中心孔,所形成的轴线就是曲轴的几何轴线。由于曲轴常用几何中心孔定位加工,而几何轴线又往往偏离质量轴线,所以在曲轴加工工艺过程中必须安排曲轴动平衡工序。

曲轴的质量轴线是自然存在的。如果在动平衡—钻中心孔机床上先找出曲轴的质量轴线,再按其轴线所处位置钻出中心孔,这时所得到的则是质量中心孔。用质量中心孔定位加工曲轴,可以大大减少机械加工后平衡和去重所需的工作量,也有利于减少机械加工中机床的磨损。目前质量中心孔使用得较少,原因是动平衡—钻中心孔机床的价格太高。

小批量生产中,曲轴的中心孔一般在普通车床上加工。在大批量生产中,曲轴几何中心孔的加工一般在专用的铣端面打中心孔机床上进行。质量中心孔一般在质量中心钻床上加工。

2. 曲轴加工方法

对于占工时较多的曲轴主轴颈和连杆轴颈外圆的粗加工和半精加工,其加工方法主要是车削、内铣、外铣和车—拉加工。但由于车削连杆轴颈外圆时,必须以连杆轴颈外圆轴线为旋转中心,工件旋转时会产生离心惯性力,且转速越高,惯性力越大,目前单一的车削加工一般都是在远低于最佳切削速度的状态下进行,效率较低。

曲轴铣削加工分为内铣加工和外铣加工。外铣加工对加工刀具精度要求较高,且设备投资过大,生产成本较高。

为了提高加工效率和降低生产成本,目前主要采用内铣和车—拉加工方式加工曲轴。

3. 曲轴轴颈车削加工

(1) 主轴颈车削

大批量生产时,通常在多刀半自动车床上采用成形车刀车削曲轴主轴颈。为了提高主轴颈的相对位置精度,一般采用两次车削工艺。第二次精车主要是为了保证轴颈宽度和轴颈相对位置。为了减小曲轴加工时的扭曲,机床常采用两端传动或中间驱动的驱动方式,如图2-4所示。随着车刀的径向进给,在曲轴转速不变时,切削速度将下降,且由于铸造毛坯的起模斜度或锻造毛坯模锻斜度的影响,端面的切削余量及切削力将逐渐增大。所以专用的曲轴车床在加工过程中,曲轴的转速需要自动增加;而车刀的每转进给量又能自动逐渐减小,以便维持恒速切削,从而能够更好地发挥设备的效率功能和提高加工质量。

为了减少切削时径向切削力引起的曲轴变形,车削主轴颈时,刀具按图2-5所示布置。图2-5中刀具宽度的关系为$a=2b$。为保证各主轴颈的相对位置尺寸,机床顶尖对曲轴的顶紧力不能过大,并保持稳定。在车削过程中,曲轴受热会膨胀弯曲,应加强冷却。

(2) 连杆轴颈车削

小批量生产时,连杆轴颈的粗加工在普通车床上进行,且以连杆轴颈的中心线为回转中心线进行车削。加工时,需在夹具上安装平衡块,以平衡曲轴的重量。当无法依靠加平衡块来解决平衡问题时,则常采用专用机床让曲轴不动,而由刀架旋转进行加工。

在大批量生产中,常采用两端传动的车床来顺次加工位于同一轴线上的连杆轴颈。安装曲轴时应使待加工的连杆轴颈和车床主轴的回转轴线重合。夹具可使曲轴主轴颈的轴线相对于机床主轴的回转轴线偏移一个曲柄半径的距离。这种方法加工连杆轴颈的优点是可以在改

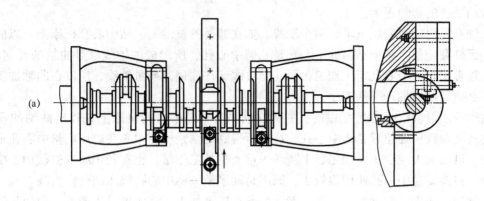

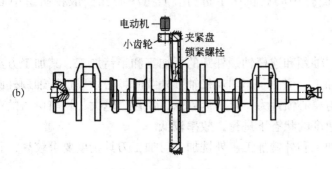

图 2-4 曲轴两种驱动方式

(a) 两边驱动；(b) 中间驱动

装过的普通车床上进行；缺点是无法同时加工多个连杆轴颈，生产率低。在成批生产的工厂里常采用这种加工方法。

由于同时车削所有连杆轴颈的切削力很大，在车削时应将曲轴的主轴颈支承在机床的中心架上。加工时，曲轴绕主轴颈转动，车床上有两根标准的曲轴靠模，它们与被加工的曲轴同步旋转，并带动刀架运动（因刀架安装在靠模曲轴的连杆轴颈上）而对连杆轴颈进行切削，如图 2-6 所示。

为了减小曲轴的扭转变形，可采用两端驱动式机床。这种机床生产率很高，适用于单一品种大批量生产。

4. 曲轴铣削加工

曲轴主轴颈和连杆轴颈的铣削分外铣与内铣两种。铣削所用的刀盘和刀片精度要求很高。铣削与车削相同，也存在温升引起的曲轴变形问题，应尽量加强冷却。

铣削连杆轴颈的加工过程如下：

外铣：以曲轴两端主轴颈径向定位，用止推面周向定位。高速旋转的铣刀径向进给到连杆轴颈规定的直径尺寸后，曲轴低速绕主轴颈轴线旋转一周，铣刀跟踪曲轴连杆轴颈铣削，即可完成连杆轴颈的加工。加工原理如图 2-7 所示。

内铣：连杆轴颈内铣有曲轴旋转和曲轴不旋转两种。曲轴旋转时，定位夹紧与外铣大致相同。高速旋转的内铣刀径向进给到连杆轴颈规定的尺寸后，曲轴低速绕主轴颈轴线旋转一周，铣刀跟踪连杆轴颈做切向进给运动，以完成一个连杆轴颈的加工。加工原理如图 2-8 所示。

工件不旋转时，内铣加工所用的铣刀不仅绕自己的轴线自转，还绕连杆轴颈公转一周。

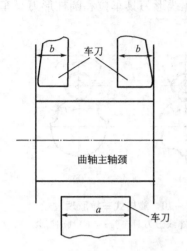

图2-5 主轴颈车削刀具布置

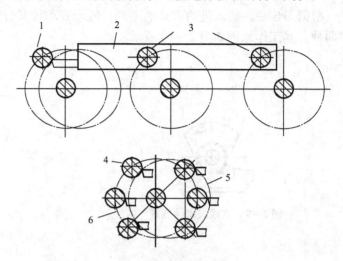

图2-6 连杆轴颈车削原理示意
1,4—工件；2—刀架；3—靠模曲轴；5—刀尖轨迹；
6—连杆轴颈中心轨迹

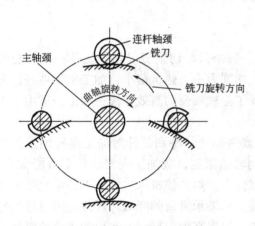

图2-7 外铣连杆轴颈示意

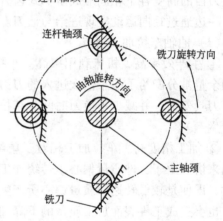

图2-8 内铣连杆轴颈示意

5. 曲轴车拉加工

车拉加工是近些年发展起来的新型加工工艺，目前已在发动机曲轴加工中得到应用。车拉加工实际上是车削和拉削加工的结合，其可在一次装夹中完成轴颈、圆角、辐板侧面的加工，加工精度高，可直接省去精车、粗磨工序。在车拉加工中，除了工件做旋转运动以外，刀具也做进给运动，以实现车拉切削加工。

根据刀具的运动形式，车拉加工可分为直线式车拉和旋转式车拉两类。

(1) 直线式车拉

直线式车拉是在加工过程中，车拉刀具沿曲轴轴颈切线方向做直线运动，曲轴旋转，进给量由相邻两个车拉刀之间的高度差——即刀具升程来确定。车拉刀具与平面拉刀相似，其工作原理如图2-9所示。

(2) 旋转式车拉加工

旋转式车拉中,工件旋转,刀具也同时旋转并有时兼做径向进给运动。

根据刀齿径向切入进给方式的不同,旋转式车拉又分为螺线形刀具车拉和圆柱形刀具车拉两种,其工作原理如图 2-10 所示。

图 2-9 直线式车拉原理

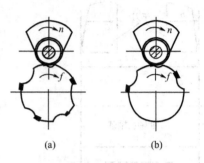

图 2-10 旋转式车拉原理
(a) 螺线形刀具车拉;(b) 圆柱形刀具车拉

采用螺线形刀具时,工件与刀具轴线之间的距离保持不变,刀具的径向切入进给是靠刀具上刀齿的高度各不相同形成阶梯式齿升来实现的。采用圆柱形刀具时,刀具一边做旋转运动,一边通过径向运动实现进给与让刀。

(3) 曲轴车拉加工特点

① 生产效率高,机床利用率高。车拉加工中,每个刀片切削刃仅切削工件一次,总的切削余量被分配给了多个依次进入的刀刃切除。其切削力小,热负荷小,加工平稳性好,提高了刀具寿命,并减少了换刀时间。车拉加工实现了曲轴轴颈的高效、快速加工,适用于大批量生产。

② 加工精度高。车拉加工相对于单纯曲轴车或曲轴铣,特别是针对加工连杆颈及其两侧面来讲,由于工件质量偏心,传统加工方法受到转速限制,故加工表面质量不可能太高。同时,即使是较低转速,质量偏心所产生的离心惯性力依然会使机床主轴和工件系统受到冲击,也会造成工件表面加工质量的下降和设备主轴支承轴承寿命的降低。因此必须通过工件系统合理的随机平衡控制来减小离心惯性力的冲击,以提高加工精度,实现替代曲轴粗磨工序的创新。如果曲轴轴颈有沉割槽需要加工,那么在车拉刀盘上可设置专门刀片将轴颈、轴肩以及沉割槽在一次装夹中同时车拉出来,既不必再另外增加加工沉割槽的机床,也可节省多次装夹所用的时间。

③ 自动化水平高。目前车拉机床加工刀盘以及刀具的调整、清洗都已经有整套专用设备提供市场需要。

6. 曲轴磨削

图 2-11 所示为曲轴连杆轴颈磨削示意图。

对于传统的普通曲轴磨床,磨削线速度为 35m/s 左右,砂轮进给和修整为手动进给,轴径和台肩的磨削余量大,砂轮耐用度低,对工人的技术水平要求较高。

目前,曲轴采用多种磨削方式来加工,主要包括单序加工和组合加工。

采用单序加工方式加工,其磨削效率高,磨削后轴颈的跳动量容易控制,砂轮一次修整完毕后能保证各轴颈尺寸的一致性。缺点是柔性差,只能加工单系列产品。

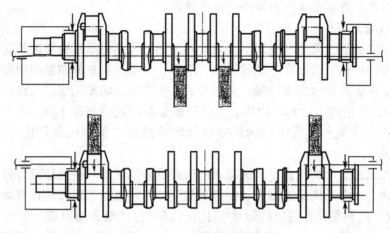

图 2-11　曲轴连杆轴颈磨削

采用多砂轮组合磨削能够适应曲轴加工的需求。例如，对于曲轴前端和后端，可以采用宽砂轮实施组合磨削；磨削四拐曲轴主轴颈可以采用五砂轮组合；磨削四拐曲轴连杆轴颈可以采用双砂轮磨削加工。

推广应用数控技术是实现曲轴精加工的必经之路。由于机床数控技术的发展，人们在曲轴主轴颈和连杆轴颈的精加工（保证曲轴加工质量的关键工序）中广泛采用了带砂轮自动动平衡、砂轮自动修整、自动测量、自动补偿技术和中心架自动跟踪技术，因此，较好地解决了加工中的曲轴磨削变形等问题。比如，中心架自动支撑与跟踪，将在相对应的磨削轴颈上减少曲轴磨削变形；又如，选用恒线速功能的数控主轴颈和连杆轴颈磨床，可避免曲轴磨削烧伤，能够有效控制曲轴磨削变形。其加工质量表现为：曲轴主轴颈和连杆轴颈的圆度误差≤0.005mm，圆柱度误差≤0.005mm；中间主轴颈对两端主轴颈，六缸机跳动误差≤0.03mm，四缸机跳动误差≤0.02mm。

7. 曲轴超精加工

（1）砂轮抛光

曲轴的主轴颈、连杆轴颈及止推面都要求超精加工或抛光。其传统工艺是采用靠模油石超精加工机床，但其加工后容易破坏轴颈几何形状而形成马鞍形，对轴颈尺寸影响较大。砂轮抛光是曲轴超精加工中的先进技术，其所采用砂轮的砂带是防潮静电植砂，能够保证砂粒尖锋朝外。为了实施对圆角和轴肩进行抛光，要求砂带两侧开槽而与加工面贴合。这种两侧开槽砂带可同时抛光主轴颈、连杆轴颈、圆角、轴肩和止推面。

砂轮抛光的效率和精度都远远高于油石。例如对锻钢曲轴，可从 $Ra0.63\mu m$ 抛至 $Ra0.20\mu m$，球铁曲轴可从 $Ra0.80\mu m$ 抛至 $Ra0.20\mu m$，止推面可从 $Ra1.6\mu m$ 抛至 $Ra0.63\mu m$。对于球铁曲轴的抛光，因球铁内的铁素体经磨削后会形成毛刺突起，故须先使砂轮的磨削转向与曲轴转向相反，而抛光时要求其转向与曲轴转向相同，通过如此一反一正才能在抛光中有效地去除球铁曲轴抛光中出现的毛刺，以免曲轴刮伤轴瓦。

这里需要进一步说明，如果曲轴油孔口带有毛刺，则会刮伤轴瓦，出现早期拉毛现象；如果油孔口有尖角，则会在曲轴运转时产生应力集中而形成裂纹，影响发动机使用寿命。特别值得注意的是，如果主油道口与斜油道口交接处过渡不圆整，表面粗糙度低，则更容易形成应力集中。因此,要求必须对曲轴进行抛光处理。

(2) 曲轴滚磨光整加工

曲轴滚磨光整加工也属于超精加工。滚磨光整加工原理是基于游离磨料在力和相对运动的作用下,对工件轴颈表面形成一定的撞击、滚压、滑擦和刻划的微量磨削和滚压作用,其主要用以改善工件表面物理力学性能,提高表面加工质量。曲轴经滚磨光整后,表面粗糙度可达 $Ra0.05\mu m$;清洁度可达 8mg 以内;工件表面显微硬度可提高 12%~5%;且因光整加工的加工余量小,光整前、后零件的尺寸变化均可控制在微米级范围内,一般可保持在 0.001~0.005mm。

滚磨光整加工的运动状况如下:曲轴通过滚磨设备的传动和夹紧装置可做正、反两向的回转运动。运动中由电动机减速器带动偏心圆盘做主回转运动,通过连杆带动装有加工介质(磨料和加工液)的料箱做往复直线运动。于是,磨料与曲轴表面形成一定的相对运动。考虑到磨料具有一定的质量,在加工过程中的任一瞬间,游离磨料对工件表面都会产生一定的撞击、滚压、滑擦和刻划的微量磨削作用,从而实现了曲轴表面的光整加工。

8. 曲轴油孔的加工

曲轴油孔的加工是曲轴尤其是锻钢曲轴加工中的一个难题。其主要原因为:

① 曲轴油孔直径小,一般只有 5~8mm;

② 从主轴颈到连杆颈都是倾斜贯通,属典型细长孔;

③ 在曲面上加工,加工工艺性差。

当前,加工油孔的先进工艺是采用枪钻工艺。枪钻也叫深孔钻,其工作原理如图 2-12 所示。枪钻不但可以用来加工深孔(径长比可达1:250),也可用以加工浅孔(径长比 1:1)。枪钻由钻柄、钻杆和钻头三部分焊接而成。钻柄用于装夹刀具;钻杆用于连接刀头,其常采用韧性较好的材料制成;钻头是切削部分,刀尖是偏心的,采用硬质合金

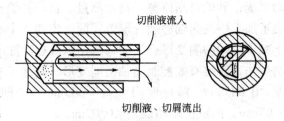

图 2-12 枪钻工作原理

制造。在曲轴油孔加工中,枪钻可以将钻孔、镗孔、铰孔一次完成,一次走刀便可以加工出高精度的油孔。

曲轴油孔钻所使用的是专用钻床,要求保证油孔角度和孔的进出口位置。油道作用是在轴颈与轴瓦相对运动时提供润滑油。如果油孔口偏移,则进入轴瓦油道的润滑油减少,造成发动机整体燃油的经济效能下降,有可能造成早期磨损,甚至出现轴瓦抱死等严重事故。因此,在曲轴油孔加工时首先要保证直油道与斜油道交接口足够大,其次要保证直油道在轴颈方向不偏移。加工时,要求经常对油孔钻头进行检查。钻头进入到与直油孔口交接处需要减慢进刀速度,以避免钻头折断。

2.1.5 曲轴其他加工工序

1. 曲轴动平衡

(1) 曲轴运动时的静平衡与动平衡

曲轴在发动机中高速旋转时,不仅要求曲轴静平衡,而且要求动平衡。所谓静平衡就是

当质量系统旋转时其离心力的合力等于零,即系统的质心(重心)位于旋转轴线上。但当旋转质量不在同一平面时,静平衡不足以保证运转平稳。只有当系统旋转时的旋转惯性力合力 $\sum F$ 及合力矩 M_r 均为0时才处于完全平衡,这样的平衡被称为动平衡。曲轴的不平衡现象是以主轴颈轴线为中心的质量分布不对称而引起的惯性力所致。内燃机旋转质量系统必须保证动平衡,否则将引起很大振动。曲轴由于旋转质量系统不平衡所产生的振动与其转速 W 的平方成正比。振动会导致轴承承受的负载加大、消耗功率增加并加剧磨损,降低轴承寿命;振动会增加发动机工作时的噪声,导致零件从总成上松动并产生疲劳失效等。因此,曲轴平衡精度的高低对发动机的振动、运行平稳性及寿命都有很大影响。对高速旋转的零件进行动平衡的目的就是要消除或减小振动。

对于一个给定物体的不平衡量,可以用一个给定半径的确定质量来表示。设物体附加重物的质量为 G(g),它与质量轴线的距离为 R(mm),则不平衡量:

$$M = GR \tag{2-1}$$

其所产生的惯性力:

$$F = GRW^2 \tag{2-2}$$

实质上,当曲轴处于质量不平衡状态时,其质量轴线与旋转轴线不重合,而动平衡工序的目的就是要在质量不平衡的曲轴上,通过平衡工序自动去除材料或重新分配质量使其达到平衡状态。

(2) 质量中心孔及几何中心孔的选用

前述已指出,在加工轴颈前,曲轴需要进行端面和中心孔的加工,因为中心孔是后续加工工序的主要定位基准,其精度将对后续工序特别是对动平衡工序和各加工表面余量分布产生很大影响。

几何轴线是由支承旋转体的两个轴颈的几何中心点所决定的轴线,如图2-13(a)所示。假设旋转体完全对称,此时质心与几何中心重合,如果旋转体不受轴承限制的话,则其围绕几何轴线旋转。如图2-13(b)所示,在旋转体的几何中心部位上放置一定质量的重块,质心虽发生位置改变,但质量轴线与几何轴线平行,其径向位置偏移一定距离。如果旋转体不受轴承约束,系统将绕质量轴线旋转。图2-13(c)所示为增加重块置于旋转体的一端,质心在径向和轴向平面内均发生偏移,其偏移量与重块的质量 G 成比例关系。在自由状态下,旋转体将绕质量轴线旋转。

(3) 关于曲轴质量中心和几何中心孔的加工问题

① 如果毛坯质量好,留有加工余量小,且加工余量分布均匀,曲轴的质量中心基本上与几何中心重合,则拟选用几何中心孔为宜,不必花费较高的费用去购置定心设备。目前西欧各国对于质量良好的毛坯,经多年使用验证,拟推荐采用几何中心孔。

② 如果毛坯质量较差,首先要求对曲轴制造工艺与毛坯质量进行优化改进。其中,当毛坯加工的余量大且余量分布不均匀时,初始不平衡量较大,可优先选用钻质量中心孔。如果钻几何中心孔,则会因质量分布不均匀,而使转动惯量大,容易损害加工设备精度。在最后进行精平衡时,动平衡机对上机允许平衡的初始不平衡量有一定要求,凡超过规定要求的则不允许进行精平衡。为了达到平衡精度要求,开始必须选用质量定心,以进行第一次动平衡并控制好初始不平衡量。只有在精平衡时才允许经动平衡机去重检平衡是否合格。

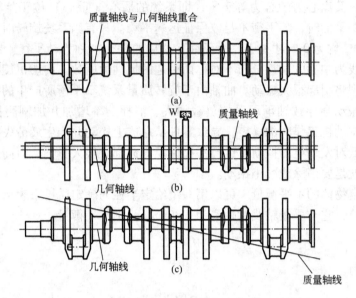

图 2-13 几何轴线与质量轴线分布的三种情况

2.1.6 曲轴滚压强化

曲轴圆角滚压是现代曲轴加工的一种新工艺,如图 2-14 所示。由于曲轴承受的交变载荷在曲轴的各个部位均产生弯曲、扭转等复杂的交变应力,极易造成疲劳断裂,尤其在主轴颈与连杆轴颈和连杆臂的过渡处最为凸出。为了减少应力集中、提高疲劳强度,除了在结构上把过渡处设计为过渡圆角外,同时在工艺实施上对曲轴过渡圆角进行滚压强化,这样可以有效地提高曲轴的抗疲劳强度。

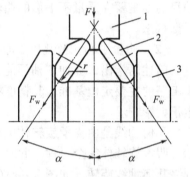

图 2-14 曲轴圆角滚压示意图
1—施力器;2—滚轮;3—曲轴

所谓圆角滚压技术,就是利用滚轮的压力作用,在曲轴主轴颈和连杆轴颈过渡圆角处形成一条滚压塑性变形带,这条塑性变形带的作用如下:

① 曲轴过渡圆角区域产生了残余压应力,这种残余压应力可与曲轴在工作时的拉应力抵消或部分抵消;

② 硬度提高。滚压使圆角处形成高硬度的致密层,提高了该区域材质的机械强度;

③ 表面粗糙度降低。圆角滚压可使圆角表面粗糙度达到 $Ra0.1\mu m$ 以下,从而大大减小了圆角处的应力集中。

上述三方面都相应提高了曲轴过渡圆角处的疲劳强度。

曲轴圆角滚压可一次性地对所有圆角区域进行滚压,且可以控制主轴颈与连杆轴颈圆角不同的滚压用压力,即使在同一连杆轴颈圆角的不同方向上,其滚压用压力也可不同,可经济而合理地得到最佳的滚压效果,从而能够最大限度地提高曲轴的抗疲劳强度。

2.2 发动机缸体的机械加工工艺

2.2.1 发动机缸体概述

1. 缸体结构特点

发动机缸体是发动机的支撑零件,通过它可以把发动机的曲柄连杆机构和配气机构以及供油、润滑、冷却等系统连接成整体。其加工与装配质量会直接影响发动机的工作性能。

如图2-15所示,缸体形状复杂、壁薄、呈箱体形状。其上部均匀分布有若干个经机械加工的活塞孔或活塞—缸套孔,周边铸造有复杂的循环冷却水套。其下部与曲轴箱体上部做成一体,内部空腔较多,且受力严重,结构上要求具有较高刚度。为减轻缸体重量,应减小铸件壁厚。气缸体内部还有许多油道,油道内、外布满了加强筋。

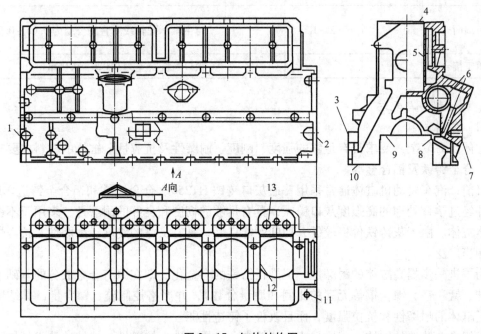

图2-15 缸体结构图

1—前端面;2—后端面;3—固定机油精滤器面;4—顶面;5—气缸孔;6—凸轮轴孔;7—机油泵油口;8—锁口面;9—主轴承座对口面;10—底面;11—定位孔;12—主轴承座端面;13—挺杆孔

2. 缸体的技术要求

缸体的许多平面将作为其他零件的装配基准。发动机许多零件之间的相对位置都是由缸体来保证的。缸体上的很多螺栓孔、油孔、出砂孔、气孔以及各种安装孔都能直接影响发动机的装配质量和使用性能,所以对缸体的技术要求也相当严格。

缸体的主要技术要求见表2-3。

表2-3 缸体主要技术要求一览表

要求 内容	尺寸精度（IT）	表面粗糙度（Ra）/μm	位置公差/mm	其 他
主轴承孔 气缸孔	6~7	1.6~0.8	0.06~0.16	有止口时公差为0.03~0.06mm，各缸孔轴线对主轴承孔轴线垂直度公差为0.06mm
凸轮轴轴承孔	6~7	3.2~0.8		各孔的同轴度公差值为0.03~0.04mm。各凸轮轴轴承孔对各主轴承孔的平行度公差值为0.06~0.1mm
挺杆孔	0~7	1.6~0.4		对凸轮轴轴线的垂直度公差为0.04~0.06mm
顶面	—	1.6~0.8	—	对主轴承中心线的尺寸公差为0.1~0.16mm
后端面	—	3.2~1.6		与主轴承孔轴线垂直度公差为0.06~0.08mm
主轴承座接合面	—			锁口宽度公差为0.026~0.06mm

3. 缸体材料与毛坯

（1）缸体材料

缸体受力复杂，要求具有足够的强度、刚度、耐磨性及抗震性。缸体的材料主要有普通铸铁、合金铸铁及铝合金等。

目前，汽车发动机缸体通常采用普通灰口铸铁HT250、合金铸铁和铝合金铸造。HT250是一种经过孕育处理的高强度灰口铸铁，具有足够的韧度和良好的耐磨性，多用于不镶缸套的整体缸体。由于灰铸铁价格较低，切削性能良好，具有良好的刚度、耐磨性及抗震性，故应用相当广泛。

为了进一步提高缸体的耐磨性，拟推行铸铁的合金化，即在原有合金成分的基础上适量增加硅、锰、铬、镍、铜等元素的比例（质量分数），并严格控制硫、磷含量，其结果不仅提高了缸体的耐磨性和抗拉强度，而且改善了铸造性能。

用铝合金铸造的缸体，其质量小、油耗少，且导热性、抗磁性、抗蚀性和机械加工性能均比灰口铸铁好。由于铝合金缸体需要镶嵌铸铁缸套或在缸孔工作表面上加以镀层，致使原材料价格提升和生产成本相对增加，从而在使用上受到一定的限制。

（2）缸体毛坯

缸体结构内部分布有许多复杂型腔，壁厚较薄（最薄达3~6mm），四周内外都有加强筋，所以缸体的毛坯宜采用铸造方法生产。

在机械加工以前，铸造缸体毛坯需经时效处理以消除铸件的内应力和改善材料的力学性能。要求在铸造车间对缸体进行初次的水套水压试验1~3min，不得出现任何渗漏现象。

在铸造缸体毛坯的质量和外观要求等方面，对非加工面不允许有裂纹、缩孔、缩松、冷隔、缺肉、夹渣、粘砂、外来夹杂物及其他降低缸体强度和影响产品外观的铸造缺陷。特别要求缸孔与缸套的配合面，主轴承螺孔内表面、顶面，主轴承装配轴瓦表面不允许有任何缺陷。

缸体为多工位加工，包含平面切削、镗、钻、攻丝、珩磨等许多加工内容，采用线型直进式自动机床加工，机床间物流使用输送机，形成全自动加工生产线组织生产。

4. 缸体加工的结构工艺性分析

缸体加工主要集中于平面与孔系，其结构工艺性分析如下。

(1) 平面结构工艺性分析

从缸体平面加工来讲，需要注意以下几点：

① 缸体接合面面积较大，且有较高的位置精度和表面粗糙度要求，不可能一次通过加工来完成，应当划分成几个加工阶段。比如，首先要从大平面上切去多余的加工层，以保证精加工后有小的变形量。

② 平面加工需要安排在孔加工之前；对于容易发现零件内部缺陷的工序应安排在前头；各平面孔加工应提到缸孔加工前进行，以免在加工缸孔周围的孔时造成已加工缸孔变形。

③ 对于斜面加工要采用比较特殊的安装方法或采用专用的设备来进行。

(2) 孔系结构工艺性分析

缸体上孔系的位置精度较高，宜采用工序集中方法进行加工，需要多工位的高效专用机床。对孔系尺寸精度较高的部分孔，必须经过精密加工，并需要安排成多道工序来组织生产。

由于缸体各个表面孔的数量多，一般应用多面组合的组合钻床和组合攻丝机床来完成加工。

由于在加工不同方向的深油道孔时，常出现排屑困难、刀具容易折断、孔中心线歪斜、生产节拍较长等问题，因此对深油道孔应采用分段加工，对交叉油道孔加工应先大孔后小孔，也可采用枪钻加工。其中清洗问题要引起足够的重视。

各个深油道孔加工应尽可能安排在前，以免因产生较大的内应力而影响后续的精加工。

2.2.2 缸体定位基准的选择

1. 粗基准的选择

选择缸体粗基准时应满足两个基本要求，即使各主要加工表面余量均匀与保证装入缸体的运动件和缸体不加工的内壁间有足够的间隙。

缸体加工的粗基准通常选取两端主轴承座孔和气缸内孔。如果毛坯铸造精度较高，能保证缸体侧面对气缸孔轴线的尺寸精度，那也可选用侧面上的几个工艺凸台作为粗基准，这样便于定位和夹紧。

由于缸体毛坯有一定的铸造误差，且表面粗糙不平，如直接用粗基准定位加工面积大的平面，因切削力和夹紧力较大，所以容易使工件产生变形。同时由于粗基准本身精度低，也容易因震动而使工件产生松动，所以其通常采用面积很小、相距较远的几个工艺凸台作为过渡基准。图2-16所示为采用毛坯侧面上的相关工艺凸台、底面法兰台及60°缺口作为粗基准。

先以粗基准定位加工过渡基准，然后以过渡基准定位加工精基准。

① 以两端第一、七主轴承座孔和第一气缸孔为粗基准定位，从第一、六气缸孔的上部平面压紧，铣出侧面上的几个工艺凸台作为过渡基准，如图2－17所示。

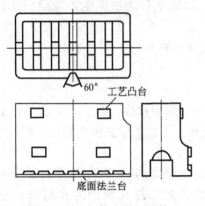

图2－16 缸体定位面结构

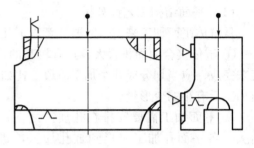

图2－17 加工工艺凸台

② 以侧面的工艺凸台及底面法兰中的两个凸台定位，粗铣顶面和底面（底面为精基准），如图2－18所示。

③ 以底面和靠近底面的两个工艺凸台及法兰上铸出的60°缺口定位，钻、铰两个工艺孔（精基准），如图2－19所示。

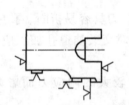

图2－18 加工顶面和底面

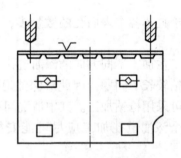

图2－19 加工工艺孔

综上所述，缸体加工过程中选用的粗基准是第一、七主轴承座孔和第一气缸孔。过渡基准是侧面的工艺凸台及底面法兰中的两个凸台。

2. 精基准的选择

在选择精基准时，应考虑如何保证加工精度和安装方便。缸体的精基准都选择底面及底面上的两个工艺孔，即采用一面两孔定位，其优点是底面轮廓尺寸大、工件安装稳固可靠。

缸体的主要加工表面大多数以一面两孔作为精基准，符合基准统一原则，减小了由于基准转换而引起的定位误差。例如主轴承座孔、凸轮轴轴承孔、气缸孔以及主轴承座孔端面等，都可用一面两孔作为精基准来保证位置精度。

加工主轴承座孔和凸轮轴轴承孔时，要求在夹具上设置出镗杆的支承导套，以提高加工精度并增大切削用量。

由于多数工序都以一面两孔作为基准，所以各工序的夹具结构大同小异，故夹具的设计与制造相对简单，缩短了生产准备周期，降低了成本。又因采用单一的定位基准，因此避免了加工过程中经常翻转工件的工序，减轻了工人的劳动强度。

当然，底面作为精基准也有一定不足。用底面定位加工顶面时，存在着基准不重合而产生定位误差、难以保证顶面至主轴承座孔轴线的距离公差及加工时不便于操作者观察切削过程等缺陷。

对于缸体加工，也有采用顶面作为精基准的情况，其优、缺点大致与上述相反。主轴承座孔轴线虽然是设计基准，但由于其半圆孔结构和装夹不方便，所以当前国内生产中很少用其作精基准。国外也有采用主轴承座孔作为精基准的实例。

2.2.3 缸体加工阶段和顺序

1. 加工阶段的划分

气缸体的加工可划分为以下四个阶段。

（1）粗加工阶段

粗加工阶段用于去除各个加工表面的大部分加工余量并加工出精基准，粗加工阶段的关键是如何提高生产率。

（2）半精加工阶段

半精加工阶段主要是为最终保证产品和工艺要求做好准备。某些部位也可由粗加工直接进入精加工而不用半精加工。缸体上主要孔系的加工，比如主轴承孔、凸轮轴孔、缸孔、挺杆孔等的加工都安排有半精加工环节。

（3）精加工阶段

精加工阶段主要是为保证缸体大多数加工部位的尺寸、形状、位置三大精度及表面粗糙度，是缸体加工的关键。

（4）光整加工阶段

当零件上某些加工部位的尺寸、形状要求很高，表面粗糙度值要求很低，用一般精加工手段又较难达到要求时，则要安排光整加工。光整加工的余量很小，其只能提高尺寸精度和形状精度及表面质量，而对位置精度的提高很小。缸体上的不镶套缸孔及主轴承座孔常有光整加工的要求。

2. 缸体工序顺序的安排

缸体形状复杂，具有厚度不同的壁和加强筋，所以在加工过程中常会因种种原因而造成其内应力重新分布，易使工件产生变形。因此，加工时要注意以下事项和原则。

① 先行切去大表面的大部分加工余量，以保证精加工后零件变形最小。
② 切削力和夹紧力大及容易发现零件内部缺陷的工序应该往前安排。
③ 加工深油孔时容易产生内应力，安排时要注意其对加工精度的不利影响。
④ 合理安排密封试验、衬套和轴承等的压装以及清洗检验等非加工工序。

表2-4列出了缸体主要加工工序及其顺序。

表 2-4　缸体主要加工工序一览表

序号	工序内容	工序简图	序号	工序内容	简图
1	铣过渡基准		8	缸套底孔精加工分组压套	
2	粗铣顶平面、底面、对口面、龙门面		9	主、凸孔粗、精加工	
3	精加工底面		10	挺杆孔粗精加工	
4	加工两销孔		11	铣轴承座侧面	
5	粗、精铣前后端面		12	精铣顶平面	
6	粗、精镗缸孔		13	装配	
7	六个面的孔系加工				

注：表中 7、8、13 工序图略。

从表 2-4 可以看出，缸体加工顺序的安排具有以下几个特点：

① 用作精基准的表面（一面两孔——底面和底面上的两个工艺孔）先行加工。这样可使得后来的加工都有一个统一的工艺基准，既简化了设备工装，又方便了产品输送，并为减少工件的定位误差提供了必要条件。

② 按照先粗后精的原则把零件加工划分几个阶段，有利于在加工过程中去除内应力，能有效限制工件在加工过程中所形成的变形量。

③ 合理安排加工顺序，减少了零件的翻转和工人的劳动强度。

④ 正确安排检验工序，使之在粗加工结束之后，能及时地在每段自动线最后一个工位安排检验，这样可防止不合格的半成品流入后面的自动化生产中。

2.2.4 缸体加工工序内容

1. 平面加工

缸体上主要加工平面包括气缸盖结合面（顶面）、前后端面、两侧面、主轴承座接合面及锁扣面，其共同特点是加工精度要求高、面积大。

加工方法——铣削加工。铣削平面是一种高效率、高精度、较经济的加工方法，主要用于大量生产，如图 2-20 和图 2-21 所示。铣床相对拉床结构简单、耗能低。东风汽车公司发动机厂用大拉床拉削缸体平面的返程能耗高，现已淘汰。

缸体平面加工常采用端铣方式，端铣适用于铣削宽大的表面，其特点如下：

（1）生产率高

端铣刀上镶有较多的硬质合金刀头，刀盘直径大，一般为 $\phi75 \sim \phi660mm$，个别可达 $\phi1\,000mm$。各刀齿依次投入切削，无空程损失，在一次行程中可完成工件平面加工。端铣刀的刀杆粗而悬伸短、刚度高且端铣刀镶装硬质合金刀片可进行高速铣削。高速铣削缸体时切削速度达 $80 \sim 130m/min$，比一般高速钢刀具高出 3～4 倍。

（2）表面质量好

端铣时加工余量主要由刀齿的外刃（主刀刃）完成切削，端面切削刃和内刃（副刀刃）起修光作用。精铣端铣刀刀齿的主、副切削刃间一般有一段长度为 f_0 的修光刃（见图 2-21）。由于端铣时刚度大，铣刀与工件表面接触弧较长，参加切削的刀齿数目多，因而铣削平稳，震动小，铣削后的表面粗糙度低。

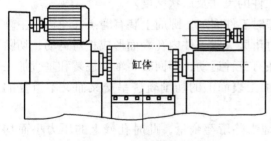

图 2-20 铣削缸体端面

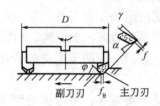

图 2-21 端铣刀刃

对于小平面加工，则采用卧式或立式组合机床，其不仅能够满足加工精度要求和保持较高的生产率，还有利于实现自动化和多品种生产。图 2-22 所示为卧式组合机床同时铣削缸体主轴承座各个侧面的情况。

2. 孔及孔系加工

缸体主要加工孔有缸（套）孔、主轴承孔、凸轮轴孔及挺杆孔等。这些孔的直径较大，孔较深，尺寸精度和表面质量要求高，组成孔系有较严格的位置精度要求，给加工带来了较大的困难。同时缸体中还有许多纵横交叉的油道孔，虽然其精度要求不高，但因孔深较大，在大量生产时也存在不少难点。

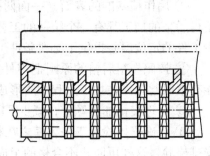

图 2-22 加工轴承座侧面

（1）缸孔的加工

缸孔加工质量对发动机性能有很大影响，其尺寸精度为 IT6~IT7，表面粗糙度为 $Ra1.6 \sim 0.8 \mu m$，各缸孔轴线对主轴承孔的垂直度为 0.06mm，有止口的深度公差为 0.03~0.06mm。所以缸孔加工是难度较大的加工部位，加工时应注意以下几点：

缸孔的粗加工工序应尽量提前，这样可保证精加工后零件变形最小并能及早发现缸孔内表面的铸造缺陷，以最大限度减少机械加工损失。对于缸孔的精加工或最终加工应尽量后移，以避免在其他表面加工后导致缸孔重新变形。

为保证缸孔工作表面的质量和生产效率，其最终珩磨余量要小，以提高生产效率。

缸孔加工的工艺路线如下：

① 粗镗。从缸孔表面切去大部分余量；常采用镶有四片或六片硬质合金刀片的镗刀头；切削深度较大，直径方向上有3~6mm；要求机床刚性足、动力性好，但容易产生大量的切削热，使得工件和机床主轴温度升高。为减少切削热，拟减小切削深度而将缸孔分成二或三次加工，冷却主轴，减小缸体变形。在大批量生产中，多采用多轴同时镗削所有四缸或六缸孔的方法，其切削扭矩较大。为了改善切削条件、减小切削扭矩，有的组合镗床常采用异向旋转的镗杆和立式或斜置式刚性主轴。

② 半精镗。使用装有多片硬质合金刀片的镗刀头，在镗杆上部设有一个辅助夹持器并装有倒角刀片。在半精镗缸孔行程结束前，倒角刀片在缸孔上部倒角。

③ 精镗。通常采用单刀头、自动测量与刀具磨损补偿装置。

④ 珩磨。珩磨是保证缸孔质量和获得表面特性的重要工序，它不仅可以降低加工表面的表面粗糙度，而且在一定的条件下还能提高工件的尺寸及形状精度。

缸孔珩磨的工作原理如图 2-23 所示。珩磨时工件固定，圆周上装有磨条并与机床主轴浮动连接的珩磨头作为工具，在一定压力下通过珩磨头对工件内孔表面形成相对运动，切除表面一层极薄的金属。加工时，珩磨头上的磨条有三种运动，即回转、轴向往复和垂直加工表面的径向进给。前两个运动的合成使磨粒在加工表面上的切削轨迹呈交叉而又不重复的网纹。

为提高珩磨效率，可增多珩磨头，以快速地去除珩磨余量，此时孔壁上的压力小而均匀，且珩磨发热少，提高了磨条寿命。当珩磨余量较大时，可分次进行粗珩和精珩。粗珩时余量控制在 0.06~0.07mm，用比较软性的磨料，自励性好，切削作用强、生产率高，但加工表面容易被划伤；精珩时余量缩小到 $6 \sim 7 \mu m$，选用硬磨条，建议用 120#~280#或 W28~W14，也可采用价格较贵的金刚石磨条。

用金刚石磨条珩磨铸铁缸孔时，为减少珩磨发热量和改善磨条与工件表面的摩擦，常使

第2章 汽车典型零件机械加工工艺

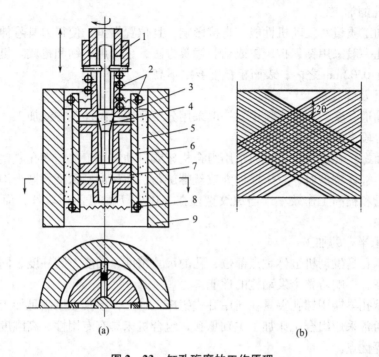

图 2-23 缸孔珩磨的工作原理
1—调整螺母；2—弹簧；3—本体；4—调整锥；5—油石；6—垫块；7—调整销；8—弹簧；9—工件

用煤油作为冷却液。经试验表明，用水替代煤油进行冷却可取得相同的效果，其不仅降低了珩磨成本，还省去了珩磨后的清洗环节。

（2）主轴轴承孔及凸轮轴孔的镗削与珩磨

主轴轴承孔及凸轮轴孔的镗削。为了提高刚度，镗杆除在工件两端采用支承外，在轴承座之间还需要增加中间支承。图2-24所示为采用导柱式镗杆对多个主轴承孔进行镗削。

主轴轴承孔珩磨。主轴轴承孔珩磨一般采用立式珩磨机。与缸孔珩磨相比，主轴轴承孔珩磨工作行程长，处于600~1 000mm，且加工表面不连续。为保证表面质量和主轴轴承孔间的同轴度，宜用长珩磨条。在大量生产条件下常采用装有金刚石珩磨条的珩磨头。

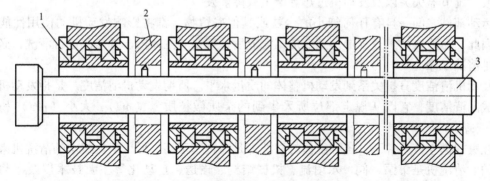

图 2-24 导柱式镗杆镗缸体主轴承孔
1—导向套；2—缸体；3—镗杆

(3) 挺杆孔的加工

挺杆孔的加工质量对发动机性能有直接影响，且位置靠里，使得刀具悬伸较长，影响刀具刚性。挺杆孔一般采用钻、扩、铰或钻、镗等方法，也可用枪钻和枪铰。挺杆孔孔径尺寸精度要求保持在 0.02mm 之内，表面粗糙度要求不高。

(4) 油道孔及螺孔加工

缸体上的油道孔多、深且直径小，一般采用分工序或双向加工方法加工。为了避免钻头折断，宜实施分段进给或扭矩控制。

缸体各表面螺纹孔数量较多，通常用组合机床或自动线加工实施多孔联钻。

在对铝合金缸体攻丝时，可采取加大攻丝螺旋角、加深沟槽深度和抛光沟槽表面等技术措施来保证质量和提高工作效率。当螺纹直径在 M10 以下时可不用攻丝，而是将螺钉直接扭入缸体光孔中。

(5) 主轴承半孔的加工

缸体主轴承孔是发动机缸体重点部位，孔的尺寸精度、圆度、圆柱度、同轴度和表面粗糙度要求都很高，影响着整个发动机的性能。

缸体主轴承孔早期用镗孔夹具在通用卧式镗床上加工，但其难以满足加工精度和生产效率要求。现在通常采用组合机床加工主轴承孔，组合机床具有专用性、高刚度、高效率和稳定的加工精度等优点。

在缸体结构上，主轴承孔、曲轴止推面、后端后油封座的定位孔及后端变速箱连接的定位孔与主轴孔都有较高的位置度要求。为此，在设计镗削主轴承孔的专用镗床时，需要考虑好如何对其加工，比如主轴承孔的精镗需要同时定位并一次性加工，以保证相互的位置精度。

主轴承孔半孔的粗加工常常安排在加工中心上，采用球形铣刀铣削，铣削完工后和主轴承盖合盖，如图 2-25 所示。

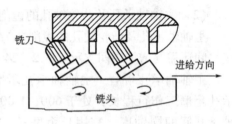

图 2-25 半圆孔铣削加工

3. 缸体的清洗

缸体的清洁度对发动机的使用性能与使用寿命至关重要。发动机缸孔、润滑系统和冷却系统一旦混入型砂、切屑、尘土和毛刺等杂物，就会引起拉缸、轴承烧毁、调节器失灵以及发动机过热等严重故障。发动机运动部件之间一旦有任何细小的尘粒或其他残留物，都将影响发动机的使用性能与寿命。因此，无论在加工过程中还是在加工完成后，都要对缸体内、外全部进行清洗，必须合理安排清洗工序。

发动机清洁度直接关系到发动机整体的质量水平。所谓发动机清洁度，是指发动机零件和总成的清洁度，它以从规定部位所采集到的杂质微粒质量（mg）、大小（μm）和数量（个）来表示。

在大规模生产条件下，各种缸体的清洗都是通过基于高、低压射流技术的清洗机来自动完成的。清洗机是集泵、阀、水射流、机械结构、输送、自动化等主要技术以及密封、通风、热交换、清洗液过滤、除油、除屑等辅助技术为一体的成套装置，如图 2-26 所示。

高、低压射流清洗的技术要点。清洗媒介一般为水基化学清洗剂；为提高清洗剂活

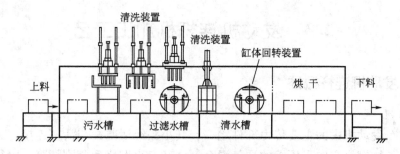

图 2-26 典型的缸体清洗机功能图

性通常需要适当加温；清洗剂通过泵、阀、喷嘴形成具有一定压力的射流；对零件外表面冲洗常采用 0.5~1MPa 的低压大流量，对零件的复杂内腔、孔道的清洗通常采用 1MPa 以上的中、高压较小流量喷射；某些部位可能需要 10MPa 以上的高压射流才能具有好的清洗效果。

插洗、堵洗工艺。一些具有复杂内腔、孔道的零部件，如发动机缸体上的凸轮轴安装孔、润滑油孔道和循环水套等部位，仅靠外部对应喷嘴的直接高压射流还是不够，因为射流进入这些部位会有较大的压力衰减且对孔中孔无能为力，这时就需要采用插洗、堵洗等方法。所谓插洗就是通过可移动的喷管、喷嘴进入零件的内腔或孔道进行喷洗；所谓堵洗就是对于具有多个出入口的相互连通的孔道只留一个入口和一个阻力最大的出口而将其他出口堵住的注水式清洗的方法。

清洗工艺流程：上料──→清洗六面、水套腔──→缸体翻转 180°──→清洗曲轴箱内腔、缸套、主轴瓦座、副油道、底面及螺纹孔──→精洗缸体顶面、往复插洗凸轮轴孔、主轴孔、间隙式精堵洗两主油道孔──→往复式高压漂洗曲轴箱内腔、缸套──→定位清洗水套腔──→往复翻转倒水──→采用压缩空气脉冲定点对位吹净──→热风烘干──→下料。

4. 缸体气密性检查

气密性检查，也就是检漏，是发动机缸体加工过程中的一项质量监控工作。如果发动机缸体油道与水道一旦有超过设计要求的泄漏现象，则缸体只能做报废处理。所以无论是发动机缸体试制还是批量生产，都应做 100% 的气密性检查。为减少投资，在试制阶段可采用专用工装着手气密性检查，而在批量生产阶段可采用专用机械设备进行缸体气密性检查。

检验缸体水套气密性的方法很多，通常应用的是往缸体内检漏区域充注压力水或通以压缩空气。在充注压力水进行检验时，将缸体水套上的孔用密封盖盖住，水套内水的送入压力一般为 400~450kPa，然后缓慢地转动或移动夹具，观察缸体各部分是否漏水。

应用较多的是用压缩空气进行气密性试验，它是把压力较高的压缩空气送入浸于水的槽的缸体水套中，如零件有裂缝、缩孔或其他缺陷，空气就会从零件中逸出，操作者可通过水中的气泡来检验缸体的气密程度。

气体压差法，即通过测量被测腔与标准腔在单位时间内的压差检验其气密性。这种方法的优点是能实现自动化；使用空气作为试验介质，费用低廉；对被测零件没有特殊要求；测量系统的监护与维护方便，适用于大批量生产。

2.3 发动机连杆机加工工艺

2.3.1 发动机连杆概述

1. 连杆工况

连杆是汽车发动机中的主要传力部件之一,其小头经活塞销与活塞连接,大头与曲轴连杆轴颈连接。气缸燃烧室中受压缩的油气混合气体经点火燃烧后急剧膨胀,以很大的压力压向活塞顶面,连杆则将活塞所受的力传给曲轴,推动曲轴旋转。

2. 连杆结构分析

连杆部件由连杆体、连杆盖和螺栓、螺母等组成。连杆结构如图 2-27 所示。

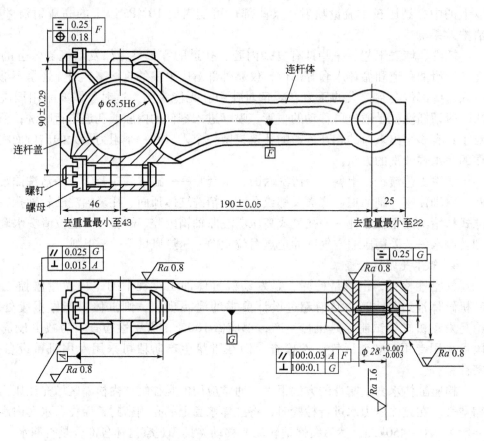

图 2-27 连杆结构

在发动机工作过程中,连杆承受膨胀气体交变压力和惯性力的作用。因此,除需要足够的强度和刚度外,还应尽量减小连杆自身质量,以减小惯性力。连杆杆身的横截面为工字形,从大头到小头尺寸逐渐变小。

为减少磨损和便于维修,在连杆小头孔中压入青铜衬套,大头孔内衬具有钢质基底的耐磨巴氏合金轴瓦。

为保证发动机运转均衡，同一发动机中各连杆的质量不能相差太大。因此，在连杆部件的大、小头端设置了去不平衡质量的凸块，以便在称重后切除不平衡质量。连杆大、小头两端面对称分布在连杆中截面的两侧。考虑到装夹、安放、搬运等要求，连杆大、小头的厚度应相等。

连杆小头顶端设有油孔。发动机工作时，曲轴的高速旋转带动缸体下部的润滑油飞溅到小头顶端的油孔内，以润滑连杆小头铜衬套与活塞销之间的摆动运动副。

3. 连杆的技术要求

连杆上需进行机械加工的主要表面为大、小头孔及其两端面，连杆体与连杆盖的结合面及连杆螺栓定位孔等。连杆总成的技术要求如下：

(1) 连杆大、小头孔

为保证连杆大、小头孔运动副间有良好配合，大头孔的尺寸公差等级为IT6，表面粗糙度 $Ra \le 0.4 \mu m$，小头孔的尺寸公差等级为IT5～IT6，表面粗糙度 $Ra \le 0.4 \mu m$。同时，对两孔的圆柱度也提出了较高的要求，大头孔的圆柱度公差为0.006mm，小头孔的圆柱度公差为0.00125mm。

因为大、小头孔中心距的变化会使气缸的压缩比发生变化，影响发动机的效率，因此，两孔中心距公差要求为 $\pm 0.03 \sim \pm 0.05$mm；大、小头孔中心线在两个相互垂直方向上的平行度误差要求为 $(\pm 0.02 \sim \pm 0.06)$ mm/100mm。大、小头孔中心线在垂直方向上的平行度超差会使活塞在气缸中倾斜，致使气缸壁摩擦不均匀，缩短发动机的使用寿命，同时也会使曲轴的连杆轴颈磨损加剧。

连杆大头孔两端面对大头孔中心线的垂直度误差过大，将加剧连杆大头两端面与曲轴连杆轴颈两端面之间的磨损，甚至引起烧伤，其垂直度要求为 $(\pm 0.06 \sim \pm 0.1)$ mm/100mm。

(2) 连杆端面

连杆大、小头两端面间距离的基本尺寸相同，但技术要求不同。大头孔两端面间的尺寸公差等级为IT9，表面粗糙度 $Ra \le 0.8 \mu m$，要求高，这是因与连杆轴颈两轴肩端面间有配合要求所致；小头两端面间的尺寸公差等级为IT12，表面粗糙度为 $Ra \le 6.3 \mu m$，相对较低，这是因为连杆小头两端面与活塞销孔座内档之间无配合要求。连杆大头端面间距离尺寸的公差带正好落在连杆小头端面距离尺寸的公差带中，这将给连杆的加工带来许多方便。

(3) 连杆质量

为保证发动机运转平稳，对连杆小头的质量差和大头质量差依类型不同分别提出要求。发动机连杆大小头质量允差分别为 $\pm 1.5 \sim \pm 10$g 和 $\pm 3 \sim \pm 20$g，连杆总成质量允差为 $\pm 3 \sim \pm 5$g。

4. 连杆材料与毛坯

连杆在工作中因承受多向交变载荷的作用，故要求具有高的强度。连杆材料一般采用中碳或合金调质钢，如45、40Cr 和40MnB、35CrMo 和非调质钢35MnVS 等。近年来也有采用球墨铸铁和粉末冶金材料制作的连杆。若采用非调质钢35MnVS 制造连杆，可以免除调质热处理而简化工艺，提高效率与降低生产成本。

对于整体锻制的毛坯，目前国内通常采用40MnB 钢用模锻成形，将杆体和杆盖锻成一体，待切开、加工后再用螺钉连接。为了保证切开孔的加工余量四周均匀，一般将连杆大头孔锻成椭圆形毛坯孔。相对于分体锻造而言，整体锻造的连杆毛坯具有材料损耗少、锻造工时少和使用模具少等优点。其缺点是所需锻造设备动力大,存在金属纤维中间被切断等问题。

连杆毛坯的锻造工艺过程如下:棒料加热温度1 140℃~1 200℃。先辊锻制坯,后进行预锻和终锻,最后冲切大头孔连皮并外围飞边。为提高锻件精度,还需进行热校正。锻造好的连杆毛坯需经调质处理和表面喷丸,前者使之得到细密均匀的回火索氏体组织,提高综合力学性能,减小毛坯内应力;后者用以提高疲劳强度。毛坯出厂前必须通过严格的外观缺陷检查、探伤和毛坯尺寸与质量精度检查等工序,最终要求保证产品合格出厂。典型的40MnB钢连杆毛坯调质处理后,要求硬度大于220HBS,大、小头厚度39.6~40.0mm,毛坯总质量2.340~2.520kg。

2.3.2 连杆机加工工艺

1. 定位基准的选择

在连杆机械加工过程设计时,首先要选择好定位基准。定位基准包括粗基准和精基准。

(1) 粗基准选择

在钻小头孔时,为了保证连杆小头孔壁厚均匀,宜选择小头孔不加工的外圆和端面作粗基准,如图2-28所示。加工连杆端面时应以另一端面为粗基准,如图2-29所示。

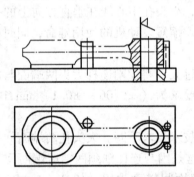

图2-28 钻连杆小头孔的粗基准

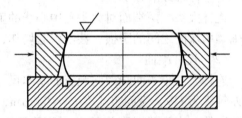

图2-29 铣连杆端面的粗基准

(2) 精基准选择

在整个加工过程中应尽量保持基准统一,以免由于更换基准面而产生定位误差。

大部分工序中都选用无凸起标记一侧的端面及经过钻削和拉削的小头孔作为定位精基准,同时选择连杆大头经过拉削的一个侧面作为辅助基准。如图2-30所示。

在大、小头精加工时,除端面、侧面外,遵守大、小头互为基准原则。

2. 加工阶段的划分

将杆体、杆盖一体锻制毛坯切开后,其加工阶段划分为:

(1) 连杆体和连杆盖合并前的分别加工

① 基准面的加工,主要包括钻削和拉削连杆小头孔、粗磨大、小头孔端面以及连杆两端面和拉削连杆体、连杆盖毛坯的两侧面等。

② 其他表面的加工,如铣连杆体和连杆盖的轴瓦定位槽、铣油槽、加工大头不同直径的同心孔等。在粗加工和半精加工方面,还包括粗加工连杆体和连杆盖的半圆孔等。

(2) 连杆体和连杆盖合并后的加工

连杆体和连杆盖合并后集中于连杆总成螺栓孔的一个工序钻和铰，还要扩大头孔及精磨大、小头端面，由粗加工过渡到精加工阶段。在这个阶段中，允许工件充分变形并提高基准精度（精磨大小端面）。

（3）精加工大、小头孔

该阶段包括精镗和珩磨大、小头孔，如将衬套挤压入小头孔，用金刚镗镗削衬套孔等。

3. 主要面的加工

（1）大、小头端面

连杆大、小头端面为加工过程中的主要定位基准，与大、小头孔保持有位置精度要求。一般情况下在连杆体和连杆盖合并以前，采用铣削、拉削和磨削加工；在合并以后则进行粗、精磨，以保证体、盖端面接合在同一平面上。

如图 2-31 所示说明铣削大、小头端面一般有两端面互为基准铣削或磨削的两种方案。

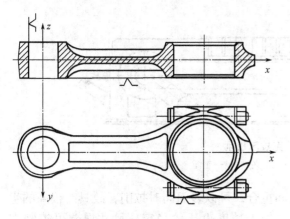

图 2-30　加工连杆大孔时的精基准

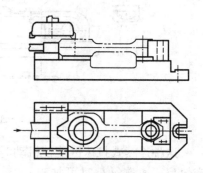

图 2-31　两端面互为基准

连杆大、小头孔端面磨削加工时，采用立式双砂轮和圆台平面磨床，圆台即圆形工作台，安装有磨削两端面的夹具。磨削时，连杆以一端面、小头外圆和大头一侧面三者定位。磨削一个端面后，工件翻转而置于另一夹具上再磨削另一端面，此时工件通过两次安装，并随工作台旋转两周，两次磨削中途需要翻转一次。这种在机床的同一工作台上安装多个夹具，实施装卸与加工过程重合的加工方式节约了装卸等的辅助时间，是一种高效的加工方法。

为了提高磨削精度，在磨削过程中应能自动控制磨削尺寸，即在用连杆的立轴多砂轮平面磨床的磨头上装向下的自动补偿装置，以使得当砂轮磨损使工件尺寸接近公差上限时，磨头会自动向下进给而用以补偿砂轮的磨损。

（2）大、小头侧面及螺栓台面

虽然连杆的大、小头侧面和螺栓台面的加工面积不大，但其加工部位分散且数量多，比较麻烦，因此，生产效率是一个重要问题，乃至常常采用组合拉削和高效磨削对其进行加工。

用立式双滑枕拉床拉削。这种机床有两个工位，每一滑枕可装有相同或不相同的平面组合拉刀实施对上述表面的拉削加工。

图 2-32（a）所示为拉削连杆小头两侧和顶部凸台。图 2-32（b）所示为拉削连杆大头两侧和顶部螺栓结合面。其优点是机动时间与辅助时间重合，生产效率高，但工人的劳动条

件差，劳动强度也较大。

(3) 大头半圆面与结合面的加工

图 2-33 所示为用坦克拉床进行拉削。坦克拉床拉削能够实现多工件同时拉削。其应用特点是，在一条大型的传动链上依次装夹若干个夹具，夹具分别带着一个个被拉削的连杆通过拉削区的各段进行相关表面的拉削加工。这些夹具可以将一般需要在两台拉床上完成的拉削工序，通过不同夹具的装夹，组合在一台坦克拉床上完成对大头半圆面与结合面的加工。

坦克拉床拉削没有刀具的空行程损失。其在拉削时刀具不动，于拉削区完成加工后，夹具会自动卸下工件。此时夹具即随传动链经床身下部返回上料端并继续新一轮的工件装夹而维持连续拉削。

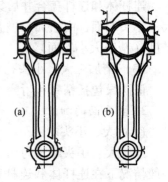

图 2-32 拉削连杆大小头侧面

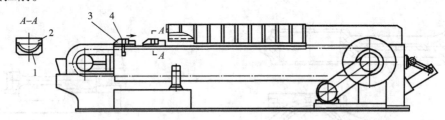

图 2-33 坦克拉床拉削
1—连杆盖；2—拉刀；3—夹具；4—连杆

这种连续式拉床因能使机动时间与辅助时间重合，可以多面同时拉削，故具有很高的生产效率。通常每小时可加工 200~300 件工件，加工精度也比较稳定，尺寸误差可控制在 0.05mm 以内。加工时工件变形小，刀具寿命较长。

4. 孔的加工

(1) 连杆大、小头孔的加工

连杆大、小头孔的加工可分为三个阶段：粗加工、半精加工、精加工。第一阶段粗加工是在连杆体、连杆盖装配前进行，后面两个阶段放在连杆体和连杆盖装配之后，粗加工阶段一般在两端面加工后开始。

小头孔由于要作为后续工序的定位基准，如图 2-34 所示，所以其在粗加工阶段就应得到比较精确的尺寸。

大头孔的粗加工阶段安排在连杆体和连杆盖切开之后，连杆体和连杆盖分别采用拉削。其目的是去除重量，使毛坯充分变形，为后续半精加工和精镗做准备。

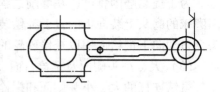

图 2-34 连杆大、小头孔加工定位

连杆大、小头孔的加工精度对连杆的质量有很大影响，且要求较高，需要经过钻、扩、铰或拉、半精镗、精镗以及珩磨等工序。

小头孔作为定位基准在大头孔粗加工前就已进行钻、拉。精镗小头衬套底孔和镗衬套孔则安排在大孔精加工之后在金刚镗床上进行。镗孔是保证连杆加工精度的主要方法，对于修正上道工序所造成的轴线偏斜及保证孔与其他表面位置精度等方面有重要的意义。

大、小头孔的加工则采用同时镗削,在专用双轴卧式镗床上进行,镗孔夹具如图2-35所示。

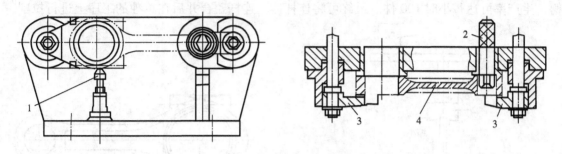

图 2-35 连杆双轴镗孔夹具
1—定位螺钉;2—过渡销;3—压头;4—连杆

这种大、小头孔同时加工的方法,可使加工质量由一次加工来达到,不存在多次安装中出现的定位累计误差,可以依靠精确调整机床和夹具来保证加工要求。其夹具制造精度对工件精度影响较小,可以相应降低夹具成本。

珩磨作为大头孔的最终加工工序,要求珩磨前必须经过精镗,以提高大头轴线的位置精度。这是由于珩磨仅用于对大头孔整形和减小大头孔的表面粗糙度值,而不能用于矫正孔的歪斜。珩磨后大头孔的尺寸精度可达 IT6~IT8,孔的圆度误差可保持在 0.003~0.005mm,表面粗糙度可达到 $Ra0.4~0.05\mu m$。

由于连杆大头孔深度较浅,为了能获得正确的轴线位置和端面垂直度,故在珩磨时采用夹具浮动定心。在大批量生产中,亦可应用专用珩磨机床并同时采用自动上下料、自动检测和自动补偿装置来提高珩磨工序的加工精度、自动化程度和生产率。

图2-36所示为专用珩磨机。该设备的特点在于油石扩张采用定压、定速扩张方式。珩磨头带有八块细粒度的金刚石磨条,靠液压扩张压力的作用张紧在工件表面上并施加一定压力,再靠挤压锁死,而后由步进电动机实现定速油石扩张而进行磨削。

(2) 螺栓孔的加工

连杆螺栓孔一般分定位部分和紧固部分,定位部分为光孔,精度 IT6~IT8 级,其余表面粗糙度、位置精度(两孔轴线平行度、轴线与结合面的垂直度等)要求都比较高;而紧固部分为螺栓孔或螺栓通过孔,加工要求较低。图2-37所示为螺栓孔加工示意图,图2-38所示为加工螺栓孔的工序图。

对于整体锻造的连杆,螺栓孔的加工是在切开连杆盖并在结合面精磨之后进行的。为了加工定位部分,应先将两者分开进行粗加工和半精加工,然后将两者结合起来进行精加工,以保证两螺栓孔轴线的一致性。

螺栓孔的加工采用枪钻分级钻孔,然后再安排枪铰精铰,这样能加工出直线性好、孔的位置精度高和表面粗糙度低的螺栓定位孔。同时,由于减少了加工工序,故减少了加工设备,提高了刀具的耐用度,并稳定了螺栓孔的加工质量。

在成批生产中,可使用双轴传动头和专用夹具对两孔同时加工,这样既可保证加工质量,又可提高生产率。图2-38所示为在8工位48轴组合机床上加工螺栓孔锁口槽示意图。在每个工位上加工两个连杆体和两个连杆盖。第1工位是装卸工位(图2-38中未体现);第2工位钻孔φ12.8mm;第3工位继续钻孔,但此段孔径只有φ12.5mm;第4工位是倒角;

第 5 工位扩通孔到 $\phi 13.5$mm；第 6 工位精扩孔至 $\phi 13.7$mm；第 7、8 工位则是粗、精铣锁口槽，生产率可达每小时 100 件。最终可将连杆体、连杆盖合并后在单独的工序上进行拉削。

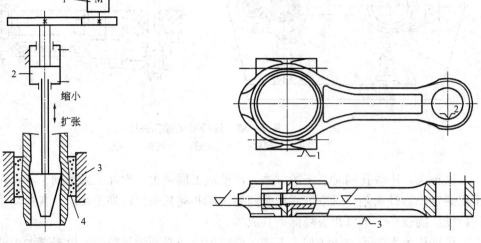

图 2-36 珩磨机工作原理示意图
1—步进电动机；2—油缸；3—工件；4—油石

图 2-37 螺栓孔加工示意图

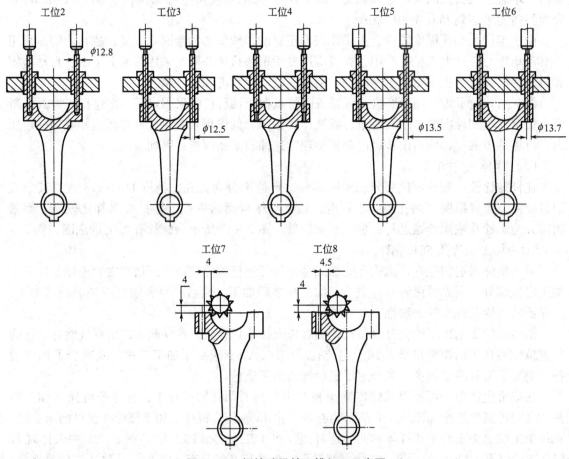

图 2-38 螺栓孔及锁口槽加工示意图

2.3.3 连杆辅助工序

1. 热处理

对连杆而言，热处理目的是：消除内应力；改善金属组织和加工性能。一般连杆毛坯在锻出后都要进行调质处理，即淬火+高温回火。其目的是得到细密均匀的回火索氏体组织和软化空冷以后的锻件表面硬度，以改善金属组织，提高其综合力学性能和机械加工性能，并消除锻件内应力。

2. 中间检验与终检

检验工序是保证产品质量、防止不合格品出现的重要措施。

连杆在每道工序中均安排有操作者自检项目，并根据需要规定了不同的检验频次，且对一些关键工序和重要参数配有高精度的检测仪器。例如，下列关键工序均配备了 MARPOSS 电子塞规测量仪：加工定位基准的小孔粗镗；用于连杆体和连杆盖定位的螺栓定位孔镗削；衬套孔的半精镗、精镗和珩磨工序等。

除此之外，在终加工后还应进行终检。终检重要参数主要包括大孔直径、圆柱度，衬套孔直径、圆柱度，两孔中心距，两孔平行度、扭曲度，大孔对端面的垂直度等。

3. 清洗

清洗的目的是清除附在工件表面上的切屑和污物，使工件洁净。如果缺少工件清洗工序，则难以保证加工质量，使得检验无法可靠和准确。

连杆在生产线上安排有三道清洗工序。

① 连杆体和连杆盖组合之前进行的清洗，以保证连杆体和连杆盖的装配精度；

② 综合检测之前要进行清洗，以保证检验精度；

③ 入库前要进行清洗，以保证在装配生产线上的装配精度。

4. 去毛刺

在许多加工工序之后，工件均会产生毛刺，如大端孔半圆粗镗、磨对合面、钻油孔等工序，毛刺就异常明显。这些毛刺若不及时去除，则会影响后续工序的定位精度，并影响加工质量和刀具的使用寿命。连杆体和连杆盖分开面上的毛刺还会影响连杆体和连杆盖的装配精度。成品连杆上的毛刺若带到装配线上，会对整机的装配精度和清洁度产生不可估量的影响。生产线上除需要工序操作者自行去除毛刺外，还要有专门的去毛刺工序。有的汽车厂还购置了口腔医用砂轮机来打磨毛刺；这类设备操作灵活，打磨效果良好。

5. 喷丸处理

由于经锻造而成的连杆毛坯和经过热处理的产品，其表面上都有氧化皮，因此，必须在模锻毛坯和热处理工序之后安排表面喷丸处理，以去除毛坯表面的氧化皮，并使毛坯表面生成一层硬化层，提高材料的疲劳强度。

6. 探伤检查

探伤是为了检查锻件内部微观裂痕和热处理裂纹的一道工序，一般安排在表面喷丸后。如使用磁力探伤，则在探伤后跟随进行退磁工序，否则连杆零件中会因存在剩磁而影响连杆的正常使用性能。

7. 打字

连杆生产线上安排有两道工序对连杆进行打字，其内容各不相同。

第一道打字工序是在连杆体、连杆盖切开之前,在连杆体和连杆盖上打有内容相同的字,目的是防止在连杆体、连杆盖分开后与不同工件相互混淆。

第二道打字工序是在连杆称重后;在连杆上打字,此时的打字内容包括连杆分组的重量组号,以便避免装配线上不同组连杆的混淆。

8. 称重与去重

连杆生产线的终端安排有连杆的称重工序。连杆的质量及大、小头质量的分配,直接影响到曲轴、连杆、活塞系统的运动平衡、整机的平衡及柴油机的噪声、震动与寿命,所以必须严格地将每组连杆总质量及大、小头质量分配控制在一定范围内。发动机连杆大、小头允差一般为 ±1.5 ~ ±10g 和 ±3 ~ ±20g。

2.4 齿轮制造工艺

2.4.1 齿轮的结构特点

齿轮在汽车传动中应用很广,现对汽车齿轮制造加以简单介绍。

1. 汽车齿轮分类

汽车常用齿轮结构类型大体分为单联齿轮、多联齿轮、盘形齿轮、齿圈和轴齿轮几类,如图 2-39 所示。

2. 齿轮加工的技术要求

(1) 齿轮精度和齿面粗糙度

货车及越野车变速器、分动箱、取力器等齿轮精度为 7~9 级,表面粗糙度为 $Ra3.2\mu m$;轿车、微型车齿轮精度为 6~8 级,表面粗糙度为 $Ra1.6\mu m$。

(2) 齿轮孔或轴径尺寸公差和表面粗糙度

6 级精度的齿轮孔精度为 IT6,轴径精度为 IT5;7 级精度的齿轮孔精度为 IT7,轴径精度为 IT6。二者表面粗糙度均为 $Ra0.8 ~ 0.4\mu m$。

(3) 端面跳动

6~7 级精度的齿轮,端面跳动量规定为 0.01~0.02mm,基准端面的表面粗糙度为 $Ra0.01 ~ 0.02\mu m$。基准面的表面粗糙度为 $Ra0.40 ~ 0.80\mu m$,次要表面的表面粗糙度为 $Ra6.3 ~ 25\mu m$。

(4) 齿轮外圆尺寸公差

不加工面精度为 IT11,基准面精度为 IT8。

2.4.2 齿轮材料和毛坯

1. 材料选择

汽车传动齿轮齿面硬度要求较高,心部要求有良好韧度。汽车第一速及倒挡齿轮锻件如图 2-40 所示。

传力齿轮常用材料有 20GrMnTi、20GrNiMo、20MnVB、40Gr、40MnB 和 45 等钢种。

非传力齿轮可用非淬火钢、铸铁、夹布胶木、尼龙和工程塑料等制造。

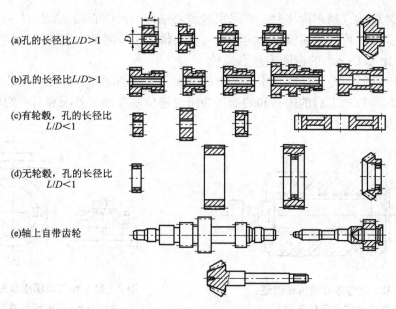

图 2-39 汽车常用齿轮结构类型

(a) 单联齿轮；(b) 多联齿轮；(c) 盘形齿轮；(d) 齿圈；(e) 轴齿轮

2. 毛坯选择

汽车齿轮毛坯一般采用模锻件。模锻后，内部纤维对称于轴线，可提高材料强度，如图 2-41 所示。

采用精锻等工艺制造齿坯，可实现少、无切削加工。

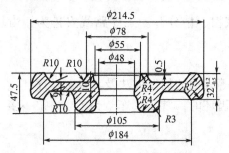

图 2-40 汽车第一速及倒挡齿轮锻件

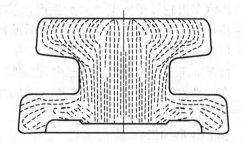

图 2-41 模锻齿轮坯料纤维分布

3. 齿轮热处理

齿轮毛坯在加工前常采用正火或等温退火，以消除内应力并改善切削加工性能。

齿轮齿面热处理：对中碳钢或中碳合金钢则采用高频淬火和低温回火，齿面淬火硬度不低于53HRC；对低碳合金渗碳钢采用渗碳淬火热处理。齿面渗碳淬火硬度为58~63HRC，心部淬火硬度为32~48HRC；当齿轮模数大于3~5mm时，要求渗碳深度为0.8~1.3mm。

2.4.3 齿轮机械加工工艺

1. 基准的选择

（1）加工带孔齿轮的齿面（长径比 $L/D > 1$）

对于长径比 $L/D > 1$ 的单联或多联齿轮，加工时以孔作为主要定位基准。为了消除孔和心轴间的间隙影响，精车齿坯时，常采用过盈心轴或小锥度心轴，如图2-42所示。

预加工齿面时，可采用能够自动定心的可胀心轴或可分组的小间隙心轴装夹。

（2）长径比 $L/D < 1$ 的齿圈或盘形齿轮

如图2-43所示，先以端面为主要定位基准加工内孔和端面，并在一次装夹中完成，以保证其垂直度，再以加工后的内孔和端面作为组合定位基准加工外圆和另一端面。加工齿面时应采用内孔及端面定位。

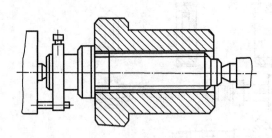

图2-42 用过盈心轴精车齿坯
（以孔作为主要定位基准）

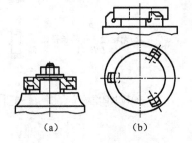

图2-43 加工齿圈或盘形齿轮
（$L/D < 1$）的定位基准

（3）加工轴齿轮或齿轮轴

当加工轴的外圆表面、外螺纹、圆柱齿轮齿面和花键时，选择轴两端的中心孔作为定位基准，把工件安装在机床的前、后（或上、下）两顶尖之间进行加工。

如以工件两端中心孔定位不方便或安装刚度不足，则常用磨削过的两轴颈定位，要求装夹在精密的弹性夹头中进行加工。

2. 齿轮主要表面的加工

因汽车齿轮属于大批、大量生产，其加工应该粗、精分开。工序路线安排为：齿坯加工→齿形加工→齿面热处理→热处理后的精加工。

（1）齿坯加工

齿坯加工工艺主要是指确定内孔、外圆、端面等表面的加工方法及其加工顺序。

在成批大量生产中，加工中等尺寸的盘形齿轮齿坯时，常采用车（或钻）→拉→多刀车削工艺方案。

（2）齿形加工

① 对于8级精度以下的软齿面传动齿轮（调质后直接加工使用）通常采用插齿或滚齿方法就能直接满足使用要求。

对于硬齿面传动齿轮，则采用滚（或插）齿→剃齿或冷挤→齿端加工→淬火或表面渗碳+淬火→校正孔的加工方案。

② 对于6~7级精度的硬齿面传力齿轮的加工，可采用滚（或插）齿→齿端加工→表面淬火或渗碳+淬火→校正基准→磨齿（蜗杆砂轮磨齿）的加工方案，也可采用滚（或插）齿→剃齿或冷挤→表面热处理→校正基准→内啮合珩齿的加工方案。

③ 对于5级以上的高精度齿轮，一般采用粗滚齿→精滚齿→表面热处理→校正基准→粗磨齿→精磨齿的加工方案，大批量生产中亦可采用滚齿→粗磨齿→精磨齿→表面热处理→校正基准→珩齿的加工方案。

（3）渐开线齿廓的成形加工

利用滚齿或插齿刀具与被切齿轮坯的啮合运动切出齿形，如插齿机上插齿、滚齿机上滚齿等。此属于齿圈或盘形圆柱齿轮的齿形加工，所得到的是若干包络线形成的渐开线齿廓，如图 2-44 所示。

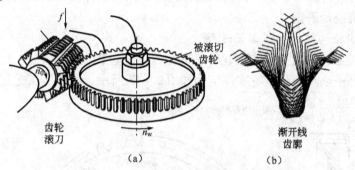

图 2-44　齿轮滚刀滚切圆柱齿轮示意图
(a) 齿轮滚刀滚切齿轮及其运动；(b) 若干包络线形成的渐开线齿廓

对于多联齿轮，当两齿轮间距足够大时，采用在滚齿机上滚切加工；当两齿轮间距较小或为内齿时，采用在插齿机上进行插削加工，如图 2-45 所示。

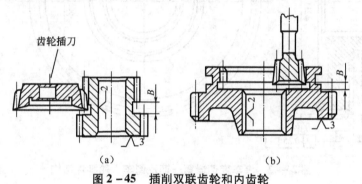

图 2-45　插削双联齿轮和内齿轮
(a) 插削小间距齿轮；(b) 插削内齿轮

对于齿端加工，其内容有倒圆、倒棱和去毛刺等，其目的是使齿轮沿轴向移动时容易进入啮合状态，一般在齿轮倒角机上进行加工。图 2-46 所示为齿端形状及加工内容。

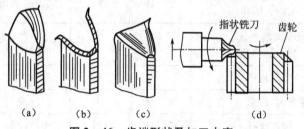

图 2-46　齿端形状及加工内容
(a) 倒尖角；(b) 倒棱；(c) 倒圆角；(d) 齿端倒圆加工

(4) 热处理与前后加工工艺的配合

齿轮齿面主要采用中频或高频感应加热局部淬火后再低温回火，且通常在轮齿粗加工之后、精磨之前进行。

因齿轮热处理会产生变形，故在精磨前须对定位基准和装配基准（内孔、基准端面、轴齿轮的中心孔、轴颈等）进行修整。

弧齿锥齿轮齿面的最后加工，先采用主、从动锥齿轮在研齿机上成对地进行对研，然后打上记号，装配时进行成对装配。目前弧齿锥齿轮轮齿齿面热处理后的精加工已开始使用数控（CNC）磨齿机进行磨齿。

3. 典型汽车齿轮的机械加工工艺过程

（1）汽车变速器第一速及倒车齿轮零件的加工工艺过程

汽车变速器第一速及倒车齿轮零件结构如图2-47所示，其加工工艺过程见表2-5。

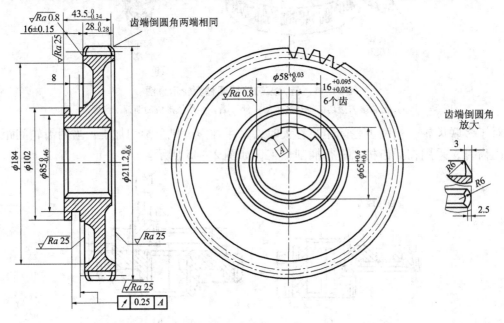

图2-47 汽车变速器第一速及倒车齿轮零件结构

表2-5 汽车变速器第一速及倒车齿轮加工工艺过程

工序号	工序内容	设备	工序号	工序内容	设备
1	粗车小端外圆、端面、倒角	车床	8	倒齿端圆角	齿轮倒角机
2	粗车大端外圆、端面、内孔	车床	9	剃齿或冷挤齿	剃齿机或挤齿机
2J	中间检验		10	修花键槽宽	压床
3	半精车大端面、内孔	车床	11	清洗	清洗机
4	拉花键孔	拉床	11J	中间检验	
4J	中间检验		12	热处理	
5	精车两端面及外圆	多刀半自动车床	13	磨内孔	内圆磨床
5J	中间检验		14	珩磨齿	蜗杆式珩齿机
6	滚齿	滚齿机	15	清洗	清洗机
7	清洗	清洗机	15J	最终检验	

(2)汽车后桥主减速器主动锥齿轮零件的加工工艺

汽车后桥主减速器主动锥齿轮零件结构如图2-48所示。

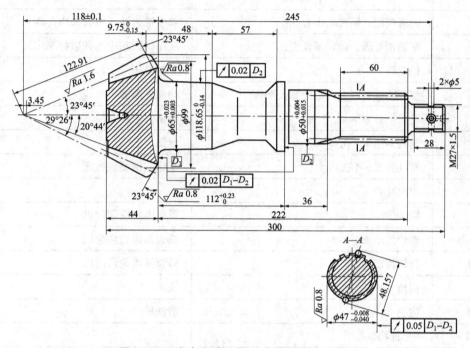

图2-48 汽车主减速器主动锥齿轮零件简图

① 两端面及定位基准中心孔的加工。采用双工位专用机床夹具在专用机床上先加工好。如图2-49所示。

② 常采用液压仿形车床进行加工。近年来已开始采用数控或程控车床加工,可显著缩短加工基本时间和辅助时间,提高了生产效率。如图2-50所示。

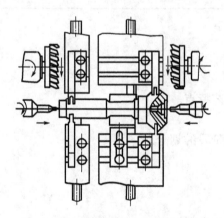

图2-49 双面铣端面、钻中心孔

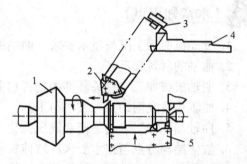

图2-50 液压仿形车床加工汽车主动锥齿轮
1—工件;2—液压仿形刀架;3—触销;
4—样板;5—下刀架

表 2-6 所列为大批量生产条件下汽车主减速器主动锥齿轮的工艺过程。

表 2-6　汽车主减速器主动锥齿轮的工艺过程

工序号	工序内容	设　备
1	铣两端面，钻两端中心孔	双面铣、钻专用机床和夹具
2	车轴颈外圆、前背锥及端面	液压仿形车床（或数控车床）
3	铣花键	花键铣床
4	粗磨轴颈外圆、花键外圆及端面	端面外圆磨床
5	钻十字孔 $\phi5mm$	台钻
6	锪孔 $\phi5mm$，孔口 90°	台钻
7	车（或铣）螺纹	车床或螺纹铣机床
7J	中间检查	
8	粗切齿	弧齿锥齿轮切齿机
9	精切齿凸面	弧齿锥齿轮切齿机
10	精切齿凹面	弧齿锥齿轮切齿机
11	倒角	铣床
12	清洗	清洗机
12J	中间检验	
13	热处理（渗碳、淬火）	
14	修复中心孔	
15	精磨轴颈、花键外圆及端面	端面外圆磨床
16	校正螺纹	丝板
16J	最终检验	

【本章知识点】

1. 发动机曲轴工况与技术要求；曲轴的结构工艺特点。
2. 曲轴的材料和毛坯。
3. 曲轴机械加工中相关基准的选择；曲轴加工阶段的划分。
4. 曲轴主要表面的加工方法与工艺。
5. 曲轴油孔加工、动平衡和滚压强化。
6. 缸体结构特点与技术要求；缸体材料与毛坯。
7. 缸体加工的结构工艺性分析；缸体定位基准的选择。
8. 缸体加工阶段、工序顺序与工序内容。
9. 发动机连杆工况、结构分析与技术要求；连杆材料与毛坯。
10. 连杆加工中定位基准的选择；加工阶段的划分及工序内容。

11. 连杆辅助工序内容及其作用。
12. 汽车常用齿轮结构类型与齿轮加工的技术要求；齿轮的材料和毛坯。
13. 齿轮机械加工工艺，包括基准的选择、主要表面的加工。
14. 典型汽车齿轮的机械加工工艺过程。

【思考与习题】

1. 根据发动机曲轴工况与技术要求，说明曲轴的结构工艺特点。
2. 提出曲轴选材依据，分析曲轴毛坯使用现状，比较其性能特点。
3. 汽车发动机曲轴有哪几类加工定位基准？分别说明其应用。
4. 曲轴的机械加工工艺过程划分成哪几个阶段？说明曲轴机械加工的主要工序内容。
5. 如何安排曲轴主轴颈和连杆轴颈的机械加工工艺顺序？
6. 根据曲轴的结构特点，如何结合生产批量完成对曲轴主轴颈和连杆轴颈的车削加工？
7. 何谓主轴颈与连杆颈的外铣和内铣？重点说明内铣的实现条件与加工特点。
8. 何谓曲轴车、拉加工？说明几种车、拉加工方法的刀具运动形式及加工特点。
9. 说明曲轴超精加工的内涵与实现条件及质量要求。
10. 为什么曲轴油孔的加工是曲轴尤其是锻钢曲轴加工中的一个难题？
11. 何谓枪钻？说明枪钻工作原理。分析枪钻的实现条件与工艺特点。
12. 何谓运动时的静平衡与动平衡？对高速旋转的零件进行动平衡的目的是什么？如何实现曲轴的静平衡与动平衡？
13. 说明曲轴圆角滚压强化的原理与应用意义。
14. 分析缸体结构特点与技术要求。说明缸体材料使用状况与毛坯供货状态。
15. 结合缸体加工进行结构工艺性分析，说明缸体基准选择的基本要求。如何确定缸体加工的粗基准和主要加工表面的精基准？
16. 缸体的加工可划分为哪几个阶段？说明各加工阶段的主要目标。
17. 说明缸体工序顺序安排的原则与主要事项。
18. 说明缸体上主要加工平面与孔及孔系加工的加工方法和加工工艺特点。
19. 说明缸体清洗与气密性检查的意义、方法与要求。
20. 分析连杆结构特点与技术要求。说明连杆材料使用状况与毛坯供货状态。
21. 说明连杆基准选择的基本要求。如何确定连杆加工的粗基准和主要加工表面的精基准？
22. 如何划分连杆的加工阶段？请用表格形式合理编排连杆机械加工工艺过程与工序顺序，包括热处理。要求反映工序顺序、工序内容及主要技术要点说明。
23. 说明各连杆辅助工序的名称、内容、作用与要求。
24. 汽车齿轮分为哪几类？有何加工技术要求？
25. 如何分类确定齿轮加工的定位基准？
26. 说明齿轮主要表面加工方法及其加工顺序。
27. 就一个典型汽车齿轮实例说明其机械加工工艺过程主要工序内容与顺序。

第 3 章

车架、车轮制造工艺

【学习目标】

本章阐述汽车车架（骨架）结构类型及所需材料、车架纵梁冲压工艺、车架横梁冲压成形、各类车轮结构、选材与制造工艺，其中有关焊接方法的知识将放到第 4 章车身焊装工艺中综合介绍。学习本章内容，要求了解汽车各种车架、车轮结构特点和材料选用，掌握其冲压成形方法、工艺要点与质量控制途径。

3.1 汽车车架结构及材料

下面就车架功用、结构类型及所需材料分别予以介绍。

1. 车架的功用

车架俗称"大梁"，它是汽车的装配基础，汽车发动机、变速器、传动轴、前后桥和车身等绝大多数零部件和总成都要安装在车架上。

车架的功用可以概括为两点：一是支撑、连接汽车各零部件和总成；二是承受车内、外各种载荷的作用。

2. 车架类型和构造

车架类型主要包括：边梁式车架、中梁式车架、组（综）合式车架和无梁式车架等。目前汽车上多数采用边梁式车架和无梁式车架。下面分别予以介绍和讨论。

（1）边梁式车架

边梁式车架结构如图 3-1 所示，它是由两根纵梁和若干根横梁构成的平行式结构。纵梁和横梁之间常用铆接方法连接。

边梁式车架结构具有以下特点：

纵梁水平面或纵向平面内做成弯曲、等截面或非等截面梁。其结构形式：横向有前窄后宽、前宽后窄和前后等宽三种结构，上下分为平行式结构和弯曲式结构两大类。

图 3-2 所示为常见各类汽车车架结构形式。图 3-2(a) 和图 3-2(b) 所示为前窄后宽纵梁；图 3-2(c) ~ 图 3-2(e) 四例为纵梁上下平行式结构和弯曲式结构。

纵梁断面形状有：槽形、Z 字形、工字形、箱形等，如图 3-3 所示。为了满足质量小的要求，车架具有足够的强度和刚度，以承受各种载荷，因而横梁多为槽形。

（2）中梁式车架

第3章 车架、车轮制造工艺

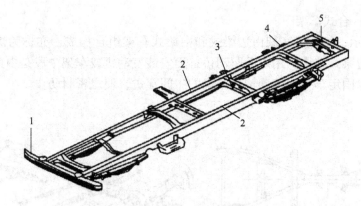

图 3-1 边梁式车架
1—保险杠；2—纵梁；3—前支架横梁；4—后支架横梁；5—后横梁

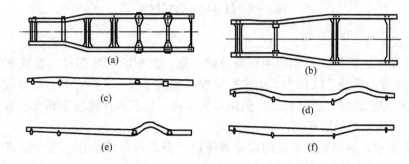

图 3-2 常见汽车车架结构形式
(a), (b), (c) 货车车架；(d) 轿车车架；(e) 公共汽车车架；(f) 轻型货车车架

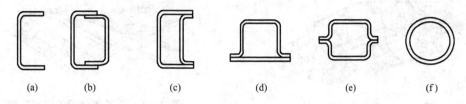

图 3-3 车架纵梁的剖面形状
(a) 槽形；(b) 叠槽形1；(c) 叠槽形2；(d) 礼帽箱形；(e) 对价箱形；(f) 管形

如图 3-4 所示，中梁式车架只有一根位于中央而贯穿汽车全长的纵梁，亦称为脊骨式车架。

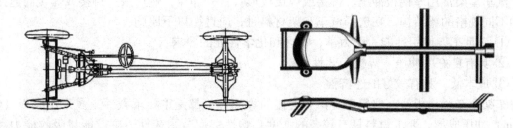

图 3-4 中梁式车架

(3) 组（综）合式车架

如图3-5所示，组合式车架由边梁式和中梁式车架组合构成，亦称为综合式车架。车架前段或后段是边梁式结构，用以后驱动桥；而安装发动机或车架中段是中梁式结构，其悬伸出来的支架可以固定车身。传动轴从中梁的中间穿过，使之密封防尘。

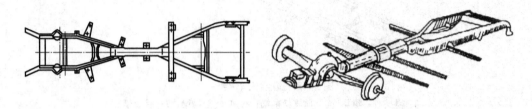

图3-5　组（综）合式车架

(4) 无梁式车架

如图3-6所示，无梁式车架即用车身兼做车架。汽车所有零部件、总成都安装在车身上，载荷也由车身来承受，故称为无梁式车架或承载式车身。其特点是：车身底板用纵梁和横梁加固，车身刚度较好、质量较轻，但制造要求高。目前其广泛用于轿车和客车。

(5) 带X型横梁的梯形车架

如图3-7所示，为隔离发动机的震动和噪声，提高汽车舒适性，在发动机与车架之间采用了橡胶软垫，以取代原刚性连接。

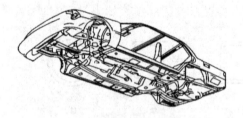

图3-6　无梁式车架

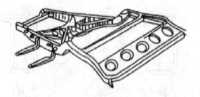

图3-7　带X型横梁的梯形车架

轿车车架通常都在前部装一根封闭截面大横梁（箱形截面梁或管形梁）来克服其刚度的不足，车架中部则采用较长的X形横梁。

3. 车架成形对材料的要求

汽车车架常用厚钢板冲压、铆接或焊接成形。首先冲压，然后采用铆接或焊接而连接成各种不同规格的梁结构。在选择汽车车架材料时，应遵循以下原则：

① 满足车架使用性能，即力学、物理和化学性能的要求；
② 具有良好的冲压、焊接工艺性能；
③ 成本低，具有较好的经济性。

车架、车厢中板及一些用于支撑和连接的零部件，都是重要承载件，多采用厚板（6～10mm）冲压成形，要求材料具有较高的强度、塑性、疲劳耐久性、碰撞能量吸收能力和良好焊接性等。一般选用成形性能较好的高强度钢板、超细晶粒钢板和超高强度低合金钢板。

各类车架冲压件，包括冲裁件、弯曲件、拉延件、成形件和冷挤压件等，对材料的性能要求参见表 3-1。

表 3-1　各类冲压件工序对材料的性能要求

冲压件类型	抗拉强度 / MPa	伸长率 / %	硬度 / HRB
平板件的冲裁	≤800	1~8	84~96
a. 冲裁 b. 大圆角（$r \geq 2t$）的直边弯曲	≤610	4~16	75~86
a. 浅拉深和成形 b. 以圆角半径（$r \geq t$），作180°垂直于轧制方向弯曲或作90°平行于轧制方向弯曲	≤420	13~27	64~74
a. 深拉延成形 b. 以小圆角半径（$r < t$）作任何方向的180°弯曲	≤370	24~36	52~64
深拉延成形	≤330	33~45	48~52

3.2　车架零件的冲压及车架总成制造工艺

前面说到，汽车车架零件的冲压，材料是厚板，其冲压工序主要是落料、冲孔、弯曲和成形。因为载重车大梁的纵梁等零件的尺寸大、板厚，光是要冲的孔就有100多个。因此，无论是落料还是冲孔，如果要一次性完成，那么其所需设备吨位大，模具结构复杂，安装调试麻烦，送料、工件定位和取件都非常不容易，需要引起与汽车制造技术相关生产人员的高度重视。下面就车架零件的冲压及车架总成制造工艺加以分述。

3.2.1　车架钢板材料

汽车大梁不但要承受较大的静载荷，而且还要承受一定的冲击、震动等，因此，要求钢板强度好、耐疲劳、具有良好的冲压性能和冷弯性能。

目前在汽车制造中，汽车车架使用最多的是高强度低合金钢 16MnL 等厚钢板，用以制造车架纵梁和横梁等结构件。因为这种钢板具有良好的塑性加工性能、冲压性能、冷弯性能和焊接性能，强度和刚度能够满足汽车车架使用要求，故在汽车上应用很广。

3.2.2　车架（厚板）冲裁工艺要点

① 落料须一次性完成，并能保证轮廓尺寸能够在后续弯曲、成形工序中准确到位。也就是说，不可能在弯曲、成形后再通过修边去获得合格的轮廓尺寸。因为毛坯是厚板，一般厚度为 5~10mm，不能像薄板冲压一样最后进行修边工序。为了能够保证车架厚板零件在整个冲压过程中的轮廓尺寸准确，技术上需要对零件展开尺寸进行计算与试验相结合的方法来确定。

② 毛坯在冲制多孔时，应采用阶梯凸模分布，使之刃口高度不等。在安排弯曲等成形

工序时，需要将落料坯件的轮廓小端面置于凸模一侧，将其轮廓大端面置于凹模一侧，如图 3-8 所示。理由是，前者考虑是在保证压力机一次行程中实现分组冲孔，以减小压力机瞬时负荷，尽力避免凸模折断；后者考虑是落料坯件断面上曾产生较大的不规则塌角，避免在弯曲时于塌角处形成裂纹。

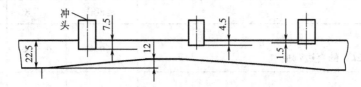

图 3-8 车架坯件在弯曲模上的放置

③ 凹、凸模等工作零件采用镶块结构，便于模具制造与维修。凹、凸模镶块应用冷作模具钢 Cr12、Cr12MoV 等制成，要求淬火 + 低温回火后硬度保持在 56~60HRC。为降低冲裁力，可采用波浪式刃口，模架应导向性好、刚性大。

④ 冲裁凹、凸模合理间隙的选取

合理选择凹、凸模间隙对保证冲裁质量至关重要。落料时，凹、凸模间的间隙一般取 $(0.08 \sim 0.12)t$（板厚）；冲孔时，凹、凸模间隙取 $(0.05 \sim 0.08)t$。

3.2.3 车架厚板件弯曲成形工艺

1. 最小相对弯曲半径 R/t 不能太小

车架厚板件弯曲时，其最小相对弯曲半径 R/t 对产品质量影响较大，不能太小。

当对车架厚板件（$t = 5 \sim 10\text{mm}$）进行 U 形弯曲时，在弯曲半径区内会有很厚的一层金属包覆住凸模，形成如图 3-9 所示的 $C-C$ 断面变形和圆角 R 处（局部放大）的金属堆积状态。U 形对称弯曲变形区变形的规律是：外层受拉伸，内层受压缩并产生凸起或堆积；当相对弯曲半径 R/t 过小，则上述两种变形程度越大，则越有可能会在 U 形弯曲区域外侧产生裂纹。对于汽车纵梁的弯曲成形，当板厚大于 6mm 时，最小相对弯曲半径 $(R_{\min}/t) \geq 1.5$ 为宜，否则会产生弯曲裂纹。

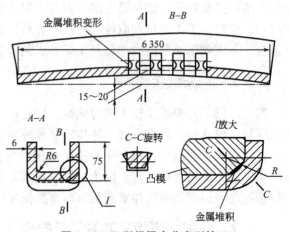

图 3-9 U 形纵梁弯曲变形情况

2. U 形长弯曲件的长度方向易出现附加弯曲变形

当将纵向长度很长（5~10m）的汽车纵梁弯曲成 U 形断面时，因厚板圆角处强制弯曲，内层受压缩，会使得靠近弯曲凸模的圆角处的内层产生多余的金属堆积（如图 3-9 中 I 部所示）。当压机上滑块回程卸去模内载荷后，这些多余的受压缩金属只能沿长度方向上扩散并释放，故导致弯曲件在长度方向上产生翘曲，形成弦高达 15~20mm 的附加变形。这些附加变形一般都是利用"反变形原理"将凹模沿长度方向下凹、凸模沿长度方向上凸起来防止纵向回弹（拱曲）的。

3.2.4 车架纵梁冲压成形方案

车架纵梁是汽车上最长的构件，其长度不宜太长，一般应控制在 10m 以内。车架纵梁的冲压成形工艺流程一般为：

剪床下料→落料、冲工艺孔→弯曲→冲腹板孔→冲翼板孔→装配→油漆。

工艺孔一般是为工件在后续工序中的模具内定位用的。腹板孔和翼板孔是装配孔。

纵梁冲压工艺中值得注意的问题。

（1）落料

车架纵梁长度长，板料厚，强度高，变形抗力大。比如 EQ1090 和 CA1091 汽车纵梁采用 16MnL 大梁钢，板厚 6mm。如果采用落料 - 冲孔复合模和模具刃口等高计算，则所需总的冲裁力约为 90 000kN。目前世界上还没有这样大吨位的压力机。

在设计纵梁落料模时，采用波浪式凹模刃口，可将冲裁力减少 2/3 左右，由此采用 40 000kN 的压力机便可将 6~8mm 厚的纵梁钢板进行整体落料。

凹模波浪式刃口的高、低差为料厚的 3~3.5 倍，斜刃口与水平线的夹角为 3°~3.5°。凹模镶块的长度一般为 350~400mm。

（2）冲孔

为降低冲孔力和防止冲孔凸模折断，应将所有一次冲制的冲头分成 3 种或 4 种高度，每种高度差为 $(2/3 \sim 1)t$（板厚）。其中直径较大的冲头长度较长；直径较小的冲头较短，如图 3 - 10 所示。这样可避免因退料力不均而发生小冲头折断的情况发生。

对于直径大于 $\phi 20$mm 的冲头，可以做成波浪式刃口或斜刃口。

（3）纵梁压弯工艺

① 为保证两翼面上孔的对称性、准确性和弯曲高度的一致性，在弯曲成形时应注意导正销的数量和位置要求。对于长度为 4~5.5m 的纵梁，应在腹板上布置 5~6 个导正销孔。对于 6~8m 长的纵梁应布置 6~8 个导正销孔。

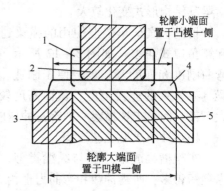

图 3 - 10 纵梁逐高冲孔示意图
1—工件；2—弯曲凸模；3—弯曲凹模；
4—板件；5—顶板

② 纵梁弯曲成形后，不能有任何撕裂或裂纹。

③ 纵向回弹（拱曲）的防止。纵梁的弯曲属于厚料宽板弯曲，且相对弯曲半径较小，弯曲成形时要注意防止回弹与裂纹。防止纵向回弹（拱曲）的措施可以利用"反变形原理"，将凹模沿长度方向下凹、凸模沿长度方向凸起。图 3 - 11 所示为通过纵梁弯曲模具的反变形设计来防止纵向回弹（拱曲）的实施措施。

3.2.5 车架横梁冲压成形方案

商用车车架上一般有 5~11 根横梁，根据用途不同，其结构各不相同。不同用途的汽车

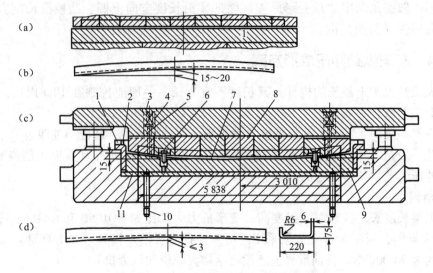

图 3-11 纵梁弯曲模具的反变形设计

(a) 平面凸模；(b) 沿凸模长的变形；(c) 凸起的凸模；(d) 用凸起凸模后的长度方向变形

1—角度定位样板；2—侧向定位板；3—螺钉；4—弹簧顶杆；5—顶杆；
6—定位钉；7—镶块式垫板；8—凸模镶块；9—凹模镶块；10—顶杆；11—模座垫板

横梁其结构形式变化较大。

目前，汽车车架上使用的横梁通常以槽形式和鳄鱼口式居多，如图 3-12 所示。槽形式横梁弯曲刚度和强度都较大，便于制造。鳄鱼口式横梁具有较大的连接宽度，截面高度较低，可以加大下部空间。车架横梁一般都是冲压成形。

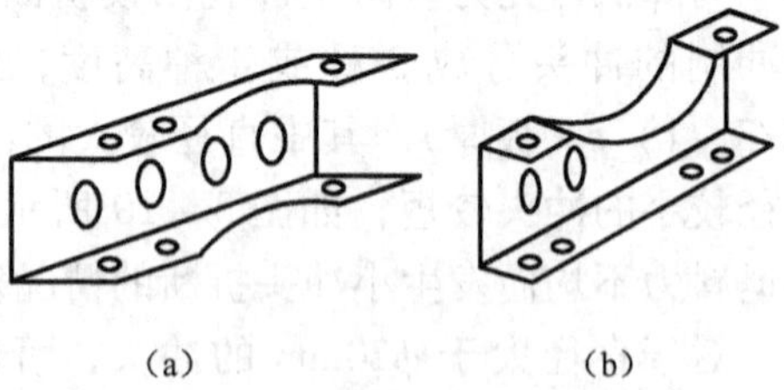

横梁冲压成形工艺流程。

车架横梁成形过程与纵梁类似，只是长度比纵梁短得多，所需冲裁和弯曲力也相对小得多。

图 3-12 车架横梁的结构形式

(a) 槽形式横梁；(b) 鳄鱼口式横梁

槽形式横梁工艺流程一般为：

剪床下料→落料、冲工艺孔→弯曲→冲腹板孔→冲孔→装配→油漆。

形状较复杂的厚板（3.5~5mm）横梁成形，在选用钢板质量上不但要满足高强度的要求，而且要满足冲压成形性要求。目前国内多选用 16MnL、10Ti、08Ti 等材料。

3.3 车轮制造工艺

汽车车轮是汽车重要的承载件与保安件，它与轮胎组成车轮总成。其既要承受整车载荷（自重与负载）在各种地面环境条件中高速运行，又要保持足够的强度和可靠的使用寿命，以保证汽车行驶的安全。

3.3.1 汽车车轮结构概况

车轮是介于轮胎和车桥之间承受负荷的旋转组件，一般由轮毂、轮辐和轮辋组成。轮毂通过圆锥滚子轴承套装在车桥（或半轴套管）或转向节轴颈上。轮辋也叫钢圈，用以安装轮胎，与轮胎共同承受作用在车轮上的负荷，并散发高速行驶时轮胎上产生的热量及保证车轮具有合适的断面宽度和横向刚度。图3-13所示为车轮断面与轮胎的装配关系。

从图3-14中可见，车轮结构中，轮辐将轮辋与轮毂连接起来。轮辋与轮辐可以是整体的（不可拆式），也可以是可拆式的。车轮按轮辐构造可分为辐板式和辐条式两种。

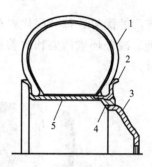

图3-13 轮胎的装配关系
1—轮胎；2—挡圈；3—轮辐；
4—焊缝；5—轮辋（型钢）

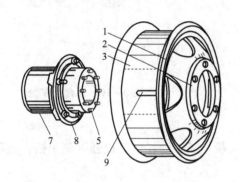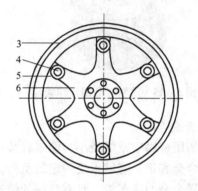

图3-14 车轮的基本结构
1—挡圈；2—辐板；3—轮辋；4—衬块；5—焊栓；6—辐条；7—轮毂；8—凸缘；9—气门嘴孔

3.3.2 汽车车轮按材质分类

汽车车轮材料一般采用两种，即由钢板或铝合金制造，两者占95%的市场份额。

1. 型钢（钢制）车轮

图3-15所示为商务车所用的一种型钢（钢制）车轮。型钢车轮在汽车车轮使用中曾长期占据主导地位。型钢车轮成本低，安全性比铝合金车轮更具优势，故大部分载重汽车仍然使用型钢车轮。但自20世纪80年代起，型钢车轮市场份额逐步减小，并逐渐被铝合金所替代。型钢车轮份额快速下跌的原因有多方面的因素，首先，钢板加工成形性能和制造工艺难以做到铝合金车轮那样的结构和外形多样化，且外观吸引力也是主要的原因之一。同时，型钢车轮质量大，制造和使用上所消耗的能量比铝制车轮大得多。

2. 铝合金车轮

铝合金车轮在轿车上使用率已高达90%以上。图3-16所示为两种铝合金车轮示例。

铝合金车轮与钢制车轮相比，具有美观、舒适、节能和质量小等优点。铝合金车轮本体质量小，抓地性好，具有更精确的转向能力，提高了动作灵敏性和更好的转弯性能；再者，其惯性小，改善了加速性和制动性；同时，铝合金车轮具有良好的导热性，提高了制动系统散热性能，能够大幅度降低由高温导致的制动失灵。

除上所述，铝合金车轮具有耐腐蚀、成形性好、减震性与平衡性好、材料利用率高等多方面的优势，符合现代汽车安全、节能、环保三大主题的要求，这对降低汽车自重、减少油耗、减轻环境污染和改善操作性能具有现实意义。因此，铝合金车轮已成为当今汽车车轮首选。

图3-15　钢制（型钢）车轮

图3-16　铝合金车轮

3. 镁合金车轮

镁在实用金属中密度最小，能减轻整车质量、减少油耗，其比强度高于铝合金和钢，刚度接近铝合金和钢，能够承受一定的负荷。

应用镁合金制造车轮，具有良好的铸造性能和尺寸稳定性，易加工，废品率低，能够降低生产成本。

镁合金车轮在使用中具有良好的震动阻尼系数，减震量大于铝合金，用作轮圈可以减少震动、提高汽车的安全性和舒适性。用镁合金制造车轮是高档汽车车轮发展的趋势。

4. 复合材料车轮（塑料或碳纤维复合）

复合材料车轮一般用于赛车，其质量更小，强度高，但价格昂贵。

5. 钢铝组合车轮

钢铝组合车轮中，轮辋为普通钢制轮辋，轮辐为铸造的铝合金轮辐，两者是经过机械加工，借助嵌件与钢的轮辋装焊而成的。它集中了钢制车轮与铝合金车轮的优点，并以其较低的价格占领了市场的一席之地。

3.3.3　型钢车轮结构与选材

型钢车轮主要有两种结构形式：一种是由型钢轮辋制造的车轮，主要用于商务车；另一种是由钢板直接滚压成形，多用于轿车、面包车等乘用车的车轮。

1. 型钢车轮结构

目前国内外汽车车轮大量采用两件式和三件式的车轮结构，如图3-17所示。其中车轮轮辋、挡圈、锁圈的生产均直接采用钢厂轧制的专用异型材料，而轮辐则用厚钢板冲压成形。

2. 滚型车轮结构

轮辋用钢板经滚压加工成形的车轮称为滚型车轮，如图3-18所示。

为适应装配子午线无内胎轮胎和提高乘用的舒适性,对滚型车轮的制造精度,如径向、侧向跳动、安装面的平面度以及气密性等,均提出了比型钢车轮更为严格的要求。

3. 型钢车轮选材要求

型钢车轮的车轮结构与使用性能要求高,制造中材料形变复杂,又要适应于大批量流水生产,工艺性能要求较为严格。因此,对型钢车轮的材料提出了如下要求:

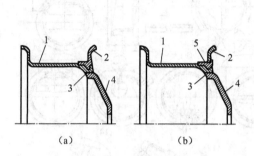

图 3-17 型钢车轮的结构形式
(a) 两件式结构;(b) 三件式结构
1—轮辋;2—挡圈;3—焊缝;4—轮辐;5—锁圈

图 3-18 钢制滚型车轮

① 足够的强度和抗疲劳寿命。

② 满足汽车轻量化发展的需要。由此,在保证足够的强度和抗疲劳寿命的前提下,用于车轮制造的专用异型钢材与滚压钢板的力学性能指标应当尽可能提高。

③ 具有良好的工艺性和可加工性,即足够的延伸率、小的变形抗力和优异的焊接性能。同时异型钢材应有较高的内在与外观质量。

目前钢制车轮材料主要有:12LW、15LW、16Mn、Q235 等。

3.3.4 型钢车轮制造工艺

从前面图 3-13 与图 3-15 所示都可以看出,型钢车轮的轮辋、挡圈是异形断面,均采用由钢厂直接供应的型材进行弯曲成形;而轮辐成形工艺则截然不同,它是用热轧钢板实施冲压成形。图 3-19 所示为型钢车轮轮辐的冲压(落料)现场。

下面将分别就型钢轮辋成形与轮辐冲压工艺予以说明。

图 3-19 车轮轮辐冲压现场

1. 型钢轮辋成形工艺

中、重型商用车的轮辋制造工艺流程原则上由 15 道工序完成。型钢轮辋成形工艺流程如图 3-20 所示。

从轮辋成形工艺流程中分析,其要求是将异形断面钢板卷圆成形状、尺寸与表面质量符合要求并进行对口焊接成整体的钢圈,即型钢轮辋。其工艺难点是卷圆、卷圆设备、轮辋整形和内外侧焊接质量,且不允许有任何裂纹、伤疤等缺陷。那么,如何从工艺与设备上使之得到高质量保证呢?

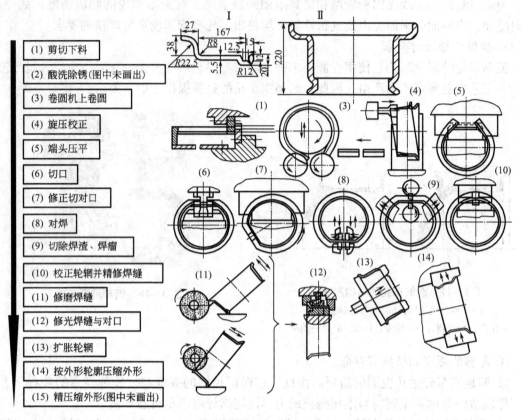

图3-20 型钢车轮轮辋成形工艺流程

(1) 卷圆

轮辋坯料的异型断面如图3-21所示，其各段的厚度、刚度与形状均不相同。其中A段为轮辋凸缘部分，类似角钢结构，主要承受汽车行驶中轮胎侧向压力形成的循环载荷，卷圆时此段形成最困难。B段是轮辋的直线腰部，可视为平板卷圆，容易成形；C段为挡圈槽部分，承受弯矩较大且各处厚度不同，此段成形也较困难。

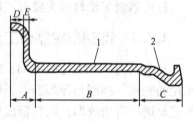

图3-21 轮辋坯料的异型断面
1—腰部；2—挡圈槽

(2) 轮辋卷圆设备

轮辋卷圆通常在非对称排列的四轴专用卷圆机上进行。卷圆机辊轴的运动组合如图3-22所示。卷圆时，顶辊和底辊的作用力使轮辋坯料产生弯曲塑性变形，其变形特点是回转、连续和局部成形，最终达到轮辋卷圆。从动辊通常设计成锥形，用以控制轮辋卷圆后的开口大小和纵向错口。

(3) 轮辋整形（初压、扩胀与精压）

由于轮辋采用锥辊导向卷圆，故经卷圆后所得到的轮辋也形成锥体，因此需要对卷圆后的轮辋进行整形，将锥体变成近似圆筒。

整形时，首先于挡圈槽部进行圆周初压缩，最终使轮辋上下端近似相等，以保证轮辋扩胀时上下端能均匀扩胀，减少扩裂废品。

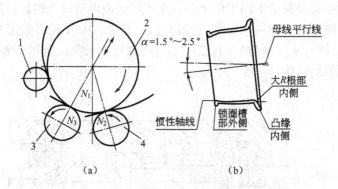

图 3-22 轮辋卷圆及辊圆机辊轮的运动组合
(a) 辊轮组合；(b) 用小缀角辊圆
1—从动辊；2—顶辊；3,4—底辊（主动辊）

其次进行轮辋扩胀。轮辋扩胀是轮辋整形的关键，通过选择合适的扩张模来完成，如图 3-23(a) 所示，使材料发生合理塑性变形。

最后经过轮辋整体精压缩，使轮辋达到最终尺寸并使其圆度、径向与轮辋内外两侧的侧向跳动均达到技术要求。所用的模具结构如图 3-23(b) 所示。

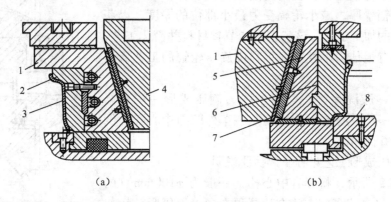

图 3-23 轮辋整形模具
(a) 轮辋扩胀模结构；(b) 轮辋精压模结构
1—固定板；2—扩胀镶块；3—轮辋；4—锥芯；5—镶块；6—凹模镶块；7—滑板；8—凸模

2. 冲压轮辐的制造工艺

轮辐是车轮总成中的重要构件，它与车轮总成联成一体传递转矩。冲压轮辐由厚钢板冲压成形，主要工序是落料、多次冲孔和形状修整等。

冲压轮辐的工艺流程如下：

剪切下料→酸洗除锈→冲定位孔并落料→拉深→冲中心孔及螺栓孔→冲通风孔→挤压通风孔毛刺→校平轮辐底平面→车削轮辐外径→冲豁口。校平轮辐底平面、车削轮辐外径和冲豁口三道工序可视为修整工序。

冲制定位工艺孔，一般可取直径为 60mm，其作用是保证中间制品在后续冲压与加工工序中的准确定位及同轴度要求。

冲制轮辐工艺孔及落料可在 25 000~30 000kN 压力机上用一套级进模来完成。级进模也称连续模,即在一套模具的不同工位上分别完成两道或两道以上的冲压工序。

冲压轮辐钢板厚度达 $t=8\sim14\text{mm}$,所需冲裁力较大,冲孔时需采用 8 000kN 以上的压力机,模具工作零件(凸、凹模或复合工序中用到的凸、凹模)应尽可能采用波浪形刃口。轮辐冲孔落料级进模的结构如图 3-24 所示。

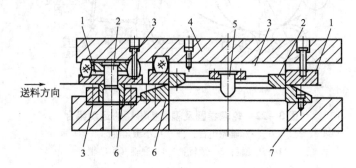

图 3-24 轮辐冲孔落料级进模结构
1—退料板;2—凸模;3—固定板;4—上底板;5—导正销;6—凹模;7—下底板

3. 等强度旋压轮辐的工艺流程

等强度旋压轮辐是指将板料通过强力旋压,在成形的同时还将改变轮辐壁厚,减小轮辐受力最小部位的厚度,以获得等强度结构的加工工艺。该工艺既能节省材料并简化工艺,又能使轮辐具有最佳力学性能。等强度旋压轮辐的工艺流程如下:

剪床下料→酸洗除锈→落料→强力旋压成形→滚剪修边→冲通风孔→冲中心孔→冲螺栓孔→车外圆与中心孔并倒角→扩螺栓孔并倒角。

下面对旋压成形工艺过程予以扼要说明。

如图 3-25 所示,将具有中心孔(一般为 $\phi100\text{mm}$)的等厚轮辐坯料放在芯模前,让左边尾顶右向进给压紧轮辐坯料后,芯模与上下两个旋轮高速旋转(液压马达驱动)并逼近旋转的坯料,最终使材料贴住芯模而将坯料侧壁旋压到预定厚度。旋轮进给路径由机床的计算机系统自动控制。旋

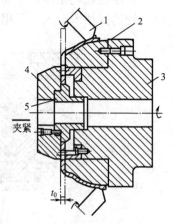

图 3-25 旋压轮辐成形图
1—旋轮;2—芯模;3—主轴;
4—尾顶;5—定心块

压零件精度较高,产品直径精度可控制在 0.05mm 以内。轮辐旋压到位后,由顶出器顶出工件并传送到滚剪机上进行修边。因为从送料、旋压到修边的整个成形工艺过程均由计算机控制,故生产率高,每小时可旋压加工 90~120 件工件。

将等强度旋压轮辐与轮辋压合,再通过 CO_2 气体保护焊焊接并电泳涂漆干燥,一个完整的车轮便得以完成。

3.3.5 滚型车轮的制造工艺

滚型车轮的轮辋成形来自滚型机辊压成形,其轮辐主要由拉深与反拉深工艺成形。轮辋、轮辐分别成形合格后,将其压装到一起,通过焊接即成为单个整体车轮。

滚型车轮主要用于乘用车。为适应快速安装无内胎轮胎，其制造精度远远高于型钢车轮，具有省油、耐磨、耐高温、质量轻和安全性好等优势。

1. 滚压车轮轮辋的制造

（1）滚型车轮轮辋制造工艺流程

滚型车轮轮辋制造工艺流程如下：

剪条料→滚边压字→卷圆→压平→对焊→刨渣→滚压焊缝→切端头→水冷→压圆→扩口→一滚→二滚→三滚→扩胀精整→冲制气门孔→压气门孔毛刺。

从上面流程可以看出，前面 10 道工序是为了得到焊接与端头加工好的合格圆筒坯料，包括焊缝滚压和切端头。从扩口到一滚、二滚、三滚，直至扩胀精整都是为了成形车轮轮辋复杂截面而所采取的关键成形工序。

（2）车轮轮辋滚型工序说明

以下就车轮轮辋滚型原理、滚型过程、成形要求等加以简单介绍。

① 滚型原理。图 3-26 所示为单端滚型机滚型原理示意图。

如图 3-26 所示，单端滚型机有两个主动辊，上下分布，由液压马达分别驱动，反向旋转。坯料位于两主动辊间受压且定向转动。工作过程中，上辊位置固定，下辊可以垂直进给。上、下辊的转速在一定程度上随外负荷的变化而变化，需要保证在上、下辊间轮辋理论直径处（中性层直径）的线速度一致，以防止因线速度变化过大而造成圆角处减薄量超限。另外，两个位于坯料外且分布于主动辊两侧的侧辊是两个从动辊，其作用是保证在上、下辊垂直进给和滚型中轮辋不发生轴向窜动和摆动。

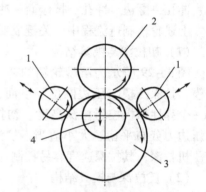

图 3-26 单端滚型机滚型原理示意图
1—侧辊（从动辊）；2—上辊（主动辊）；
3—制件；4—下辊（主动辊）

② 轮辋滚型过程。由于滚型轮辋断面形状、尺寸复杂，要求严格，一般采用三次滚型，如图 3-27 所示。

一次滚型。如图 3-27（a）所示，滚型过程开始，主要靠上辊向下运动挤压，使坯料金属向底槽四周流动。为使后续二次滚型不致局部变薄，在一次滚型中槽底部应多一些储料，为此上辊顶部设计出 R 形，使轮辋底部能够滚成弧形。为了使滚型过程中金属流动顺利，在上辊 R_2、R_3 处将留出一定间隙。

二次滚型。如图 3-27（b）所示，二次滚型将依靠一次成形后的底槽定位，成形除凸缘之外的其他部分。为防止在成形过程中局部减薄，在下辊 R_1 处要留出间隙。

三次滚型。如图 3-27（c）所示，以二次滚型形成的肩宽定位，成形凸缘部分。为防止成形凸缘时因金属拉动而使图 3-27 中 A 处减薄，要求 A 处上下辊之间与金属料厚形成一定负间隙（即将 A 部分压紧）。

③ 轮辋扩胀。滚型后的轮辋需通过扩胀达到图纸技术要求。轮辋的扩胀将通过扩胀模具来实现，如图 3-28 所示。考虑到扩胀效果和扩胀模具制造与安装难度，扩胀镶块一般由 8~12 块拼成。

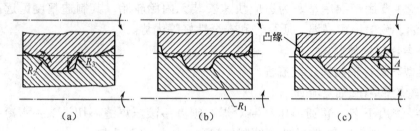

图 3-27 滚型车轮轮辋三次滚型示意图

(a) 一次滚型；(b) 二次滚型；(c) 三次滚型

2. 滚型车轮轮辐的制造

滚型车轮轮辐主要由板料冲压成形。其工艺流程如下：

剪切→落料→冲中心孔→反拉深→辐底镦制安装平面→修边、冲孔→翻边、冲孔、挤球面→冲通风孔→去毛刺→整形。

上述轮辐制造流程中，关键成形工序是初拉深与反拉深。

（1）初拉深与模具结构

图 3-29 所示为滚型轮辐的初拉深模具。这是一副倒装拉深模，拉深凸模与压边圈位于下面，凹模位于上部，制件顶部有一个弹性顶板控制拉深高度。初拉深为一次拉深，工艺上要求压边力分布平稳、大小适当，拉深速度不宜过快。最好采用液压机拉深，其拉深速度容易控制。

（2）反拉深与模具结构

反拉深可把初拉深得到的轮辐中心底部进行反向拉深变形，模具闭合后的坯料成形状态如图 3-30 所示。

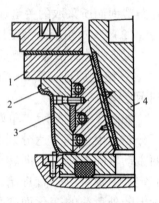

图 3-28 轮辋扩胀模具

1—固定块；2—扩胀模块；3—轮辋；4—锥芯

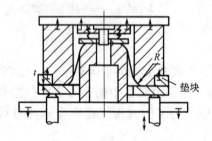

图 3-29 轮辐拉深示意图

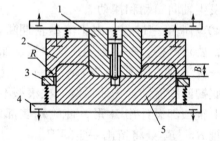

图 3-30 轮辐反拉深后的模具闭合状态

1—反拉深凸模；2—上凹模；3—托模板；4—底板；5—凸模座

为保证制品反拉深时不偏移，坯料在模具中的定位很重要。首先在退料板上用初拉深件的外缘定位，在上模下行时再用导正销导入初拉深时冲出的中心工艺孔精确定位。

轮辐在经过两次拉深成形后，还要将桶形中间制品的辐底镦出安装平面，其平面度误差小于 0.1mm。然后再进行翻边、冲螺栓孔、挤压球面。至此，轿车或轻型货车用的滚型车轮的轮辐才最终得以制成。

3.3.6 铝合金车轮制造工艺

前面已经指出，铝合金车轮在轿车上使用率已高达 90% 以上。目前铝合金车轮主要有两种，即铸造铝合金车轮和锻造铝合金车轮，两者都是整体式铝合金车轮。

图 3-31 所示为上述两种整体式铝合金车轮范例。

1. 铸造铝合金车轮制造

目前，铝合金车轮铸造方法主要有低压铸造和压力铸造等。其中应用最广泛的是低压铸造，占全部产量的 80% 以上。压力铸造车轮性能好，但设备、模具投入大，工艺相对复杂。低压铸造采用金属型腔，用钢铁材料加工，浇注铝合金液时，型腔内密封并抽真空，保持一定负压。铝合金液靠型腔内、外压差，即负压充填型腔与保压补缩，获得完美车轮铸件毛坯，之后还要经过数控加工、电镀、抛光等加工工序。低压铸造车轮的工艺流程如下：

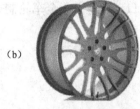

图 3-31 整体式铝合金车轮
(a) 低压铸造；(b) 压制成形

铸造模具清扫→模具控温→喷膜→合型→铝合金熔炼、精炼→变质处理、除气、调温→升压→充型保压→凝固→去压→松型、开模取去铸件→清理整形→初检→数控加工→电镀→抛光→检验→包装入库。

2. 锻造铝合金车轮制造

锻造铝合金车轮可以采用钢制车轮旋压或滚压等制造方法成形，但因投资大、成本高，其价格是钢制车轮的三倍还多，目前还未能大量推广。

【本章知识点】

1. 汽车车架功能、类型和结构分析。
2. 车架成形对材料的要求；16MnL 钢的应用特性分析。
3. 车架纵梁冲裁与断面 U 形弯曲工艺要点。
4. 车架横梁结构材料与冲压成形工艺。
5. 汽车车轮结构与分类；型钢车轮结构与选材；12LW 钢的应用分析。
6. 型钢辊制车轮制造工艺：轮辋辊制、轮辋整形与轮辐冲压。
7. 滚型车轮的制造工艺。
8. 铝合金车轮制造工艺。

【思考与习题】

1. 综述汽车车架功能、类型和结构（综述，写出不少于 300 字的短文）。
2. 分析车架成形对材料的要求；针对车架成形要求分析 16MnL 钢的应用特性。
3. 阐述车架纵梁冲裁工艺要点。
4. 阐述车架纵梁断面 U 形弯曲工艺要点。

5. 分析车架横梁结构特点及其零件冲压成形工艺流程。
6. 分析汽车车轮结构特点；对汽车车轮结构进行分类。
7. 分析型钢车轮成形对材料的要求；针对型钢车轮成形要求分析 15LW 钢的应用特性。
8. 对比分析型钢车轮与铝合金车轮的使用与工艺性能；分别说明其应用与发展前景。
9. 说明型钢辊制车轮轮辋与滚型车轮轮辋的成形原理与工艺要点。
10. 综述型钢车轮各式轮辐的制造方法与工艺。
11. 阐述铝合金车轮制造工艺。

第4章 汽车车身制造工艺

【学习目标】

本章主要介绍汽车车身制造,包括冲压、焊装与涂装三大工艺。学习中,从了解轿车、客车、货车三大汽车车身结构及技术要求出发,熟悉常用金属结构材料与性能特点,熟悉汽车覆盖件的冲压成形方法与工序方案,了解相关模具的结构与使用,了解车身覆盖件的拉深工艺要点。对于学习汽车车身装焊工艺,要求先行熟悉装焊程序、焊接方法及质量控制,了解设备的使用方法,了解汽车车身装焊夹具及装焊生产线的使用。对于汽车涂装工艺,要求掌握汽车车身涂装基础知识,熟悉汽车涂装,重点了解白车身表面磷化、电泳涂装、静电喷涂和汽车车身涂装三个基本工艺体系的工艺流程与应用。

4.1 汽车车身结构

汽车车身是容纳乘客或货物的空间,也是驾驶员的工作场所。汽车车身有多种多样的款式并持续被改进创新,以不断满足安全、节油、舒适和耐用等技术要求。本章依然以结构分析、材料应用和制造工艺的思路介绍与分析各类汽车车身结构特征、材料选用、车身覆盖件的冲压、装焊与涂装工艺等内容。

尽管不同的生产厂家、不同时期对不同系列的车身结构与款式存在不同的设计理念和制造要求,但汽车发展到现在,其分类仍然不外乎轿车车身、客车车身和货车车身三大类,如图4-1所示。

4.1.1 轿车车身

轿车车身可按车身承载方式、外形和车身壳体结构进行分类。

1. 按车身承载方式分类

轿车车身按承载方式分为承载式车身和非承载式车身两类。

(1) 承载式车身

承载式车身又称整体式车身,如图4-2所示。

承载式车身的特点:前、后轴之间没有连接车架,车身直接承受从地面和动力系统传来的力,其是承担全部载荷的刚性壳体。这类车身有利于减轻自身质量,使车身结构合理化和轻量化。因此,现代轿车几乎都采用承载式车身。

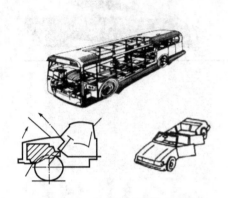

图4-1 汽车车身结构类型

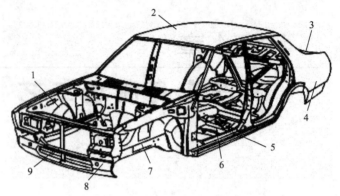

图4-2 承载式轿车车身

1—前挡泥板；2—顶盖；3—后围板；4—后侧围板；5—底板边梁；
6—地板总成；7—前纵梁；8—前围板；9—散热器固定框

承载式车身之所以能够承载并保证整体有足够刚度和强度，在于车身底板与上部车身主体装焊成了一个刚性框架，使得整个车身的各个零部件，包括底板、骨架、车顶、内外蒙皮等都不同程度地参与承载，这样，车身直接承受从地面和动力系统集中传来的力就会高度分散地作用于车身各个结构部件。

可见，承载式车身的优点为：质量轻，生产条件得到改善，适合现代化大批量生产；宜采用薄钢板冲压成形，更适合点焊和多工位自动焊接；车身结构紧凑，生产效率高；由于薄钢板冲压与焊接性能好，因此车身组焊后，焊接应力与焊接变形小，质量容易得到保证；当汽车发生碰撞事故时，承载式车身对碰撞冲击的吸收性好，相对更为安全。

但是，承载式车身也有不足之处。其主要缺点为：汽车底盘部件与车身结合部位在汽车运动载荷冲击下容易发生疲劳破坏；同时，乘客室易受到汽车底盘震动和噪声的干扰。

(2) 非承载式车身

非承载式车身又称为有车架式车身，如图4-3所示。其结构是车身下部有一个足够刚度与强度的独立车架，车身通过弹性元件支撑紧固于车架上，作用于汽车整体和内部的载荷基本上都由车架支撑承受，车身壳体几乎不承载或承载很小。

非承载式车身具有如下优势：

① 良好的减震性。车身基本不承受载荷，反作用力小；车架受弹性支撑并紧固于车身，车架与车身两者可较好地吸收或缓和来自路面的冲击，获得良好减震效果，能够提高乘坐舒适性。

② 装配工艺简化。底盘和车身实施分开装配后再总装，装配工艺简化，专业化生产水平得到提高。

③ 易于车身改型。因车架式车身具有独立的整车装配基础，便于汽车上各总成和部件的安装，也有利于改变车型或改装成新型车辆。

④ 安全性得到进一步保证。汽车一旦发生碰撞事故，车架可以对车身和乘员起到一定的保护作用。

非承载式车身的主要缺点是：整车质量加大；车辆承载底面提高；车架型材截面尺寸增

加，需要另行购置生产车架的冲压模具与大吨位设备，汽车制造成本相对较高。

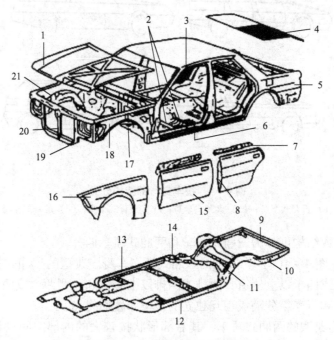

图4-3 非承载式车身与车架

1—发动机罩；2—前底板横梁和外侧座椅支架；3—后侧轮罩内板；4—行李箱盖内板；5—后侧围板（后翼子板）；6—车门槛板和底板侧梁；7—门内侧加强板；8—门铰链侧板；9—后横梁；10,14—后边梁；11—上、下中横梁；12—内、外中边梁；13—防震梁；15—门外板；16—翼子板；17—前内隔板；18—前围板；19—水箱支架；20—发动机罩锁扣支架；21—挡泥板

2. 按车身外形分类

轿车车身的外形，从适用上讲，主要由座椅位置与数量、车门数、顶盖要求、发动机与备胎位置等因素来确定。

（1）车身背部结构类型

车身背部结构类型分类如图4-4所示。

① 折背式车身。折背式车身指车身背部有角折线条的车身形式，也称浮桥式或船形式车身，如图4-4(a)所示。其主要特征是车身背部有明显的头部、中部和尾部三段，大多数都安排有两排座位。这种轿车的车门可有两门和四门两种形式。

② 直背式车身。直背式车身如图4-4(b)所示。车身背部的后风窗与行李箱连接处近似平直，比折背式更趋流线型，有利于降低空气阻力；后行李箱空间加大，又称快背式或溜背式车身。

③ 短背式车身。如图4-4(c)所示，短背式车身背部，特别是尾部较短，使得整车长度短，又称为鸭尾巴车身。它可减少车辆在行进中的偏摆，有利于提高轿车的行驶稳定性。

④ 舱背式车身。如图4-4(d)所示，该车身头部，即顶盖较折背式长，后背即尾部比直背式还短，角度也小。后行李箱与后窗演变为一个整体的背部车门。这种车身亦称快背式车门。

（2）车身厢数结构类型

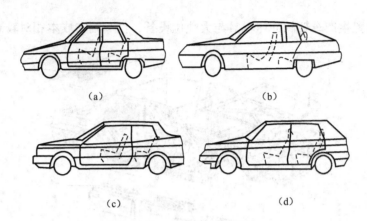

图4-4 按车身背部结构分类

(a) 折背式车身；(b) 直背式车身；(c) 短背式车身；(d) 舱背式车身

轿车按车身厢数结构可分为三厢式轿车和两厢式轿车两种。

图4-4(a)～图4-4(c)为典型的三厢式轿车车身。典型的三厢式轿车车身为封闭的刚性结构，有四个或四个以上侧窗、两排或两排以上座位和一侧两个或两个以上车门，因其发动机室、乘客室和行李箱分隔成相互独立的三段布置而得名。

图4-4(d)为典型的两厢式轿车，其后部形状按较大的内部空间设计，将乘客室与行李箱布置于同一段而得名。

(3) 按用途及车门数分类

轿车按用途及车门数可分为二门轿车、四门轿车；二门旅行车、四门旅行车；二门敞篷车；二门客货两用车（又称皮卡）等类型。

3. 轿车按车身壳体结构分类

轿车车身空间具有安装发动机、装载乘客和行李的功能，其车身壳体结构可分成开式与闭式两种。

(1) 开式壳体车身

开式壳体车身即指车壳不带顶盖的敞篷式轿车，如图4-5(a)所示。

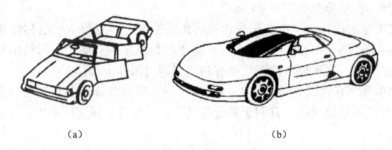

图4-5 车身壳体结构

(a) 开式壳体车身；(b) 闭式壳体车身

(2) 闭式壳体车身

闭式壳体车身的车壳是一个由板件构成的封闭系统，呈现出一个由板件结构所构成且近于平行的封闭六面体，如图4-5(b)所示。

4.1.2 客车车身

1. 按车身用途分类

客车按照其用途不同可分为：城市客车车身；长途客车车身；旅游客车车身等结构。由于车身结构用途与要求不同，故其在外观和车室布置上存在一些差别。

（1）城市客车车身

城市客车是指在城区内运送乘客的客车，其运行状态是站距短，乘客上下车频繁；结构上，车底板离地高度较小，车门较多，尺寸宽大；为了增大过道宽度和站立面积，座位分布多采用单、双排座（1+2）的布置形式；车内高度相对较大；为扩大乘客视野，车顶凸度一般不大；为提高城市客车内面积利用率，目前双层客车也逐渐增多。

（2）长途客车车身

随着高速公路建设事业的快速发展，我国长途汽车客运已经显露其竞争优势，这对长途客车的设计与制造质量提出了极为严格甚至是异常苛刻的要求。众所周知，汽车长途客运，乘客乘坐时间长，客流量相对稳定，要求清洁卫生，舒适度高。从长途客车结构要求上讲，一般只有一道乘客门，座椅布置密集，车底板下有较大的行李空间，底板离地一般1m以上。

另一类长途卧铺车，乘客需要在车上过夜，只安装卧铺，不设置座椅，其多为双层结构且车身较长。为考虑行驶中的稳定性，车身底板离地距离较小，以适度降低重心。

（3）旅游客车车身

旅游客车为乘客旅游和观光设计，其结构与长途客车无本质差别，但外观、内饰要求更加豪华和讲究。旅游客车更注重旅客的舒适性，如车上附设卫生间等，并需要充分考虑种种配套设施。

2. 客车按车身承载形式分类

客车按车身承载形式可分为：承载式、半承载式和非承载式等三种客车车身。

（1）承载式车身结构

为减轻自重并使车身结构更加合理，有些客车采用无车架承载式结构。因此，根据客车车身上下承载程度不同，可将承载式结构分为整体承载式和基础承载式两种结构。

① 整体承载式车身。如图4-6所示，车身上下部结构形成统一的整体，整个车身均参与承载。当车身承受载荷时，各构件以强济弱，使得整个车身壳体能够达到受力稳定平衡状态。

② 基础承载式车身。如图4-7所示，基础承载式车身视车身侧围腰线窗台梁以下到地板的侧壁骨架和底部结构为车身基础。车身基础是客车主要承载件，其顶盖和窗柱均为非承载件。

基础承载式车身底架是承载基础，其纵向与横向构件可采用薄壁型钢或薄钢板冲压、焊接成一种空间框架结构，高度达到0.5m左右。基于此，可充分利用车身底板下面两侧空间作为行李箱。然而因底架基础结构高度较大，致使车身底板离地距离较高。因此，这种基础承载式车身一般只用于长途客车或旅游客车。

除了这种车身基于底部为空间框架结构的特征之外，基础承载式车身同时还采用了凹形地板，提高了安全性。也就是说，乘客在客车内的直通道是一条凹槽，底面低于座椅下地板

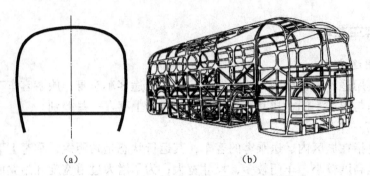

图 4-6　大客车整体承载式车身
(a) 整体承载式车身；(b) 整体承载式大客车车身骨架结构

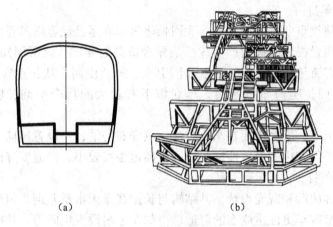

图 4-7　大客车基础承载式结构
(a) 基础承载式车身；(b) 大客车基础承载式底架结构

平面 150mm（离地约 1.2m），乘客立足平面（座椅下平面）与底架上平面有一个 150mm 的高度差，这样当车辆前后和两侧遭到撞击时，乘客均处于冲压部位上方 150mm 处而提高了安全性。

（2）半承载式车身

半承载式车身如图 4-8 所示，车身下部与底架组成一整体。车身骨架的立柱下端与底架纵梁两侧悬伸的横梁刚性相连，车身能承担部分弯、扭载荷，故称半承载式。其目标是减少整车质量。

（3）薄壳式车身

薄壳式车身又称为应力壳体式车身结构，是飞机机身薄壳结构地移植和运用，如图 4-9 所示。

薄壳式车身无独立骨架，由板块式构件构成车身整体并承担结构载荷，如顶盖、车底、侧板、后围及车身的各种加强构件等。

当然，也可以采用集骨架式结构与薄壳式车身优点融为一体的复合型车身的结构形式。这类车身通常为从第二立柱到最后立柱间采用框架式结构，而前围、后围则用薄壳式结构。

薄壳式客车车身的车底用优质钢板冲压而成，一般在覆盖件内表面都加焊了加强梁构件。车内地板似客车一样，覆盖有以隔声、绝热和密封为目的的底板装饰材料。

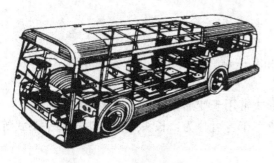

图4-8 半承载式客车车身

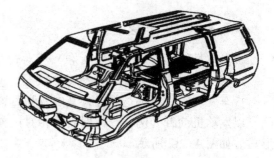

图4-9 （面包车）薄壳式车身

薄壳式车身结构广泛应用于旅行客车与微型客车。

（4）非承载式车身

非承载式车身由底盘车架与车身骨架连接而成，其载荷主要由底盘车架承担，车身几乎不承载。目前国产客车大多采用此结构。

图4-10所示为悬伸梁与底横梁、车架连接的底盘车架结构。

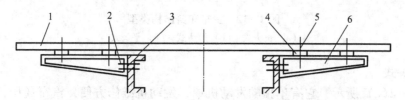

图4-10 悬伸梁与底横梁、车架连接的底盘车架结构
1—底横梁；2—车架与悬伸梁连接螺栓；3—车架纵梁；4—橡胶缓冲垫；
5—底横梁与悬伸梁连接螺栓；6—悬伸梁（牛腿）

图4-11所示为车身骨架，上下两层引出局部图示为圈点处的型钢连接方式。该车身骨架直接组装在底盘车架上。车架纵梁两侧的悬伸梁（俗称牛腿）用螺栓与纵梁相连；底横梁支撑在悬伸梁上；车厢侧立柱与底横梁焊接；为弥补悬伸梁与车架纵梁上平面平面度的误差及缓和车身的冲击和震动，在底横梁及悬伸梁之间安装有橡胶缓冲垫。

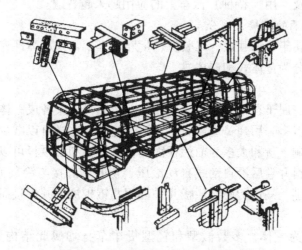

图4-11 非承载式客车车身骨架结构

4.1.3 货车车身

货车车身结构（驾驶室、货厢）相对轿车和客车要简单，可按以下方法分类。

1. 按驾驶室与发动机相对位置分类

货车发动机一般都是前置，其中置和后置形式常用于变形车，而且极为少见。

以发动机前置为例，按与驾驶室相对位置货车车身可分为：长头式、短头式和平头式等形式。如图4-12所示。

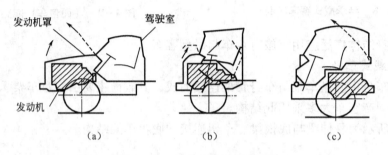

图4-12 货车车身结构类型
(a) 长头式；(b) 短头式；(c) 平头式

（1）长头式

如图4-12(a)所示，它有单独的发动机罩，发动机维修方便，汽车通用性好。其缺点是轴距与汽车总长加大，视野较差。长头式多用于中型货车。

（2）短头式

将发动机的一部置于驾驶室之前，一部分伸于驾驶室内，驾驶室内外都有发动机罩，如图4-12(b)所示。其特点是轴距略微缩短，驾驶室内拥挤，发动机维修不太方便。

（3）平头式。驾驶室位于发动机之上，发动机罩在驾驶室内，如图4-12(c)所示。其优点是轴距与汽车总长较短，机动性好，视野开阔，承载面积利用系数高。但夏天驾驶室内比较闷热。由于平头式货车车身在结构上不断追求改进，其优点已更为突出，且其在现代轻型、中型、重型货车及专用（特种）汽车上的应用越来越普遍。

2. 按驾驶室与货厢的连接关系分类

货车车身几乎都属于非承载式。驾驶室、货厢与车架都采用弹性连接。按驾驶室与货厢的连接关系货车车身分为分体式和连体式。

（1）分体式

绝大多数货车车身属于这种形式，即驾驶室、货厢与车架各成一体。驾驶室常以三点支撑在车架上，其中两点多采用弹簧或橡胶垫的浮式连接。这样可以减少驾驶室震动和车架歪扭变形对驾驶室的影响。货厢大多为前栏板固定，侧栏板和后栏板可以翻转而构成栏板式货厢。栏板通常应用带料开卷后沿自动线自动滚压、切断、焊接与涂装而成。对于重型车辆，其货厢装载量大，特别是高边货厢，栏板几乎都用厚钢板加工并焊接而成。

（2）连体式

驾驶室与货厢连为一体，多数微型和轻型货车车身均属此结构形式，多采用薄壳式结构。

4.1.4 汽车车身基本构件

汽车车身主要包括车身壳体、车门、车窗、车前钣制件、车身内外装饰件和车身附件、座椅以及通风、暖气、冷气、空气调节装置等。货车和专用汽车还包括车厢和其他装备。

车身壳体是一切车身部件的安装基础，是一个刚性的空间结构，其通常由纵、横梁和支柱等主要承力元件及连接钣件组成。客车车身具有骨架结构，轿车与货车驾驶室没有明显骨架，但在制造中，需要保证车身壳体具有隔声、绝热、防震、防腐和密封等功能。

车门通过铰链安装在车身壳体上，结构复杂，属于重要部件。

车身覆盖件可形成容纳发动机、车轮等部件的空间。

4.2 汽车车身材料

目前所应用的汽车车身材料主要有低合金高强度钢板，铝合金、镁合金、钛合金、泡沫合金板，蜂窝夹芯复合板，工程塑料和高强度纤维复合材料等。对此，可以将其归结为四类，即钢板、薄钢板卷料，铝、镁、钛等轻型合金，非金属材料和其他新材料。

汽车车身主要依靠冲压与焊接装配成形。钢板特别是薄钢板卷料（见图4-13）的应用较为普遍，是汽车车身的主体材料。其性能特点是：强度高，塑性好，屈强比（材料屈服强度与抗拉强度之比）低，具有良好的冲压成形性能。这类适宜于冲压的钢板与薄钢板卷料一般多为低合金高强度钢，如16Mn、08Al等，其焊接性能好，且为大批量生产，价格较低。对于Q235等普通碳素钢板，一般只适用于冲压形状简单的浅拉深或弯曲件。

(a)　　　　　　　　　　(b)　　　　　　　　　　(c)

图4-13　钢板与薄钢板卷料
(a) 带料；(b) 卷料；(c) 板料

1. 高强度钢板

08Al为通过微量合金化的低碳高强度钢板，平均含碳量为0.08%左右。加入少量Al是为了细化晶粒，抑制三次渗碳体的析出，有助于提高抗拉强度和塑性。其抗拉强度是普通低碳钢的2~3倍，深拉深性能极好，可轧制成很薄的钢板，适宜于车身覆盖件冲压，一般呈薄钢板卷料的形式供货，是车身轻量化的重要材料。

16Mn钢是一种应用非常广泛的低合金高强度钢板，主要用于冲制各种车身加强件与骨架件。

在汽车车身制造中，高强度钢板和薄钢板卷料主要以冷轧钢板或超低碳高强度超深冲压冷轧钢板、镀锌钢板、轻量化迭层钢板等产品类型供货。根据车身构件作用与要求不同，在各类钢板采购和使用中，需要注意以下事宜：

（1）含磷高强度冷轧钢板的应用

含磷高强度冷轧钢板主要用于轿车蒙皮、车门、顶盖和行李箱外盖板，也用于货车驾驶室的冲压件。其特点是强度较高，比普通冷轧钢板高15%～25%，且冲压中其塑性与应变硬化指数下降甚微，同时具有良好的耐蚀性与焊接性能。

（2）烘烤硬化冷轧钢板（BH钢）

烘烤硬化冷轧钢板经过冲压、拉深变形及烘漆烘烤热处理，屈服强度得以提高。BH钢板既薄又有足够强度，是车身板轻量化的首选材料。

（3）双相冷轧钢板（DP钢）

双相冷轧钢板组织中同时具有马氏体和铁素体两种晶体，具有连续屈服、屈强比低、加工硬化高及高强度与高塑性的综合优点。DP钢板经烘漆烘烤还可进一步提高强度，适用于形状复杂且要求强度高的车身材料，如车门加强板和金属保险杠等。

（4）超低碳高强度超深冲压冷轧钢板（IF钢）

超低碳高强度超深冲压冷轧钢板主要用来冲压乘用车车身内、外覆盖件，要求具有高强度与良好成形性和贴模性。其合金成分与晶体结构特点是：

① 超低碳，碳的质量分数不大于0.05%；

② 合金成分中加入了少量钛（Ti）或铌（Nb），促使碳、氮固定成金属化合物，改变了碳、氮呈间隙固溶原子的存在状态，由此，这种钢被称为无间隙原子钢，简称IF钢。

③ 在IF钢冶炼中添加适量的磷，以起固溶强化作用，即磷可以以一定的溶解度溶于铁素体中，强化铁素体基体，同时还具有较好的烘烤硬化性能。因此，这类钢现在又称为超低碳高强度烘烤硬化冷轧钢板，适量增磷实现了深冲性、高强度与烘烤硬化三结合，特别适用于一些形状复杂而强度要求高的特性冲压件。

目前世界上IF钢的产量已达数千万吨。

IF钢的供货品种有：镀锌IF钢板、热镀锌IF钢板、高强度IF钢板和镀铝IF钢板等。现代轿车每辆车用IF钢板可达几百千克，约占钢板总用量的40%以上。

（5）镀锌钢板

镀锌钢板的特点在于通过钢板表面镀锌，既美观又具有良好的耐腐蚀能力。从20世纪70年代到现在，轿车车身材料广泛采用镀锌薄钢板，主要用于车身内、外板。奥迪轿车的车身部件绝大部分采用镀锌钢板（部分用铝合金板）；上海帕萨特车身的外覆盖件采用电镀锌工艺，内覆盖件内部采用热镀锌工艺。这样可让车身防腐蚀保质期长达11年。

（6）轻量化迭层钢板

迭层钢板是在两层薄钢板之间压入一层塑料的复合材料。表层钢板为厚0.2～0.3mm；塑料层的厚度占总厚度的25%～65%；与单层等厚钢板相比，迭层钢板只有单层等厚钢板质量的57%，而且隔热防震性能良好。这种复合钢板主要用于发动机罩、行李箱盖和车身底板等部件。

2. 铝、镁合金与钛合金

在前面第1章、第3章有关汽车发动机零件毛坯与车轮制造中，都结合产品使用要求介绍了铝、合金等材料的应用。现在就汽车车身制造中有关铝、镁、钛合金等轻型合金材料的应用进行对比分析。

与汽车钢板相比，铝合金具有密度小（$2.7g/cm^3$）、比强度高、耐腐蚀、热稳定性好、易成形、可回收再生和技术成熟等优势。德国奥迪 A2 型轿车全铝合金车身骨架和外板结构，比使用传统钢材，质量减轻了 43%；平均油耗降至 3L/100km 的水平；车身扭转刚度提高 60%，比同类钢制车身质量减少 50%，深受环保人士的青睐。

现代，采用激光束压合新工艺，可以将不同厚度的铝合金板压合或将铝合金板同钢板压合成复合板材。随之再在板材表面涂敷耐腐蚀材料，这就有力地推进了汽车轻量化发展并保证其良好的耐蚀性。

镁合金和钛合金都属于轻合金。镁的密度仅有 $1.8g/cm^3$，但其比强度、比刚度比铝更高，阻尼性、导热性好，电磁屏蔽能力强，尺寸稳定性更好。钛的密度为 $4.6g/cm^3$，约为钢的 60%，但其强度和表面硬度超过钢，且不容易生锈。钛合金车身零件或结构相对更轻、更坚固、更耐腐蚀。

现在铝、镁合金与钛合金车身结构应用不广，不是性能低下或成形技术的不成熟，而是当前生产成本过高，其最终是一个关于性价比的科学评估问题。

3. 非金属材料

汽车车身所用非金属材料主要是工程塑料和玻璃纤维增强树脂基或碳纤维增强树脂基的复合材料。

工程塑料与通用塑料相比，具有优良的力学性能、电性能、耐化学稳定性、耐热性、耐磨性和尺寸稳定性等；工程塑料比金属材料轻、成形能耗少，热塑性塑料可以回收利用；工程塑料是实现汽车轻量化和节能的良好材料。但是，塑料在阳光作用下容易出现性能老化现象。

工程塑料通常用于车身覆盖件、前围、后围、内外装饰件、散热器面罩、保险杠和车轮保护罩等。

高强度纤维复合材料是一种多相成分材料，它由有机高分子、无机非金属或树脂等原材料复合而成。因为玻璃纤维增强树脂复合材料和碳纤维增强树脂复合材料耐腐蚀能力强，具有良好的绝缘性和成形性，加工工艺简单，生产周期短，成本低。因此，这种复合材料已在汽车上广泛应用，主要用于制造轿车车身覆盖件，客车前、后围和货车驾驶室等零部件。

4. 其他新材料

这里的其他新材料指的是泡沫合金板、蜂窝夹芯复合板和以金属为基体的复合材料。

泡沫合金板由粉末合金烧结制成。其特点是密度小，仅为 $0.4 \sim 0.7g/cm^3$，弹性好，当受力压缩变形后，可凭其自身弹性恢复至原来形状。泡沫合金的种类主要有泡沫铝合金、泡沫锌合金、泡沫锡合金和泡沫钢板材等。由于泡沫合金板的特殊性能，特别是出众的低密度、良好的隔热吸震性能，深受汽车制造商的青睐。目前，用泡沫铝合金制成的零部件有发动机罩、行李箱盖等。

蜂窝夹芯复合板由两层薄面板中间夹一层厚而极轻的蜂窝板组成。根据蜂窝夹芯材料不同，其可分为纸蜂窝、玻璃布蜂窝、玻璃纤维增强树脂蜂窝、铝蜂窝等。其面板可以采用玻璃钢、塑料、铝板和钢板等材料制成。

金属基复合材料和非金属复合材料的结构原理一样，只是复合材料的基体是金属，用高强度纤维增强，是一种理想的高强度复合材料。但其生产成本比玻璃纤维增强树脂复合材料和碳纤维增强树脂复合材料要高。

4.3 汽车车身覆盖件冲压工艺

4.3.1 车身覆盖件的结构与质量要求

1. 车身覆盖件的结构特点

车身覆盖件形状及尺寸有以下特点：

（1）材料薄，相对厚度小

板料厚度一般为 0.3~1.0mm，相对厚度 t/L（板厚与坯料最大长度之比）最小值可达 0.0003。

（2）轮廓尺寸大

如驾驶室顶盖的坯料尺寸可达 2800mm×2500mm。

（3）形状复杂

大多数为三维空间曲面，且形状和轮廓不规则，难以建立比较简单的数学模型或几何方程来描述。

（4）轮廓内部常带有局部孔洞、弯曲等不规则形状（见图 4-14）

车身覆盖件一般带有窗口、局部凸起或凹陷等形状。这些形状特征会对整个冲压件的成形带来较大影响。

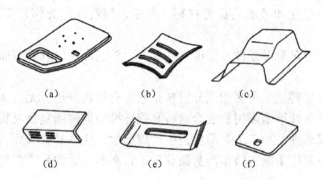

图 4-14 汽车覆盖件内部局部形状示例

2. 车身覆盖件的质量要求

（1）优异的表面质量

对于车身覆盖件，尤其是外覆盖件的可见表面，一般都有严格的外观装饰性要求，不允许有任何波纹、皱纹、凹痕、擦伤和边缘拉痕等有损表面完美的缺陷；覆盖件上的装饰棱线和装饰肋条，要求清晰、平整、光滑、左右对称并过渡均匀。两个覆盖件的衔接处要求吻合一致，不允许参差不齐。

（2）较高的尺寸精度和形状精度

车身覆盖件具有较高的轮廓尺寸、孔位尺寸、局部形状尺寸等精度要求，以保证焊装或组装时的准确性和互换性，便于实现车身冲压与焊接的自动化，保证车身外观形状的一致性和观赏性。

（3）良好的结构工艺性

车身覆盖件在零件形状与结构上要求具有良好的冲压成形性、焊接装配性、操作安全性和材料利用率等。覆盖件的冲压工艺性能关键是拉深成形性能的好坏。

(4) 足够的刚度

覆盖件刚度不够会使汽车行驶时车身会产生震动与噪声，使覆盖件提前损坏，缩短车身使用寿命。由此必须通过塑性变形后的加工硬化和合理的结构设计予以保证车身的足够刚度。

4.3.2 车身覆盖件的冲压工艺

由于汽车车身覆盖件具有不规则的空间曲面、轮廓尺寸大、板薄、刚度低、精度要求高，使得冲压成形困难。同时，其冲压模具较为复杂，质量上容易出现回弹、起皱、拉裂、表面缺陷和平直度低等问题，需要加以克服。

1. 车身覆盖件成形工艺分类

为了有利于冲压成形，简化冲压工序与模具结构，根据汽车车身外形特点（主要是覆盖件本体的对称性）和拉深复杂程度，可以将各类覆盖件分为：

① 对称型覆盖件，如水箱罩、前围板、发动机罩、行李箱罩等。

② 不对称型覆盖件，如车门外板、车门内板、前后翼子板等。

③ 可对称成形覆盖件，如左、右前围侧板和左、右顶盖边梁等，可安排一模两件。

④ 带凸缘面的覆盖件，如车门外板。

⑤ 压弯覆盖件，如带风窗玻璃框的轿车顶盖、后行李箱盖板等。

需要指出，对于对称型或不对称型覆盖件，还可以按其拉深变形复杂程度与拉深高度分为均匀拉深与不均匀拉深或浅拉深与深拉深等。

2. 覆盖件冲压基本工序

覆盖件形状复杂，轮廓尺寸大，不可能简单地经过一两道冲压工序就能制成。

覆盖件冲压成形的基本工序有落料、拉深、翻边、整形、冲孔和修边等。根据实际需要和可能，可将落料—拉深、修边—冲孔、修边—翻边或翻边—冲孔等工序复合进行。所谓工序复合是指在压力机上滑块一次行程中在模具同一工位同时完成两道以上工序。

(1) 剪板和拉深

覆盖件冲压成形一般先从剪板和拉深开始。剪板一般在开卷—剪板自动线上完成。拉深工序是汽车覆盖件冲压的基本成形工序。覆盖件的形状主要通过板料毛坯在拉深模中拉深成形。拉深件需进行整形和修边。

(2) 落料

落料工序一般安排在拉深、翻边后再进行，要通过落料才知后续拉深工序所需要的坯料形状和尺寸。因为在生产技术准备时，覆盖件形状复杂，不可能事先计算出其准确的坯料尺寸，所以必须在拉深工艺试冲成功后才能确定坯料的形状和尺寸。

(3) 整形

整形工序主要是将拉深工序中尚未完全成形的覆盖件形状成形出来。其变形性质一般是胀形或局部成形，通常和修边或翻边工序一同复合完成。胀形或局部成形一般均保持覆盖件整体形状与尺寸不变，只是通过局部面积增大、壁厚减薄而成形局部，如压制加强筋和标牌字样等。

(4) 修边

修边主要是切除拉深件上的工艺补充部分和四周边角余料。工艺补充部分是因拉深工序需要而增加的板料补充部位。凡是非拉深件结构本体部分，包括工艺补充面，均应在拉深成形后于修边模中切除。

（5）翻边

翻边主要是根据需要将覆盖件的边缘进行翻边，一般安排在修边之后。

（6）冲孔

冲孔用以加工覆盖件上的各种孔，一般安排在拉深或翻边之后进行。若先冲孔，会造成在拉深或翻边时孔的位置、尺寸、形状精度发生变化，影响以后覆盖件的安装与连接。

3. 车身覆盖件的拉深工艺

前已说明，车身覆盖件冲压成形工序多，一般需要 4~6 道甚至 10 道以上工序才能完工。因此，在车身覆盖件的拉深成形中，需要特别注意以下技术要点：

（1）拉深工艺设计要为后续工序坯料的定位创造有利条件

如图 4-15 所示，拉深工序充分考虑了修边时的定位要求。其中图 4-15(a)表示模具左边设置了工件边定位槽；图 4-15(b) 所示设计了为工件定位用的工艺孔和导正销。

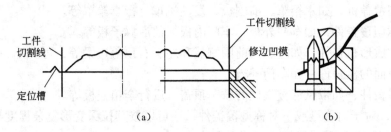

图 4-15　拉深工序为修边工序考虑的工件定位结构

（2）反向拉深的应用

对于覆盖件上与冲压方向相反的局部成形，可以同时采用反向拉深成形，如图 4-16 所示。但需注意，在正向拉深成形时，常采用凸、凹模大圆角，使得其正向拉深侧壁保持一定斜度。此时要求反向拉深的深度不得超过正向拉深的深度。中部反向拉深部位建议采用 30°斜度的侧壁，深度≤20mm。

（3）非拉深工序主要靠胀形或局部成形来实现

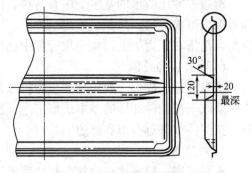

图 4-16　覆盖件的反拉深成形

非拉深工序主要靠胀形或局部成形来实现，如覆盖件上的装饰棱线、装饰肋条、装饰凹坑、加强肋、躲避包等部分结构等。为防止开裂，需要采取局部加大圆角，使成形侧壁成一定斜度或减小深度等措施。

（4）两覆盖件间衔接与配合要求严格

两覆盖件间衔接与配合要求严格，即相连装饰棱线、装饰肋条、凹坑等要尽量吻合一致，光滑过渡，间隙要小，不影响外观。

(5) 覆盖件凸缘的内圆角半径的控制

其凸缘的内圆角半径一般取 8~10mm，当小于 5mm 时可增加整形工序。

(6) "成双拉深法"的应用

对于形状对称、零件尺寸又不太大的覆盖件，可采用"成双拉深法"，可通过增加工艺补充而设计成一个拉深件进行整体拉深，冲压成形后再切开成两件，如图 4-17 所示。

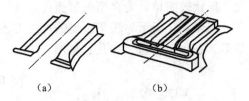

图 4-17 成双拉深的工艺补充
(a) 两产品；(b) 成双拉深法示意图

(7) 选用冲压性能好的材料

覆盖件材料要求有良好的塑性变形能力，一般多为 08 或 08Al 等高强度镀锌钢板。

(8) 对于浅拉深件，要注意控制好回弹

4.3.3 车身覆盖件冲压工艺实例

轿车车身外覆盖件主要由门（左/右前、后门）、盖（发动机罩盖、顶盖、行李舱盖）、两翼（左/右前、后翼子板）及两侧（左/右侧围外板）等组成。这些覆盖件形状、结构各有特点，其冲压成形工艺也各有不同。下面举例分述。

1. 发动机罩内板冲压

(1) 结构工艺性分析

发动机罩内板实际上是一个整体方形加强件，其四面梁与中间两斜弯梁都具有不同深度的曲折截面，靠中部三个三角形孔形成两斜弯梁，四面梁上分布有不少小孔。该工件与发动机罩外板通过点焊而成发动机罩整体。

(2) 发动机罩内板冲压工艺流程

发动机罩内板冲压工艺流程为：下料（剪板或落料）→一次拉深→切边→分步冲孔→弯曲整形。如图 4-18 所示。

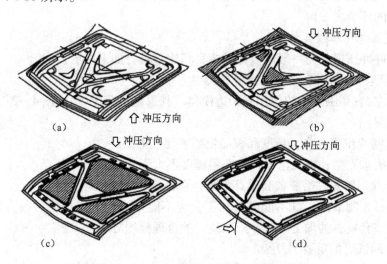

图 4-18 发动机罩内板冲压加工工艺流程
(a) 拉深；(b) 切边；(c) 冲孔；(d) 弯曲整形

2. 轿车顶盖冲压

轿车顶盖是一头弯曲并需要冲制安装玻璃孔的浅拉深件，其四周需要翻边，面积比较大，形状较简单，为典型的覆盖件。

图4-19所示为轿车顶盖的冲压工艺过程，即：落料→拉深、两侧切边→修边、冲孔→整形、翻边→翻边、冲孔、整形。

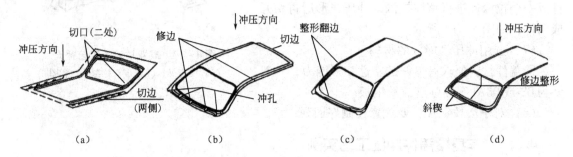

图4-19 轿车顶盖冲压工艺过程
(a) 拉深两侧切边（2 000t 双动压机）；(b) 修边冲孔（1 000t 单动压机）
(c) 整形翻边（1 000t 单动压机）；(d) 翻边冲孔整形（1 000t 单动压机）

3. 轿车左/右侧围外板冲压

轿车左/右侧围外板是轿车车身上尺寸最大的两个覆盖件。其工艺过程为：下料并落料（1 340mm × 3 175mm）→拉深→修边、冲孔→翻边、修边、整形→翻边、整形、冲孔→修边、冲孔→修边、冲孔、整形（见图4-20）。

4.3.4 车身覆盖件冲压模具

车身覆盖件冲压模具主要有三种，即：拉深模、修边模和翻边模。其中拉深模是直接影响汽车覆盖件成形质量和生产效率的关键。冲压模具的设计、制造和调整是汽车覆盖件冲压生产中最重要的环节之一。

1. 汽车覆盖件冲压模具特点

汽车覆盖件冲压模具与一般薄板冲压模具相比，具有如下特点：

(1) 模具形状和结构更复杂，质量更大

一副轿车左/右侧围外板的拉深或翻边模具，其重量将超过20t。图4-21所示为多套汽车模具的外观图。

(2) 模具制造难度更大，精度和表面粗糙度要求更高

模具型面要求光整，棱线清晰，表面粗糙度不大于$Ra0.40\mu m$。

(3) 一个汽车覆盖件需要数套模具配套，且各模具间的依赖关系大

成套模具投入制造时，既不能同时加工，也不能按工序顺序加工验收，而是应综合考虑，合理制定整套模具的加工路线并采取统一的合理检测方法。

(4) 模具调试更加重要和复杂

汽车制造厂对大型车身覆盖件成形模具的调试，一般至少需要1~2个月的时间。要使模具达到最佳工作状态，必须制定出合适的工艺参数（如压边时的最大与最小压边力），直至获得完全合格制件才能正式投入生产。

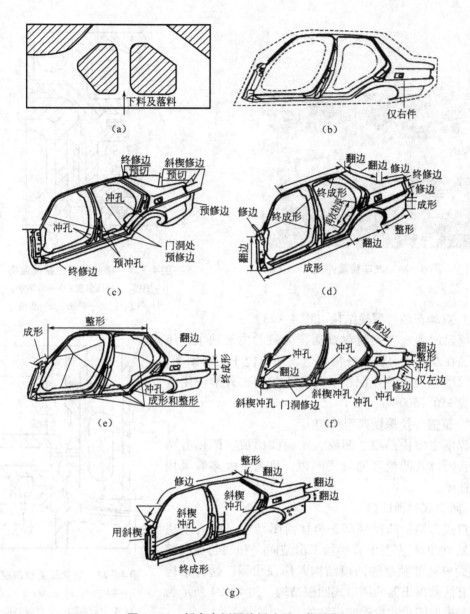

图4-20 轿车右侧围外板冲压工艺过程

(a) 下料及落料；(b) 拉深；(c) 修边、冲孔；(d) 翻边、修边、整形；(e) 翻边、整形、冲孔；
(f) 修边、冲孔；(g) 修边、冲孔、整形

2. 覆盖件拉深模

覆盖件拉深模具与使用的压力机有密切关系。因拉深使用的压力机目前有单动和双动两类，所以拉深模也相应有单动和双动之分。双动拉深模因压边力大、拉深深度深、卸料板为刚性等优点而应用更多。

(1) 单动倒装拉深模结构（见图4-22）

一般浅拉深或形状对称的拉深件都在单动压力机上采用单动拉深模拉深。因拉深凸模安装在下工作台面上，凹模置上，故称之为倒装拉深模。

图4-21 汽车模具外观

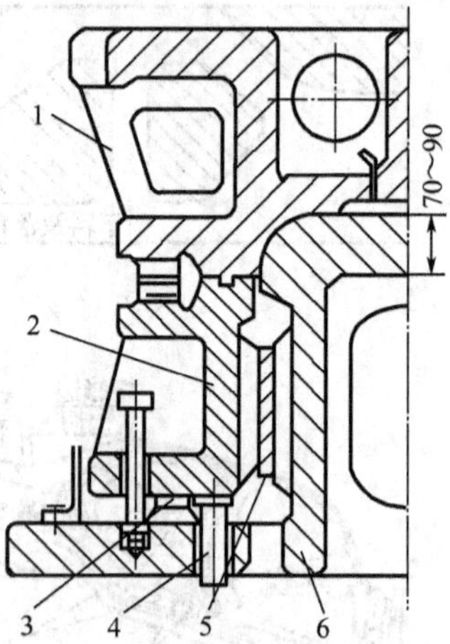

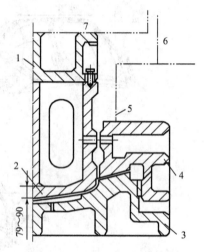

图4-22 单动倒装拉深模结构
1—凹模；2—压料圈；3—调整块；
4—气顶柱；5—导板；6—凸模

(2) 双动正装拉深模结构（图4-23）

凸模通过固定座安装在双动压力机的内滑块上，压料圈安装在双动压力机的外滑块上，凹模位于压料圈上，此种拉深模称为正装拉深模。其压力机内、外滑块闭合高度差为350~500mm。

(3) 覆盖件拉深模典型结构

拉深模主要由凸模、凹模、压料圈组成。凹模有两种结构：闭口式凹模和通口式凹模，目前绝大多数采用闭口式凹模。

1) 闭口式拉深凹模

闭口式凹模的凹模底部是整体封闭结构（铸有下通出气口），在凹模型腔上直接加工出型面（加强肋与凹槽等）或做成局部独立的凹模结构兼作顶出器，这种结构称为带有活动顶出器的闭口式凹模结构。图4-24所示为车身顶盖成形闭口式拉深凹模结构。

2) 通口式拉深凹模

图4-23 双动正装拉深模结构
1—固定座；2—凸模；3—凹模；
4—压料圈；5—过渡垫板；
6—外滑块；7—内滑块

图4-25所示为带有凹模芯的通口式拉深凹模结构。通口式拉深凹模的型腔四周跟随凸模和压料圈贯通，下面加装凹模底板。通口式拉深凹模的优势体现在模具制造工艺上，其便于在凹模的支撑面上划线。待凹模贯通孔加工后，可以分别依靠贯通孔和凹模型面安装凸模和顶出器来实现数控或仿形加工。

(4) 拉深模主要工作零件

拉深模工作零件主要指凸模、凹模和局部成形的凸、凹模镶块等。由于车身覆盖件拉深凸模、凹模轮廓尺寸大，所以其常采用高强度模具合金铸铁，并用实型铸造方法铸造毛坯。

3. 覆盖件修边模

(1) 覆盖件修边模的功能特征

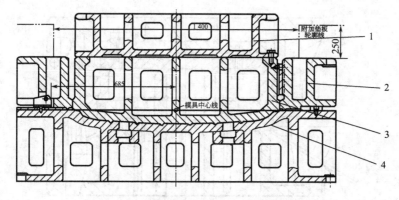

图 4-24 车身顶盖成形闭口式拉深凹模结构
1—凸模固定板；2—压料圈；3—凸模；4—凹模

覆盖件修边模是用于将拉深、成形、弯曲后的工件多余边角余料及中间非结构部分切除的分离模，其与普通落料模、冲孔模等冲裁模有较大的不同。修边通常在拉深成形后进行。

工件经拉深、成形、弯曲变形后，形状复杂，冲切部位可能是任意空间曲面，修边线多为较长的不规则轮廓，往往要经过多次修边才能得以完成；冲压件将有不同程度的弹性变形，通常会因弹性变形而产生较大的侧向力；修边是覆盖件冲压过程的最后一道工序，必须充分保证制件轮廓与表面不受任何伤害，故对覆盖件修边模的设计制造要求很高。

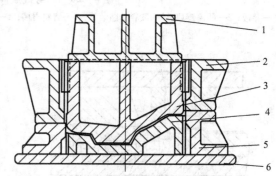

图 4-25 带有凹模芯的通口式拉深凹模结构
1—固定板；2—压料圈；3—凸模；
4—凹模；5—凹模框；6—底板

（2）覆盖件修边模结构

覆盖件修边模可分为垂直修边模、带斜楔机构的修边模和组合修边模等类型。

图 4-26 所示为车身覆盖件的垂直修边模典型结构。

图 4-27 所示为水平斜楔修边模结构。

图 4-28 所示为两侧同时带斜楔的水平和倾斜修边模。

4. 覆盖件翻边模

翻边是车身覆盖件冲压成形的最后工序；翻边质量的好坏将直接影响汽车整车的装配精度和质量；翻边工序除满足覆盖件装配尺寸要求外，还能改善修边造成的变形。

（1）覆盖件翻边模的分类

垂直翻边模。翻边凹模刃口沿上下方向垂直运动。

斜楔翻边模。翻边凹模刃口沿水平或倾斜方向运动，即需通过斜楔机构将压力机滑块的垂直方向运动转变为凹模刃口沿所需翻边方向运动。

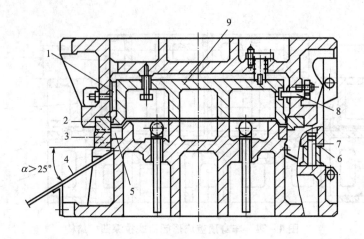

图 4-26 车身覆盖件的垂直修边模结构
1—导板；2—凹模镶块；3—废料切断装置；4—废料滑槽；5—凸模镶块；6—限位圈；7—导柱；8—限位器；9—顶出器

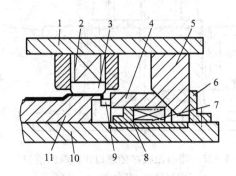   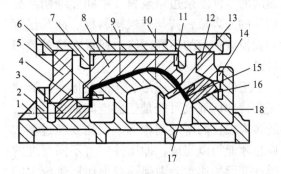

图 4-27 水平斜楔修边模结构　　　　图 4-28 两侧同时带斜楔的水平和倾斜修边模结构
1—上模座；2—弹簧；3—压料板；4—从动斜楔；　　1，15—复位弹簧；2—下模；3，16—滑块；4，17—修
5—主动斜楔；6—反侧板；7—弹簧；8—滑板；　　　边凹模；5，12—斜楔；6，13—凸模镶块；7—上模；
9—凸模；10—下模板；11—凹模　　　　　　　　　　8—卸件器；9—弹簧；10—螺钉；
　　　　　　　　　　　　　　　　　　　　　　　　11，14—防磨导板；18—背靠块

垂直斜楔翻边模。凹模刃口既有上下垂直方向运动，又有水平或倾斜方向运动。

（2）覆盖件翻边模典型结构

覆盖件翻边通常包括轮廓外形翻边和窗口封闭内形翻边，如图 4-29 所示。

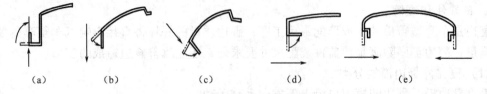

图 4-29 各种典型覆盖件翻边形式

翻边特点：由于翻边边缘呈不规则立体结构，仅靠一个方向的运动是不可能完成的，故翻边模一般由设计、制造多组沿不同方向运动的凹模组合来共同完成。各组凹模的局部结构

形式也如修边模一样采用镶块式结构。

图4-30所示为发动机罩轮廓外形翻边凹模镶块结构。

如图4-30所示,采用凹模镶块结构,左边斜镶块先翻边,下边镶块再移动翻边,避免两者发生运动干扰,并使交接处经历两次翻边成形,提高了翻边质量。

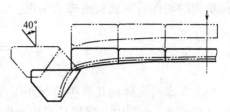

图4-30 发动机罩轮廓外形翻边凹模镶块结构

图4-31所示为一种覆盖件的窗口封闭内形翻边模,采用斜楔两面开花式结构。图4-31所示为模具闭合状态,随着压力机滑块上移,两面斜楔1、9带着翻边凹模20水平退回;中心斜楔7下移;活动翻边凸模8复位而取出工件。翻边成形与此顺序相反。

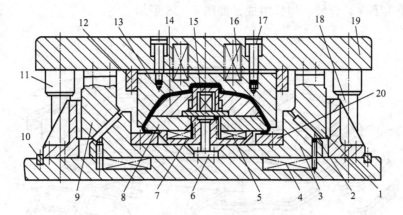

图4-31 斜楔两面开花式翻边模结构

1,7,9—斜楔;2—滑板;3—滑块;4,5,16—弹簧;6—轴销;8—活动翻边凸模;10—键;11—导套;12—固定块;13—压件器;14—凸模座;15—定位块;17—螺钉;18—导柱;19—上模座;20—翻边凹模

图4-32所示为一种典型的覆盖件外形翻边凸模扩张结构示意图。

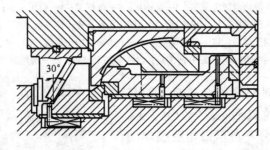

图4-32 轿车后围上盖板轮廓外形翻边凸模扩张结构

如图4-32所示,工件翻边特别是水平或倾斜翻边后,因翻边凸缘的妨碍,工件可能取不出来。故通常采用翻边凸模扩张结构,在翻边凹模翻边时,翻边凸模先扩张成完整的刃口

形状，翻边完成后，翻边凸模再缩小，让开翻边后的工件凸缘，使工件可取出。翻边凸模扩张结构的动作将由斜楔机构来实现。

4.4 汽车车身装焊工艺

汽车车身壳体的几百种薄板冲压件，经焊接、铆接、螺纹连接或粘接而装配成完整牢靠的"白车身"。其中，焊接是薄板冲压件主要、可靠和自动化水平最高的装配方法。装焊工艺技术是汽车制造工艺的重要内容与关键技术。在此先了解白车身的装焊程序和焊接基本知识。

4.4.1 白车身的装焊程序

以轿车为例，白车身由地板、前围、后围、侧围、顶盖、车门等分总成组成，而各分总成又由许多冲压零件、合件、组件组成，如图4-33所示。

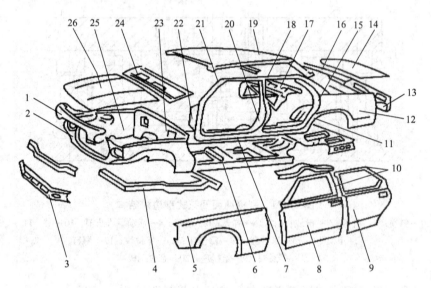

图4-33 轿车白车身本体结构及覆盖件

1—发动机罩前支撑板；2—散热器固定框架；3—前裙板；4—前框架；5—前翼子板；6—地板总成；7—门槛；8—前门；9—后门；10—门窗框；11—车轮挡泥板；12—后翼子板；13—后围板；14—行李箱盖；15—后立柱（C柱）；16—后围上盖板；17—后窗台板；18—上边梁；19—顶盖；20—中立柱（B柱）；21—前立柱（A柱）；22—前围侧板；23—前围板；24—前围上盖板；25—前挡泥板；26—发动机罩

汽车车身装焊过程的最大特色是具有明显的程序性。车身按零件位置不同，分为上、下、左、右、前、后六大部分。轿车白车身装焊的一般程序是：零件→合件→组件→分总成→总成（白车身）。图4-34所示为自动化生产线上用焊接机器人焊接白车身的情景。

图4-34 自动化生产线上用焊接机器人焊接白车身的情景

4.4.2 汽车车身焊接方法与设备

汽车车身的焊接方法主要有：电阻焊、CO_2 气体保护焊和激光焊。其中电阻焊应用最多，激光焊近年来发展迅速。

1. 电阻焊

电阻焊又称接触焊，属于压力焊，是各种焊接方法中效率最高、最适合大批量汽车生产的薄板件焊接方法。电阻焊（点焊）操作与原理如图4-35所示。其热源来自被焊工件的接触电阻热，加压并通电后，受压接触中心形成熔核，并借助压力产生塑性变形，断电冷却形成接点或接缝。电阻焊包括点焊、缝焊和对焊。

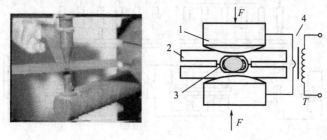

图4-35 电阻焊（点焊）操作与原理
1—电极；2—工件；3—熔核；4—变压器

（1）点焊

点焊是一种最具代表性的电阻焊，使用固定摇臂式、压力机式和移动式点焊机操作。

点焊具有焊接过程简单、不产生弧光、易实现机械化和自动化等优点，广泛应用于"白车身"的装焊。

1) 点焊过程

焊件预压→通电加热→加压焊接→断电冷却→卸压移位，如图4-36所示。

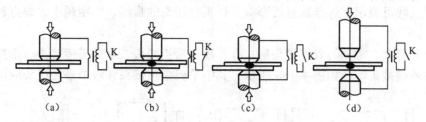

图4-36 点焊工艺过程示意图
(a) 预压接触；(b) 通电加热；(c) 加压焊接；(d) 断电冷却、卸压

2) 点焊形式

按供电方向不同，分为单面点焊和双面点焊。

按同时完成焊点数量多少，分为单点焊、双点焊和多点焊。

单面点焊是指用一个或多个压头（电极）压紧两块工件的一侧，而另一侧接另一个电极（或附加电极板）所进行焊接的形式，适用于厚薄不等或不能两面夹紧进行点焊的工件，如图4-37所示。

双面点焊是指一对或多对压头（每对各为一个电极）从两侧夹紧并完成焊接的点焊形

式，如图 4-37(c) 和图 4-37(d) 所示。双面点焊适用于能两面夹紧进行点焊的工件。

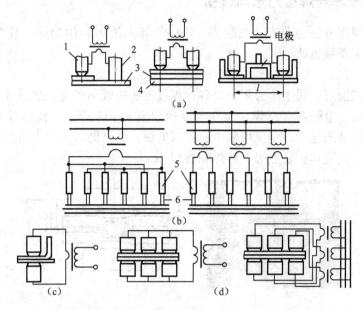

图 4-37 不同形式的单面点焊和双面点焊图
(a) 不同形式的单点焊；(b) 单面多点焊；(c) 双面单点焊；(d) 双面多点焊（一个和多个变压器）
1—压头（电极）；2,6—电极；3—工件；4—多层板；5—液压缸

3) 点焊工艺质量的影响因素

点焊结构由单个或若干个焊点连接。由于接头质量的好坏取决于焊点质量及其点距大小，故其必须依靠合理的工艺条件来保证。

焊点尺寸。焊点尺寸指焊点直径 d，即焊点熔核直径，其大小对焊点质量有重要影响。

焊点间距及焊点数目，指相邻两焊点的中心距（一般 50~60mm）。焊点数目则用一定长度上的焊点数目表示。焊点数直接影响点焊板件接头的强度，间距越小，焊点越密集，接头强度越高。

点焊接头形式。常见的点焊接头形式有：单剪搭接接头、双剪搭接接头、带垫片的对接接头和弯边搭接接头等，如图 4-38 所示。其中单剪搭接接头和弯边搭接接头应用最广泛。

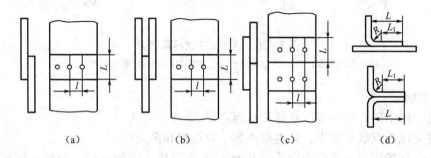

图 4-38 点焊的接头形式
(a) 单剪搭接接头；(b) 双剪搭接接头；(c) 带垫片时对接接头；(d) 弯边搭接接头

点焊工艺参数。点焊工艺参数主要考虑焊点强度与通电时间的关系及焊接压力的影响。

一般情况是通电时间延长时,熔核尺寸不断增大,焊点强度随之提高;但通电时间过长时反而会使焊点压坑加深、接头强度降低、表面质量变坏。因此,需要按规范参数控制好通电时间。焊接压力要根据被焊材料种类、厚度和焊接工艺规范决定,大小要科学合理。

选择与确定点焊工艺规范参数的基本原则可概括为三句话,即:与材料物理性能相适应;焊接过程中不产生飞溅;满足产品结构与质量要求。

4) 控制车身点焊质量的措施

车身点焊质量问题主要有:未焊透、焊穿、飞溅、压痕、缩孔及裂纹等,直接影响汽车安全性、可靠性和使用寿命。建议采取以下措施解决:

焊件焊前表面清理。去除氧化膜及污物,焊前除尘、除油、除锈,加大表面接触电阻。

保证板件装配质量。避免车身覆盖件装配时间隙过大或板件相互位置错移。

合理选择焊点间距。在保证连接强度的条件下,焊点间距尽量大一些。

调节好不同厚度板和多层板的焊接电流。对于不同厚度板和多层板的焊接,需解决不同板厚和多层板的点焊质量问题。

比如,车身外覆盖件与内加强件焊接,外覆盖件薄而内加强件厚,各自截面通过的电流强度不一样,熔核偏向厚件,不能形成实际有效的坚固焊点。这如何解决?思路是:当点焊两个厚度不同的板件时,焊接电流等规范应该由薄的一方决定,再按厚板或平均厚度修正,使厚板电流稍微增大。

在实际生产中,如板件厚度相差太大(超过1:3),焊点大约会在两板厚度之和的一半位置上生成,如图4-39(a) 所示,此时焊点根本起不到连接作用。其解决措施是薄板一侧使用小直径电极,让厚板电极直径加大,实际是加大了厚板的散热,此时导致熔核向薄板方向移动,如4-39(b) 所示。

在车身制造中,还会遇到三层板的焊接,如图4-40所示。图4-40(a) 中的中间板厚,这时焊接规范由薄板决定并予以适当增大;图4-40(b) 中的中间板薄,此时焊接规范由厚板决定,可以适当减小,以缩短焊接时间。

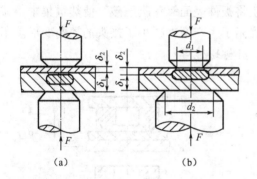

图4-39 焊件厚度不同的点焊情况

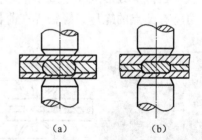

图4-40 三层不同厚度板件的点焊情况

5) 车身点焊设备

点焊机按用途不同可分为通用和专用点焊机两大类。通用点焊机按安装方法不同还可分为固定式、移动式或悬挂式三类。专用点焊机主要是多点点焊机。

固定式点焊机。在车身焊接中主要用来点焊接合件、分总成和一些较小的总成。焊接时焊机不动,焊完一个点后,由板件移动一个点距再焊下一个焊点。

移动式或悬挂式点焊机。车身覆盖件一般外形尺寸大、刚度较差、易变形、移动不便，故在车身装焊生产线上广泛采用悬挂移动式点焊机，如图4-41所示。

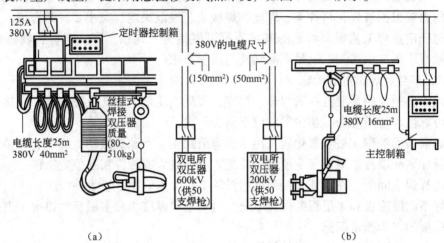

图4-41 悬挂移动式点焊机
(a) 有缆式点焊机；(b) 无缆式点焊机

(2) 缝焊及原理

缝焊原理与点焊基本相同，只是以旋转的滚盘状电极替代了点焊的柱状电极，焊件置于两滚盘电极之间，靠滚盘转动带动焊件移动通以焊接电流，就会形成类似连续点焊的焊缝，图4-42所示为缝焊操作与原理示意图。

缝焊的焊接过程与点焊一样，也存在加压、通电加热焊接和冷却结晶三个阶段。

(3) 凸焊及原理

凸焊是点焊的一种变形，其不同点在于凸焊预先在板件上加工出凸点，或利用焊件上能使电流集中的型面、倒角等作为焊接时的相互接触部位，如图4-43所示。焊接时靠凸点接触提高单位面积上的压力和电流密度，有利于将板件表面氧化膜压破，使热量集中，减小分流，一次可在接头处形成一个或多个熔核，提高了生产率，减小了接头的翘曲变形。车身制造中，可将有凸点的螺母、螺钉焊在薄板上，亦称螺柱焊。

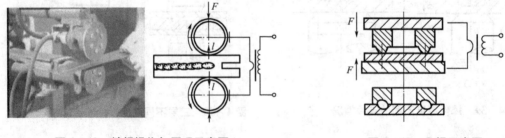

图4-42 缝焊操作与原理示意图　　图4-43 凸焊示意图

2. CO_2气体保护焊

CO_2气体保护焊是以CO_2作为保护气体，利用焊丝与工件间产生的电弧熔化金属，并以焊丝作为填充金属的一种电弧焊接方法。

(1) CO_2 气体保护焊设备组成

CO_2 气体保护焊设备主要由焊接电源、焊枪、送丝机构、供气（CO_2）系统和控制电路组成，如图 4-44 所示。

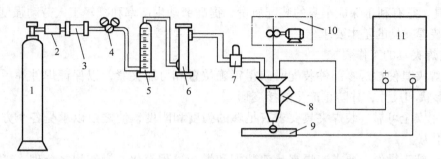

图 4-44　CO_2 气体保护焊焊接设备示意图
1—CO_2 气瓶；2—预热器；3—高压干燥器；4—减压表；5—流量计；6—低压干燥器；
7—电磁气阀；8—焊枪；9—工件；10—送丝机构；11—电源控制箱

(2) CO_2 气体保护焊的焊接过程

如图 4-44 所示，焊丝由送丝机构送入焊枪导电嘴，进入焊接区与焊件接触并引燃电弧。此时气瓶中的 CO_2 气体经预热、干燥、减压后已提前以一定的流速由喷嘴喷出，使电弧及熔池与空气隔离，防止了空气对熔化金属的氧化作用。

焊丝不断地被熔化到焊件的熔池里，形成连续的焊缝。焊接完成后再关闭 CO_2 气体的供应。

(3) CO_2 气体保护焊特点及应用

CO_2 气体保护焊具有焊接质量高、适用范围广、生产率高、成本低、操作性能好、抗锈能力强、易于实现机械化和自动化等优点，因而在汽车车身尤其是客车车身的制造中得以广泛应用。

其不足之处在于受风力影响大，露天作业受到一定限制；弧光和热辐射较强；不能采用交流电。

3. 激光焊及应用

激光焊属于特种焊范畴，近年来发展迅速，尤其在轿车车身制造中已越来越被推广应用。激光焊设备的关键是大功率激光器，主要有两大类：一类是固体激光器；另一类是气体激光器或称 CO_2 激光器。

在汽车工业中，激光焊主要用于车身框架结构（如顶盖与侧面车身）焊接和零件焊接，如前挡风玻璃框架、车门内板、车身底板、中立柱、顶盖、侧围等。传统焊接方法的电阻点焊已经逐渐被激光焊接所代替。

4.4.3　汽车车身装焊夹具及装焊生产线

汽车车身是由内、外覆盖件及骨架组合而成的复杂空间薄板壳体结构。车身装焊时，先将零件装焊成合件，再将合件装焊为分总成，最后将分总成装焊为车身壳体总成，这就是车身的装焊过程。

1. 车身装焊夹具

单独的冲压板件自身刚度差，需利用相应工具和装置定形、定位并夹紧，再利用焊接等方法使板件连接成整体。这些用于板件在焊接装配前定形、定位并夹紧的工具和装置通常称作装焊夹具。它有利于保证车身的装配质量、提高劳动生产率和减轻工人劳动强度。

（1）装焊夹具的基本要求

1）装焊夹具的工作要求

① 装焊夹具使被焊零部件装配时获得正确位置和可靠夹紧，以保证焊件焊后能获得合格的几何形状和尺寸，并防止产生焊接变形。

② 使用安全可靠。装焊夹具要求有足够的强度和刚度，使之足以承受各个方向的作用力和反作用力。

③ 便于施工操作。要求装焊夹具使装配和焊接过程简化，操作程序合理，工件装卸方便；定位、夹紧和松开应省力而快捷；施焊方便，便于中间质量检查。

④ 制造简单、维修便利。尽可能实现标准化和通用化，便于易损零部件修理或更换。

⑤ 低成本和低能耗。

2）装焊夹具的结构要求

① 适应于车身制件的准确定位与快速装夹。因为车身覆盖件多为空间曲面，形状复杂，刚性差，易变形，需要在焊接中起到保护形状和表面的作用。

② 车身制件装焊时，事先需要由人或机器人逐件送入夹具，装焊完后再将已装焊成整体的车身合件或分总成从夹具中取出。夹紧机构采用手动、气动或液压的快速夹紧装置，要求操作方便，装夹时间短，能够保障快夹快松。

③ 由于车身总成装焊夹具（主焊台）结构复杂，在结构设计、制造中，要求保证通过调整样架的使用或其他方法实施正常检验、调整和校正，以保持其形状和位置精度。

④ 刚度、强度好且重量较轻。

（2）装焊夹具分类

装焊夹具种类繁多，按用途可分为以下几种：

1）装配夹具

装配夹具的任务是按照车身图样与工艺要求，实现零件或部件的正确定位与夹紧，实施点固焊接（即点定焊），它不必用于完成所有焊接工作。

2）焊接夹具

焊接夹具的作用是使已点固好的零部件能够顺利完成所有焊缝或焊点，具有防止焊接变形的作用，并有使各种方位的焊缝或焊点能够尽可能地调整到最有利于施焊位置的功能。

3）装焊夹具

装焊夹具的作用是能够满足完成整个焊件的全部装配与焊接，兼备了装配夹具和焊接夹具的功能。汽车车身的大型装焊夹具一般都属于装焊夹具。

按夹具施用对象不同可分为：合件装焊夹具、分总成装焊夹具和车身总成装焊夹具。

2. 典型车身装焊夹具

（1）合件夹具

图4-45所示为驾驶室门支柱和内盖板点焊用的两合件装焊样板夹具，用铝板制造，质量仅1.6kg，是一个简单的装焊夹具。

装夹时，门支柱靠其外形及限位器固定座定位，内盖板靠其三面翻边定位（双点画线表示零件轮廓与位置）。零件用手压紧，在固定式点焊机上焊接。样板中部开有与内盖板形状相似的三边形孔洞，便于点焊操作和减轻样板质量。

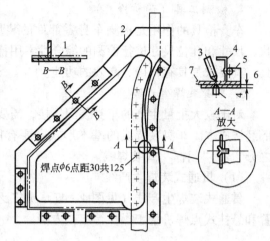

图4-45 驾驶室点焊装焊样板
1—内盖板；2—样板；3—上电板；4—门支柱；
5—门限位器；6—固定座；7—内盖板

(2) 分总成装焊夹具

大、中型客车车身的前、后围，左、右围，顶盖及地板等六大片骨架（加强件）的装焊夹具都属于分总成装焊夹具。这种分总成装焊夹具可以在客车制造公司中了解清楚。

概括起来，这类夹具的结构具有以下特点：体积较大、结构简单；大都用工件曲面的外形定位；焊件的各梁在焊接部位必须夹紧而不可松动。夹具体几乎都是用型材焊制而成，上面布有许多螺旋夹紧器或快速铰链式夹紧器，快速铰链式夹紧器装在两铰链支座上，可以旋转并固定于任何角度，使焊接部位能够处于最方便的位置。

(3) 车身总成装焊夹具

车身总成装焊夹具尺寸大，结构复杂，精度要求高。按定位要求方式的不同可以分为一次性装配定位夹具和多次性装配定位夹具等。

一次性装配定位夹具。车身总成主要的装焊工作是在一台总装夹具上完成，车身装焊的定位和夹紧只进行一次，易于保证车身装焊质量。由此，在实际生产中，可以根据车身生产批量，设置一台或数台同样的夹具。单台夹具采用固定式。多台夹具可随行配置在车身装焊生产线上随生产线移动，在各个工位上分工完成车身总成装焊，这种多台夹具称为随行夹具。图4-46所示为用于驾驶室总装配线上的随行夹具。

多次性装配定位的总装夹具。如果车身总成必须经过两台或两台以上不同的总装夹具才能完成装焊的所有定位和焊接工序，那么每通过一台总装夹具就要使车身总成被定位一次。因此，对于不同夹具上的定位必须保证一致，符合允差要求，以减小车身装配误差。

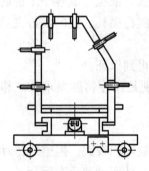

图4-46 驾驶室随行装焊夹具

车身总成装焊夹具制造简单，夹具数量较少，不存在水、气和电源连接问题。但是每增加一次定位夹紧，就将出现一次装配误差，质量稳定性也会随之下降。多次性装配定位的总装夹具一般只适用于有骨架的驾驶室总成的装焊。

3. 辅助工具

装焊辅助工具主要包括调整样架（简称样架）和检验夹具等。

车身样架的作用是保证装焊夹具有统一、精确的定位，使得各夹具和各工位的定位块具有相同的空间位置，以保证各夹具上装焊的车身具有正确、一致的形状。

车身样架用于分析车身装焊质量和校正夹具上定位元件的磨损，以便重新复制夹具。

4. 检测工具（简称检具）

车身检具的作用是检测车身零部件的装焊质量和整个车身的质量。它是对车身轮廓形状、尺寸和孔位尺寸进行检测的综合性专用检测工具，是车身装焊过程中必不可少的检测工具。其要求是具有精确、高效的功能。

5. 车身装焊生产线

对于较大批量生产的车身装配焊接，需要采用多工位流水生产线，以提高生产效率、降低经济成本。车身装焊线的基本形式主要有贯通式装焊生产线、环形装焊线（地面、地下之分）和"门框"式装焊线。

（1）贯通式装焊生产线

贯通式装焊生产线（见图4-47）被广泛应用于汽车车身制造中，适用于专用焊机的配置和悬挂式点焊机手工操作等工艺方法。

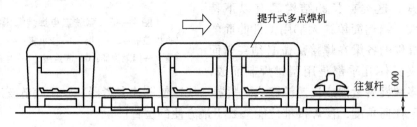

图4-47 贯通式装焊线示意图

贯通式装焊生产线的特点是：占地面积较小，所有装夹焊接定位工装都分别固定在各自工位上，运行时仅工件做前移传送；整线驱动较简单，工件靠贯通式往复杆传送；当车身横向输送时，利于分总成的机械化上下料；但只宜采用固定式夹具，不宜采用随行夹具。

贯通式装焊生产线比较适用于车身底板、车门、行李箱盖、发动机盖等轮廓形状较简单、刚性较好、结构较完整、组成零件较少的分总成的装焊。

（2）环形装焊线

环形装焊线采用随行夹具，工件装夹在随行夹具上一起前移传送，依次完成各个工位的装焊，待全部装焊工作结束后，工件已具有一定的刚性，工件吊离随行夹具，空的随行夹具返回原处待用。其特点及应用：

工位越多，随行夹具数量就越多，投资大；工件装焊质量能够得到保证。

较适用于工件刚性较差、组成零件数较多（如前围板等），特别是尺寸精度要求较严格的部件和总成等的装焊。

1）地面环形装焊线

如图4-48所示，装焊结束后随行夹具从地面环线返回，故占地面积较大，但整线传动机构简单，通过链条带动拨杆运动，拨杆再推动大链条做地面环行，从而带动小车运行。

2）地下环形装焊线

如图4-49所示，随行夹具在最后一个工位通过升降机构降到地下，在地面以下的地坑里走完空行程，再通过端部的升降装置从地坑返回初始位置的第一个工位后，开始进行下一个工件的装焊。

地下环形装焊线占地面积较小，有利于采用随行夹具，但其夹具和升降机构较复杂，且地坑地沟的建筑工程量大。

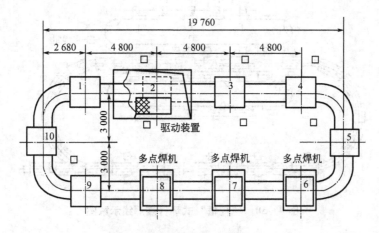

图4-48 地面环形装焊夹示意图

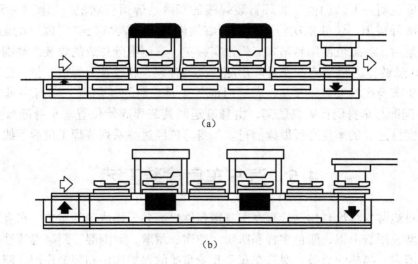

图4-49 地下环形装焊线示意图
(a) 采用提升式多点焊机；(b) 采用托起式多点焊机

3)"门框"式装焊线

图4-50所示为一种比较先进的"门框"式环行装焊线。其特点是：厂房面积利用较合理，不需在左、右侧围分总成的中间留出存放面积；效率高、成本低、生产柔性较强。

图4-50中车身主总成装焊线Q的两旁分布有左、右侧围的分总成装焊线C、D，它们实为两条闭式循环悬链。悬链下悬吊着一定数量的"门框"，一个"门框"实际就是一台悬吊式的装焊随行夹具。E、F分别表示上述左、右侧围板总成"门框"。装焊线中，每一个方块A代表一台随行夹具。

两旁左、右侧围分总成"门框"（装焊随行夹具）中，两循环悬链外段H、G是左、右侧围板总成装焊工位；J为主总成装焊线Q的底板，底板J各自带着总成装入相应的车身随行夹具内。主总成装焊线前方M所指是左、右侧围"门框"夹具连同左、右侧围总成上线与车身的随行合装夹具。N表示车身主总成已经吊开，使得左、右侧围板"门框"夹具与

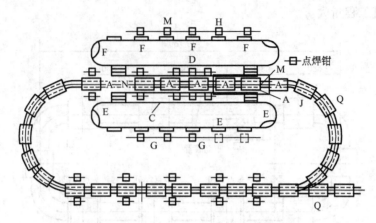

图 4-50 "门框"式环行装焊线示意图

车身环行线脱离。实际在 N 工位上,"门框"夹具已经轮空。

这里需要说明一下"门框"式环行装焊线的车身装焊运行状况。如图 4-50 所示,先在两循环悬链外段 H、G 处依次将车身左、右侧围零件装入吊架"门框"的随行夹具内,待其定位夹紧后,各工位使用悬吊式点焊钳实施左、右侧围分总成的焊装。侧围分总成装焊好后由 C、D 悬链传送到 M 点与车身环形随行夹具合装,经过若干焊接工位,把左、右侧围分总成焊接于车身底板上并放开左、右"门框"夹具。空的"门框"随行夹具通过环行回位到 N 点,随即与车身随行夹具脱离,由悬链送回其装焊起始位置。车身随行夹具带着焊有左、右侧围分总成的车身底板继续前行。车身总成经过一系列装焊工位后下线。

4.5 汽车车身涂装工艺

汽车车身涂装指将涂料均匀涂覆在车身覆盖件表面并干燥成膜的工艺。车身涂料的涂膜具有坚韧耐磨、附着力强、颜色多样和防锈、防腐、耐酸、耐潮湿、耐高温等性能,有的还具有防震、消声、隔热的效果;对汽车车身起着重要的保护作用和装饰作用,能大大提高汽车车身的使用寿命和汽车的使用效果。

4.5.1 汽车车身涂装基础知识

1. 汽车车身涂装的基本概念

(1) 涂装

涂装是指将涂料均匀涂覆在车身覆盖件表面并干燥成膜的工艺过程。

(2) 涂装的功能

涂装应该具备的功能包括保护、装饰和防腐蚀等特种功能。20 世纪 90 年代以前,汽车涂装重点研究对象是汽车车身防腐蚀。德国大众防腐蚀功能指标是要求 3 年无表面锈蚀、12 年无穿孔锈蚀;美国防腐蚀功能指标是要求 8 年无结构锈蚀。

20 世纪 90 年代以后涂装重点研究的是汽车车身的装饰性。

(3) 涂装三要素

整个涂膜的质量取决于所用的涂装材料(包括前处理药液、涂料等)、涂装工艺和涂装管理。三者相互关联、相互影响，常称为涂装三要素。

1）涂装材料

在涂装过程中，材料的性能对涂层质量起着重要的作用。材料的质量和配套性是获得汽车车身优质涂层的基本条件。

2）涂装工艺

涂装工艺是充分发挥涂装材料性能，以获得优质涂层、降低涂装生产成本和提高经济效益的必要条件。

3）涂装管理

涂装管理是对涂层质量的保证，是确保涂装工艺实施、涂装设备正常发挥作用的必要条件。

2. 车身涂料

(1) 性能要求

根据汽车特殊使用条件及高效率、大批量的流水作业要求，汽车涂料应满足下列要求：

1）漂亮的外观效果

汽车车身表面漆膜丰满、光泽柔和华丽、鲜艳性好、色彩多样是现代汽车涂装的发展潮流。当代轿车车身多使用金属闪光涂料和含有云母珠光颜料的涂料。这样就使得人们从汽车外观看去，能够更加赏心悦目，给人以美感的享受。

2）优异的耐候性、耐腐蚀性和漆膜寿命

汽车车身涂装要求在各种气候条件下保持"七不"，即：不失光、不变色、不起泡、不开裂、不脱落、不粉化和不锈蚀；要求漆膜的使用寿命不低于汽车本身的寿命，一般应保持在10年以上。

3）施工性和配套性良好

汽车车身采用多层涂装；各涂层间要求附着力好，无缺陷；能满足现代化涂装流水线生产的需要。

4）力学性能优良

汽车车身在漆膜力学性能方面，要求具有良好附着力、坚韧耐冲击和一定的耐弯曲、耐划伤、耐摩擦等性能。

5）耐擦洗性和耐污性好

在耐擦洗性和耐污性方面，要求具有耐毛刷及肥皂和清洗剂清洗的表现，与其他常见的污渍接触后不残留痕迹。

6）具有可修补性和良好的经济性

(2) 车身用涂料组成

涂料一般由基料、添加剂和辅助剂三部分组成。

① 基料（漆基）为漆膜主要成膜物质，是使涂料粘附在制件表面上成为涂膜的物质，也称固着剂，是构成涂料的基础。目前汽车车身涂料广泛应用油料和树脂两类基料。

以油料作为主要成膜物质（基料）的涂料，称为油性涂料或油性漆，比如以桐油和天然树脂合用为主的成膜涂料，即为油性涂料或油性漆。以树脂作为主要成膜物质（基料）的涂料，称为树脂涂料或树脂漆。比如，应用酚醛树脂或改性酚醛树脂作基料，即主要成膜物质，市场上称为酚醛树脂涂料或酚醛树脂漆。

② 添加剂也称次要成膜物质，为了给予涂膜一定的遮盖力和着色力，增加涂膜厚度，需要加入一定质量分数的添加剂，比如颜料等。颜料等添加剂能够增强和提高涂膜遮盖力，使得涂料品种丰富多彩。但它不能单独构成膜，这是添加剂与基料的根本不同。

③ 辅助剂亦称辅助成膜物质，包括稀料（挥发剂）和多种辅助材料，如催干剂、增韧剂、乳化剂和性能稳定剂等。它对涂料成膜或对涂膜性能只起辅助作用，不能单独成膜。

（3）汽车涂层分类

汽车涂装产品涂层按要求级别与产品类型分类详见表4-1。从表中可见，不同涂层涂料适用于不同级别要求与不同产品。对于高级轿车车身、车轮、弹簧、托架、副车架以及高档发动机、变速箱等，分别需要高级装饰涂层、重级防护底部涂层和重级防护内部涂层。对于普通轿车、吉普车、轿货车等，则采用中级或一般装饰涂层等。

表4-1 汽车涂装产品涂层分类表

序号	涂层分类名称	涂装产品名称
1	车外上部涂层	
1.1	高级装饰涂层	高级轿车车身
1.2	中级装饰涂层	普通轿车、吉普车、轿货车等
1.3	一般装饰涂层	普通客车、轻型车及卡车驾驶室、覆盖件等
1.4	外部非金属件装饰涂层	塑料保险杠、塑料车轮罩盖、塑料装饰条
1.5	外部防护装饰黑涂层	保险杠、雨刮器、后视镜壳体及支架、外漏脚踏板等
1.6	重级防护一般装饰涂层	轿货车厢、出口轻型车车厢及卡车车厢等
1.7	中级防护一般装饰涂层	轻型车车厢、卡车车厢、轿车油厢等
1.8	轻级防护一般装饰涂层	翻斗车车厢、改装车车厢等
2	车外底部涂层	
2.1	重级防护底部涂层	高级轿车车轮、弹簧、托架、副车架等
2.2	中级防护底部涂层	普通轿车车轮、弹簧、托架、制动系统零件等
2.3	中级防护底部涂层	轻中重型卡车、客车的车架、车轮、底盘零件等
2.4	轻级防护底部涂层	车桥总成、传动轴、制动系统零件、减震器等
3	车内件涂装	
3.1	重级防护内部涂层	高档发动机、变速箱等
3.2	中级防护内部涂层	一般发动机、变速箱等
3.3	轻级防护内部涂层	非外漏铸锻件、毛坯及中厚板件半成品等
3.4	车身内部非金属件涂层	仪表盘、杂物盒、烟灰缸、装饰条等塑料件
4	特种涂层	
4.1	耐酸涂层	蓄电池及托架
4.2	耐热涂层	消声器、进排气管、缸盖等
4.3	防声、绝热、抗磨、耐冲击涂层	车体下表面及顶棚内表面

汽车涂料按涂装对象不同分为新车原装漆和汽车修补漆两类。

按涂层位置不同分为车用底漆（多为电泳漆）、中间漆和面漆三类。车用底色漆包括实色底漆和金属闪光底漆等；车用面漆即实色面漆（无须罩光），也可以是车用罩光清漆等。

按车身涂装方式不同可分为电泳漆、液态喷漆、粉末涂料和特种涂料［如 PVC（聚氯乙烯）密封涂料与防锈蜡、保护蜡等涂装后处理材料］等。

按汽车使用部位不同分为车身用涂料，货厢用涂料，车轮、车架和车桥等部件用的耐腐蚀涂料，发动机或底盘总成用涂料和车内装饰用涂料等。

(4) 车身用底漆

车身用底漆是直接涂布在经表面处理的白车身表面上的第一道涂料，是整个涂层的基础。

1）车身用底漆应有特性

① 粘附力强，能与腻子和面漆涂层粘附牢固。

② 良好的防锈能力、耐腐蚀性、耐潮湿性和抗化学试剂性。

③ 较高的机械强度和适当的弹性。不脆裂脱落，不易折裂卷皮，能满足面漆品质耐久的要求。

④ 与中间涂层或面漆涂层相处配套良好，具有抗溶性，不致相互咬起。

⑤ 良好的施工性，能适应汽车涂装工艺和大量流水生产的要求。

2）车身用底漆分类

① 车身底漆分为优质防腐蚀性涂层底漆、高级装饰性填充底漆、中级装饰性保护性涂层底漆和一般防锈蚀保护性涂层底漆四类。

② 按底漆使用漆料的不同分为醇酸底漆、酚醛底漆与环氧底漆等。

③ 按底漆颜料中所含铝、锌、铬等金属氧化物的不同分为铁红酚醛底漆、锌黄醇酸底漆和环氧富锌底漆等几类。

(5) 车身用中层涂料

车身用中间层涂料具有如下特性：

① 与底漆、面漆层相处配套良好。涂层间相互结合力强，硬度适中，不被面漆溶剂咬起。

② 较强的填平性。能填平被涂表面微小波纹和消除某些微细形差缺陷。

③ 打磨性能良好。即通过湿打磨得到平整光滑的表面；经得起高温烘干并保持良好硬度；再打磨时不沾砂纸。

④ 涂层在潮湿环境下不起泡。

(6) 车身用面漆性能

面漆质量关系车身最终外观装饰效果、涂层硬度和其他多种使用耐久性能，包括耐候性、抗崩裂性、耐潮湿性、防腐蚀性和耐药剂性等。同时还需良好施工性能，以适应汽车流水生产要求。

4.5.2 汽车车身涂装工艺

汽车涂装工艺过程如图 4-51 所示，主要包括前处理、电泳、中涂和面漆。

1. 涂装前处理

(1) 概述

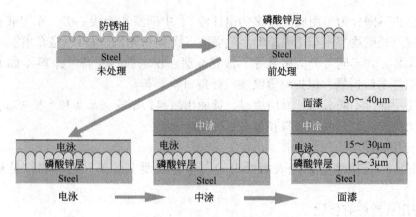

图 4-51 涂装工艺过程流程

涂装前处理是指车身表面涂漆前清除车身表面和其他板材所附着的油脂、铁锈、氧化皮、焊渣、酸碱和灰尘等污物的过程,其作用是为涂层提供清洁干净的基底,以增加涂料与金属表面间的结合力,提高涂层质量,延长涂层使用寿命。

前处理工艺将根据表面污物的性质、被污程度、被涂金属种类、制品表面粗糙度以及最后涂层的作用来选择表面处理方法和工序,包括脱脂、表面调整(简称表调)、磷化、钝化、水洗、纯水洗等,其中主要工序为脱脂、表调和磷化。

图 4-52 所示为前处理工艺流程,图 4-53 所示为前处理作用效果。

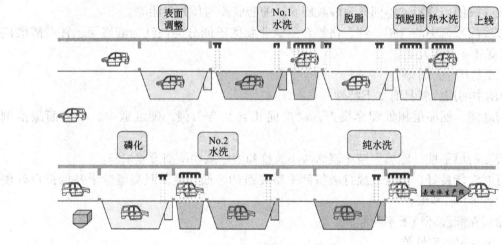

图 4-52 前处理工艺流程

(2) 脱脂

脱脂就是前处理工艺中去掉工件表面动、植物油及矿物油(缓蚀剂)和冲压油等油污的过程。脱脂方法包括物理机械法(擦抹法,喷沙法和超声振荡法)和物理化学法两大类。常用的脱脂方法有溶剂脱脂法、乳化剂清洗脱脂法和碱液清洗脱脂法等,如图 4-54 所示。

(3) 表调

表调即表面调整,是在含有表调剂(活化剂)的溶液中进行前处理的过程。表调的作用在于其有利于改变金属表面微观状态,促使后续磷化过程中形成晶粒细小、均匀致密的磷

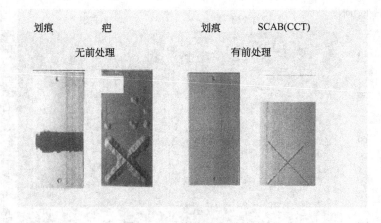

图 4-53 前处理作用效果

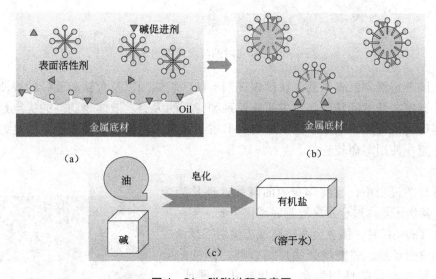

图 4-54 脱脂过程示意图
(a) 溶剂脱脂；(b) 乳化剂脱脂；(c) 碱液脱脂

化盐膜，如图 4-55 所示。同时通过表调，可以有效减少磷化工艺时间。图 4-56 所示为磷化时间与表调工艺关系。

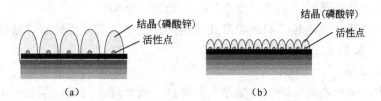

图 4-55 细小、均匀致密的磷酸盐晶粒的形成和生长过程
(a) 活性点较少的皮膜结晶；(b) 活性点较多的皮膜结晶

表调剂主要有粉体和液体两种。粉体表调剂包括钛系表调剂、草酸表调剂和锰表调剂

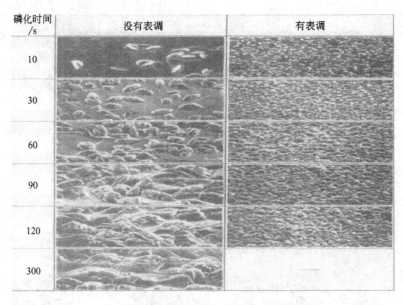

图4-56 磷化时间与表调工艺关系

等。钛系表调剂包括含钛表调剂、钛镁表调剂、钛铁表调剂以及含钛和硼砂的表调剂等。液体表调剂是近年来开发的新产品,主要有钛系和锌系两大类。液体表调剂的优点是可通过采用压力泵实现自动滴加,取代了人工加料,节省了大量水,而且表调液稳定性良好,无须经常换槽和补充,使用寿命较长。

(4) 磷化

在车身制造过程中,漆前车身表面磷化处理是当今必备工序。其作用是通过金属涂层基底磷化生成一层保护膜,提高涂层的耐蚀性,阻止金属被腐蚀于涂层下或涂层被破坏的部位而扩展,并能增强涂层与金属之间的附着力,以大大延长涂层的使用寿命。磷化指用磷酸或锰、铁、锌、镉的磷酸盐溶液与经过脱脂、表调后的金属表面反应,于金属表面结晶出一层薄薄的不溶于水的磷化膜的过程。图4-57所示为车身磷化槽现场情景。磷化膜晶体成分为 $Zn_2Fe(PO_4)_3 \cdot 4H_2O$ 和 $Zn_2(PO_4)_2 \cdot 4H_2O$。

图4-57 车身磷化槽现场情景

通过磷化处理所得到的磷化膜,要求均匀、致密、坚实。

在车身制造过程中应用较广的是喷淋式快速磷化处理,常采用磷酸锌盐磷化。磷化膜厚度为 $1.5 \sim 3 \mu m$。如图4-58所示。

2. 电泳涂装底漆

轿车底漆大多采用电泳涂装。电泳涂装是将经过前处理工艺的白车身或工件和对应电极送入电泳槽中,电泳槽盛满水溶性树脂配制的电泳漆液。将白车身或工件和对应电极分别接上电极后,在电场力作用下,漆液于白车身或工件表面沉积而形成均匀涂膜。这是一种先进的涂装方法。图4-59所示为车身电泳涂装示意过程,图4-60所示更接近电泳涂装实际流程。

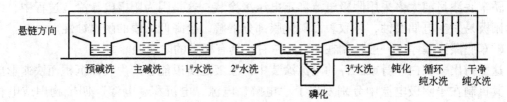

图 4-58　全喷淋式漆前处理磷化工艺流程

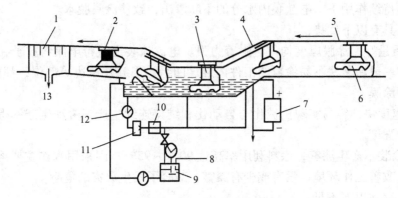

图 4-59　车身电泳涂装示意图

1—水洗；2—滴漏；3—电泳涂漆；4—接触极杆；5—电极安装；6—车身壳体；7—电源；8—涂料补充；9—溶解槽；10—热交换器；11—过滤器；12—溢流槽；13—排水

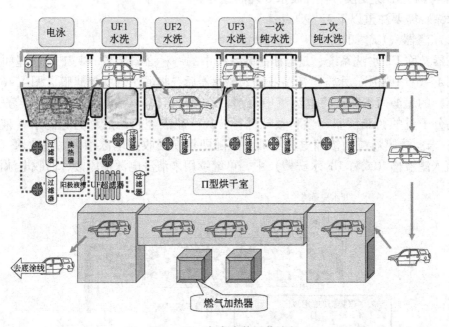

图 4-60　电泳涂装工艺流程

电泳涂装按使用电源性质分为直流电泳涂装与交流电泳涂装，可采用定电压或定电流控制；如果使用直流电泳涂装，则按涂料的沉积性可分为阳极电泳涂装和阴极电泳涂装。

轿车底漆目前大多采用阴极电泳和定电压法涂装。这是因为阳极电泳涂装过程中，工件作为阳极易发生电偶腐蚀，导致表面磷化膜部分溶解，会降低涂膜的耐腐蚀性。

轿车底漆漆膜厚度一般控制在 25μm 左右，具有极强的防腐蚀能力。

这里指出，在白车身或工件的电泳涂装中，漆液之所以能够产生表面沉积而快速形成涂膜，其机制在于阴极电泳中分别发生了"电解、电泳、电沉积、电渗"四个物理或电化学过程。其中"电解"即电泳过程中水的电解；"电泳"即涂料在电场力作用下离解成带电粒子而向工件泳动；"电沉积"是带电涂料粒子在工件上的析出并沉积形成电泳膜；"电渗"即在电场力的持续作用下，电泳膜内水分的不断渗出，致使涂膜脱水。

电泳涂装具有以下优势：

① 涂层质量好，涂膜厚度均匀、附着力强。电泳涂装通过带电涂料粒子在工件表面上的沉积可以使一般涂装法不易涂覆的工件内腔、凹缘、焊缝及锐边等部位，都能获得均匀、平整和光滑的涂膜。

② 施工速度快，容易实现机械化与自动化和维持连续生产，劳动生产率得以提高，大大减轻了劳动强度。

③ 电泳涂装不产生漆雾，涂料利用率高达 90%～95%；因采用水作主要溶剂，故能减少空气污染，改善工作环境；没有或少有漆雾，减轻了发生火灾的危险。

电泳涂装存在以下不足：

① 设备较复杂，一次性投资费用高。

② 只能在导电的工件表面上进行涂漆，且烘烤温度较高，耗电量比较大。

③ 涂料颜色不易变换，存在废水处理问题等。

电泳涂装需要注重以下工艺要点：

（1）超滤器（UF）的应用

超滤器又称 UF 水洗系统，是电泳涂装系统中的一种必备装置。其工作原理如图 4-61 所示。图 4-61 中说明，水洗电泳槽液流入超滤器后，将通过管状超滤膜（图 4-61 中注明为半透膜）的超滤而不断地将电泳漆中的水、乙醇、丁醇、无机杂质离子及低分子树脂等和具有高分子量的树脂漆料、颜料颗粒进行分离。原液经超滤后称为超滤水（液），又称 UF 滤液；未能透膜颗粒为浓缩电泳漆液，可随即重新回收到电泳槽中。超滤水（或称 UF 滤液）流入滤液槽（或称 UF 水洗槽）中，可继续用来清洗电泳槽原液，回收电泳涂料。

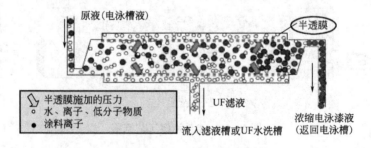

图 4-61 超滤器示意图

由上所述，超滤器的超滤作用主要是控制电泳漆液中的金属离子含量、回收电泳涂料和提供冲洗超滤液等。因此，电泳涂料的回收率可达95%。

（2）工艺参数的合理选择

① 电压。电泳电压决定漆膜厚度和外观效果。电压过低则泳透力小，漆膜薄；电压高，则泳透性好，但不能太高，否则会使漆膜表面粗糙，有针孔、橘皮状等缺陷出现。电压一般选用130~180V。

② 电泳时间。漆膜厚度随着电泳时间的延迟而增加，但当漆膜达到一定厚度后，再继续延迟时间，漆膜厚度也不再增加。一般电泳时间控制为1~3min。

③ 漆液温度。电沉积量随漆液温度升高而增厚，但温度也不能过高，过高会影响漆膜与金属表面结合力。漆液温度一般控制在（25±5）℃为宜，最高不得超过35℃。

④ 漆液固体含量。漆液固体含量影响泳透力和漆膜厚度，一般控制为10%~15%。

⑤ 漆液的pH值。一般保持在6.5左右。

（3）其他注意事项

电泳底漆前，一定要严格检查工件表面和磷化膜质量，绝对不允许有锈、油污和灰尘存在。磷化膜应该均匀致密，不得有露底现象，要确保漆膜厚度为20~30μm。底漆的颜色不限，一般为铁红色、灰色，应使用防锈颜料。

3. 中涂与面漆工艺

（1）车身接缝处涂装密封胶

在车身完成电泳底漆并干燥后，为了有利于防震、防锈、防水与隔音降噪和提高舒适性，于车身中涂和面漆前，在各覆盖件接缝处实施一道涂装密封胶工序，又称之为PVC胶密封工艺。图4-62中所分布于车身内、外白色细长条状线条即为打胶机打出并经干燥的PVC密封胶。这种密封胶是以聚氯乙烯树脂（PVC）为主，加入一定配方的增塑剂、填充料、颜料、附着力促进剂和稳定剂等添加物而混合成一种黏稠膏状物质，它实质上也是一种无溶剂型涂料，其固体组分达95%以上（挥发物小于5%）。

（2）中涂与面漆涂装方法与装备

中涂与面漆涂装是车身涂装的最终工艺。图4-63所示为中涂与面漆工艺流程，图4-64列出了中涂与面漆涂装情景，包括：手工喷涂；鸵鸟毛擦净；机器人喷涂；漆面精修现场。下面，分别介绍几种涂漆方法与装备。

图4-62 涂密封胶工艺

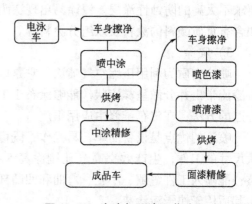

图4-63 中涂与面漆工艺流程

1) 手工刷涂

手工刷涂是一种手工采用毛刷蘸漆刷涂的古老而传统的涂装方法。除一些快干和分散性不好的涂料外，手工刷涂几乎可以用于所有涂料，尤其是能够适用于那些容易渗透金属表面的细孔、附着力好的油性涂料。手工刷涂的优点是设备简单，施工方便灵活，不受工件形状和大小的限制。缺点是劳动强度大，效率低。涂装质量常取决于操作者的经验和技巧，漆膜质量难以保证。该方法虽然应用普遍，但在汽车生产中只适于车身的局部维修或小批量生产。

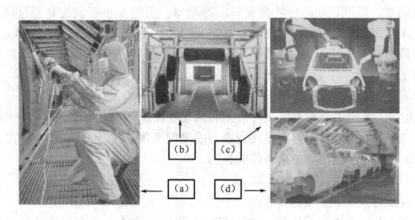

图 4-64　中涂与面漆涂装情景
(a) 手工喷涂；(b) 鸵鸟毛擦净；(c) 机器人喷涂；(d) 漆面精修现场

2) 浸涂

浸涂是指将工件浸入涂料槽中，保持一定时间后取出，经滴漆、流平及干燥工序后完成涂装的方法。漆膜厚度取决于漆液的黏度而不是浸涂时间。操作中，要求工件入槽和出槽保持垂直位置；入槽、出槽须缓慢匀速动作。工件在滴漆、流平及干燥过程中也应保持与浸涂同样的最佳位置，以利于漆液更快流尽，漆膜均匀无流痕。为避免涂料发生沉淀，在大容量槽内需要设置搅拌器搅拌。

浸涂具有设备简单、易于实现机械化或自动化和生产效率较高等特点，适用于外观装饰要求不太高的防蚀性涂层。浸涂易出现漆膜上薄下厚、流挂等不利现象，不适合用于挥发性和含有重质颜料的涂料及双组分涂料等。

3) 喷涂

喷涂实质为利用压缩空气喷涂。它是以压缩空气气流为动力，在喷枪喷嘴处形成负压而将漆流带出并分散呈雾滴状，能够涂布于工件表面上的方法。喷涂是目前涂装施工中使用最普遍的方法，在汽车维修中应用很广。

喷涂的优点是设备简单，易操作，既可手工喷涂也可机械化操作，适合喷涂各种不同形状尺寸的工件，生产效率高（比刷涂高 5~10 倍）。涂装质量上，涂膜厚薄均匀、光滑平整；能喷入工件缝隙、小孔、弯曲和凹凸部位。喷涂可进行大面积施工，适用于多种涂料，尤其适用于快干漆涂装。

喷涂缺点是涂料渗透性和附着性较差，漆膜较薄；涂料有效利用率较低且污染环境、伤害人体，易造成火灾或爆炸。基于这些原因，喷涂环境需要有良好的防护和通风设备。

这里介绍一下人工喷涂装备及技术要求。

人工喷涂装备主要是喷枪。喷枪按涂料供给方式分为：吸上式喷枪、重力式喷枪和压送式喷枪三种。如图4-65所示。

在人工喷涂中，有以下操作要求：

① 要求走枪姿势正确。喷枪垂直物面，不能挑枪，如图4-66所示。

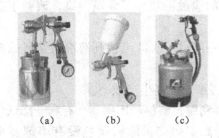

图4-65 喷枪分类
(a) 吸上式；(b) 重力式；(c) 压送式

图4-66 人工喷涂走枪姿势示意图

② 喷涂距离要求保持在20~30cm。如图4-67所示，喷涂距离过近，容易造成涂料堆积，喷幅变窄，导致工作效率和质量低下，出现图4-67(a)中的情况。喷涂距离过远，就会造成涂料扩散，漆面厚度与涂膜质量达不到规定要求，出现图4-67(b)中的情况。

③ 要求喷幅保持30~45cm。喷幅是指喷枪走枪时扫动一次，涂料遮盖的范围。喷涂重叠率需要稳定在1/3~2/3，重叠率是指喷枪走枪时，一次扫动喷幅和上一次喷幅重复的范围大小。如图4-68所示。

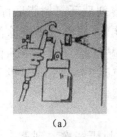 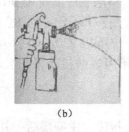 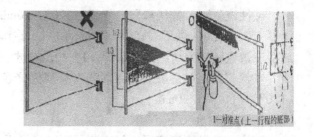

图4-67 喷涂距离控制
(a) 喷距过近；(b) 喷距过远

图4-68 喷幅和喷涂重叠率控制

④ 喷涂速度保持在50~80cm/s，要求匀速喷涂。

⑤ 遵循"从前往后、从上到下、从里到外、先边角后平面"的喷涂顺序原则。

4）静电喷涂

静电喷涂是一种较先进的涂装方法。它使喷枪（负极）喷出的漆雾带负电，工件接正极，通过静电力而将漆雾均匀沉积在工件表面。漆雾沉积经烘干后便形成牢固的涂膜。

静电喷涂与空气喷涂相比，涂膜均匀，附着力好，外观质量好；生产效率高，可实现喷涂过程连续化和自动化；漆雾飞散损失小，可节约涂料10%~50%，涂料利用率高达80%~90%；劳动环境和条件得到改善，并减轻了劳动强度。

但是，静电喷涂需要较高的电压，电压越高，涂着率越高，喷涂质量越好。因此，这种高压喷涂要求设备具有良好的绝缘性,设备相对复杂。同时,当工件形状发生改变时,容易造成电场强弱不一,导致涂层均匀度、漆膜流平性及光泽度等因漆雾密度减小而受到影响。

5) 粉末涂装

粉末涂装是一种以固体树脂粉末作为成膜物质的涂覆工艺。

粉末涂装的特点如下:

① 涂装使用无溶剂粉末涂料,根除了有机溶剂的逸散,减少了环境污染,改善了劳动条件。

② 一次涂层厚度较厚,不需先涂底漆,只需涂一层烘一次即可达到溶剂型涂料的多道涂层厚度。

③ 宜采用自动流水线生产,能够显著减轻劳动强度,提高生产效率。

另外,粉末被喷涂时,所散落的粉末仍可回收再利用,涂料利用率高,有利于降低生产成本。但是,粉末涂装需要专用设备,工件要进行高温烘烤,涂料调色没有溶剂型那么方便。

4.5.3 汽车车身典型涂装工艺

汽车车身涂装属于多层涂装。由于各种汽车的使用条件及外观要求各不相同,故其涂装工艺也各不一样。涂装可分为三个基本工艺体系。

1. 三涂三烘

三涂三烘指该体系具有底漆、中间和面漆三涂层,且三层先后均需要各自烘干。三涂三烘体系一般用于外观装饰性要求高的轿车、旅行车和大客车等乘用车车身。

三涂三烘体系的工艺流程一般安排如下:

碱性液脱脂→锌盐磷化→干燥(120℃/10min)→涂装底漆[喷涂溶剂型环氧树脂底漆,膜厚 15~25μm、烘干(150℃/30min)]→干或湿打磨→晾干→中间涂层[静电自动喷涂溶剂型三聚氰胺醇酸树脂漆,膜厚 20~30μm,烘干(150℃/30min)]→湿打磨→晾干→涂面漆[喷涂三聚氰胺醇酸树脂漆面漆(金属闪光色用丙烯酸树脂系),膜厚 35~45μm,烘干(130℃~140℃)/30min]。

2. 三涂二烘

三涂二烘保持三涂层,但底漆层不安排烘干,待涂完中间层后一并烘干一次,到喷涂完面漆后再烘干一次,即只烘干两次。该体系一般用于外观装饰要求不必太高的旅行车和大客车车身及轻型载重汽车的驾驶室等。

三涂二烘体系的工艺流程:

碱性液脱脂→锌盐磷化→干燥(120℃/10min)→底漆涂层[电泳底漆,膜厚 15~25μm,不烘干(仅晾干水分)]→静电自动喷涂中间涂层[喷涂与其相适应的水性涂料,膜厚 20~30μm,预烘干(100℃/10min);与底漆一起烘干(160℃/30min)]→喷涂面漆[三聚氰胺醇酸树脂漆面漆(金属闪光色用丙烯酸树脂系),膜厚 35~45μm,烘干(130℃~140℃)/30min]。

3. 二涂二烘

二涂二烘体系只保留底漆涂层和面漆涂层两层,不安排中间涂层,两层分别先后要求烘干。该体系一般用于中型、重型载货汽车的驾驶室。涂层总膜厚为 55~75μm。

二涂二烘体系的工艺流程：

碱性脱脂→锌盐磷化→干燥（120℃/10min）→底漆涂层［电泳底漆，膜厚 20～30μm，烘干（160℃/30min）］→干或湿打磨→晾干→面漆涂层［喷涂三聚氰胺醇酸树脂系面漆（金属闪光色用丙烯酸树脂系），膜厚 35～45μm，烘干（130℃～140℃）/30min）］。

4.5.4 汽车车身涂装面漆常见缺陷介绍

在车身涂装生产过程中，涂装三要素（涂装材料、涂装工艺、涂装管理）任何一个要素出现问题，均有可能造成涂装产品的缺陷。图 4-69 所示为常见六种车身涂装面漆缺陷。

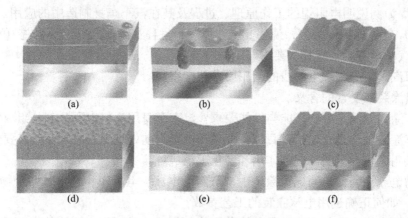

图 4-69 车身涂装面漆常见缺陷
(a) 缩孔；(b) 颗粒；(c) 流挂；(d) 橘皮；(e) 遮盖不良；(f) 砂纸痕

【本章知识点】

1. 三大汽车车身结构及其分类方法。
2. 各类汽车车身结构特点及主要构件。
3. 汽车车身材料要求与各类车身材料选用分析与比较。
4. 车身覆盖件的质量要求与工艺分析。
5. 车身覆盖件的冲压工艺（基本工序、拉深工艺要点、典型实例）。
6. 车身覆盖件冲压模具结构特点与应用。
7. 汽车车身主要焊接方法与设备。
8. 电阻焊与 CO_2 气体保护焊原理、工艺与应用。
9. 汽车车身装焊夹具及装焊生产线的基本要求、分类与应用。
10. 汽车车身涂装基础知识，包括涂装三要素、车身涂料等。
11. 汽车涂装工艺及典型涂装工艺流程。

【思考与习题】

1. 综述三类汽车车身（轿车、客车和货车）分类方法与结构特点（综述性，不少于 300 字的技术短文）。

2. 说明汽车车身基本构件与组成。

3. 分析汽车车身主体材料的使用与工艺性要求；分别分析高强度钢板与薄钢板卷料、铝镁合金与钛合金、工程塑料和复合材料等非金属材料的性能特性与应用概况。（自拟标题和提纲，可写成小论文形式，不局限于教材，注意格式与文字排版。）

4. 阐述汽车覆盖件冲压成形基本工序及排序要求。

5. 何谓板料拉深？说明车身覆盖件的拉深工艺要点。

6. 分析汽车覆盖件冲压模具的特点。汽车覆盖件冲压模具主要有哪几类？各有何功能与结构要求？

7. 以点焊为例说明电阻焊的工作原理、过程及其在汽车车身制造中的应用。

8. 以 CO_2 气体保护焊为例，说明其工作原理、过程及其在汽车车身制造中的应用。

9. 说明汽车车身装焊夹具的要求与结构特点。

10. 说明汽车车身装焊生产线的使用要求与应用。

11. 指出涂装三要素的含义。

12. 汽车涂料应满足哪些功能与性能要求？汽车车身用涂料由哪几部分组成？

13. 汽车涂装工艺过程包括哪几部分？说明白车身前处理工艺内容及其必要性。

14. 什么叫磷化？说明磷化的作用和磷化膜的成分。

15. 何谓电泳涂装？说明电泳涂装中"电解、电泳、电沉积、电渗"四个物理或电化学过程的实质。如何正确选用电泳涂装的工艺参数？

16. 请分别介绍中涂与面漆的几种涂装方法与相关装备。重点说明静电喷涂的工作原理和应用效果。

17. 分析汽车车身涂装三个基本工艺体系的工艺流程与应用。

第 5 章
汽车装配工艺

【学习目标】

本章主要介绍汽车装配工艺。本章先讲述常用装配方法和装配精度等基础知识,然后分节说明汽车装配的工艺过程与内容、汽车装配技术与质量要求、汽车总装工艺常用设备及应用知识等。

学习本章内容,要求了解常用装配方法和掌握装配精度内容与要求;熟悉汽车装配工艺过程和组织形式;熟悉汽车装配技术和质量控制;最后要求了解汽车总装工艺常用设备及其应用。

5.1 汽车装配基础知识

汽车装配是汽车制造工艺过程的最终环节。它是把经检验合格的数以万计的各类零件,按规定精度标准和技术要求组合成分总成、总成和整车,并经严格检测程序确认其合格的完整工艺过程。

汽车产品要求具有良好的动力性、经济性和耐久性,以实现其在各种复杂环境中的运载功能。现代汽车产品更要求其具有安全可靠、造型美观、乘坐舒适等性能并满足环保要求。这些要求最终是通过装配工艺来保证的。若装配不当,以昂贵的代价制造出的合格零件却不一定能够装配出合格的汽车。因此,装配是保证产品质量的重要环节。

汽车装配特点是零件种类多、数量大,作业内容极其复杂。装配零部件除发动机、传动系、车身、悬架、车轮、转向系、制动系和空调系等之外,还有大量内外饰件、电器、线束、软管、硬管、玻璃和各类油液加注等。图 5-1 所示为轿车总装配车间情景。

图 5-1 轿车总装配车间情景

5.1.1 汽车装配的基本概念

1. 装配

汽车装配是将各种零件、合件、部件或分总成和总成,按规定技术条件和质量要求连接组合成完整产品的生产过程。装配中的连接方式有可拆卸活动连接、不可拆卸活动连接、可拆卸固定连接和不可拆卸固定连接等。

2. 装配工

装配工是一类具有良好素质和熟练装配技术的专职人员。装配工通过使用手动、气动、电动工具与工装等机械设备定点或在生产线上进行汽车分总成及总成装配调试；也可以对汽车软轴、钢圈、板簧、散热器等部件进行制造、装配与调试的工作。

3. 汽车装配特点

① 零件种类多、数量大、装配关系复杂、装配位置多样，由此决定了汽车装配工艺仍以手工业为主。

② 连接方式多样。

③ 属于大批量生产和流水作业。

④ 可以实施柔性化和混流装配。

5.1.2 汽车装配的常用方法

汽车总装配中的常用方法主要有螺纹连接法、粘接法、液体充注法、卡扣法、卡箍连接法、销连接和电器线束的插接法等。

1. 螺纹连接法

螺钉、螺栓依靠螺纹连接，是机械装配的基本方法。螺纹连接约占汽车装配作业工作量的30%左右。个别部位的螺纹连接还需要采用手动扳手，较普遍的是采用风动扳手或电动扳手以及电动螺丝刀进行操作。

2. 粘接法

粘接法是通过黏接剂的粘接力把相关零件粘接成一体。其中，需要采用粘接法连接的零部件和内饰件一般是衬垫、隔音材料和车门内装饰护板等；而外饰件则包括挡风玻璃、车灯与标志件等。普通粘接操作方法是：对小件，可以先在车身上涂上黏接剂；对大件，则在零件粘接表面上直接涂上黏接剂，随后再粘接到汽车车身的连接部位。

3. 液体充注法

充注法是将各种液体注入相关总成内的方法。汽车装配中需要注入的液体包括燃油、发动机机油、变速器齿轮油、散热器冷却液、动力转向液压油、制动液、空调制冷剂和挡风玻璃洗涤液等。

4. 卡扣法

卡扣法就是通过卡扣来连接。其操作要求是将安装在零件卡座上的卡扣连接车身对应位置上的安装孔，以此实现零件与车身的对接。卡扣法多用于内饰件的装配。

5. 卡箍连接法

卡箍连接法就是用卡箍来束紧相关连接零件的方法。卡箍具有钢带式、钢丝式和蜗杆传动式等类型，多用于油、气、水管路的装配与束紧。卡箍在软管和硬管插接后能对管件起到固定作用。

6. 销连接法

销连接主要对零件装配起到准确定位而不起紧固作用。在汽车装配中也是如此，一般通过开口销或其他类型的销轴实现两个相关零件连接时的定位。

7. 电器线束的插接法

插接法多用于电器件线束的装配，以实现整车电路的接通。插接法通过线束之间、线束与汽车电器装置之间设计成公母两端的插接。

5.1.3 装配精度意义和内容

从汽车总装配来讲，其重点是装配精度的问题。装配精度是指产品装配后的实际几何参数、功能与理想几何参数、功能要求的符合程度。

1. 装配精度的意义

正确规定机器和部件的装配精度是产品设计的重要环节之一，它不仅关系到产品质量，也影响到产品制造的经济性。装配精度是制定装配工艺规程和选择合理装配方法及确定零件尺寸公差与技术条件的主要依据。

2. 装配精度的内容

汽车装配精度同其他机器一样，其内容包括零部件间的相互位置精度、相对运动精度和相互配合精度。

（1）相互位置精度

相互位置精度指产品中相关零部件间的位置尺寸精度和几何位置精度。位置尺寸精度指相关零部件间的距离尺寸精度，如汽车发动机缸体各气缸中心距的尺寸精度等。零部件间的几何位置精度指相关零件之间的同轴、平行、垂直度及各种跳动等的精度要求，如汽车发动机缸体各气缸轴线与曲轴主轴承座孔轴线的垂直度等。

（2）相对运动精度

相对运动精度指具有相对运动的零部件间在运动方向和运动速度上的允许偏差。它包括运动方向上的精度和运动速度上的精度。

运动方向上的精度指零部件间相对运动的直线度、平行度和垂直度等，如发动机活塞与曲轴连杆轴颈的运动垂直度等。

运动速度上的精度指内传动链的传动精度，即内传动链首、末两端件的实际运动速度关系与理论值的符合程度。

（3）相互配合精度

相互配合精度指零部件间的相互配合精度，包括配合表面的配合精度和接触精度。其中，零部件间的配合精度是指配合面间达到规定间隙或过盈要求的程度。它关系到配合性质和配合质量。相互配合精度由国家标准《公差和配合》确定，例如轴和孔的配合间隙或配合过盈的变化范围等。

零部件间的接触精度指两相互接触、相互配合的表面接触点数和接触点分布情况与规定值的符号程度。

装配接触精度影响到接触刚度和配合质量，例如曲轴轴瓦与轴颈的接触面、锥体配合面和齿轮啮合等。

3. 装配精度与零件精度的关系

装配精度与零件精度的关系包含四方面内容。

① 零件精度是保证装配精度的基础，但装配精度不仅取决于零件的加工精度，还取决于装配方法实际达到的精度。

② 装配方法不同，对各零件的精度要求也不同。实际上，即使零件加工精度很高，由于采用的装配方法不当，也无法保证装配后的产品满足高品质的要求。

③ 装配精度由相关零件的加工精度和合理的装配方法共同保证。

④ 装配精度如完全靠装配尺寸链中各组成零件自身加工精度直接保证，那么对零件的加工精度要求就会很高，甚至导致零件加工困难或无法加工。

因此，在生产中将以经济精度加工的相关零部件，通过采取一系列的装配工艺措施（如选择、修配和调整等），形成不同的装配方法来保证装配精度。

5.2 汽车装配的工艺过程和内容

5.2.1 装配基本过程

一个完整的装配过程包括装配前的准备、装配和装配后的调整与检查三个阶段。

1. 装配前的准备

装配前的准备工作非常重要，必须认真做好装配人员安排，工艺、技术、工具/工装设备和零件准备。

（1）工艺准备

工艺准备中，要求从事装配作业和生产一线的管理人员读懂并熟悉相关岗位工序的汽车装调工艺卡、作业指导书和工艺附图，熟悉汽车零件编号等。

（2）技术准备

技术准备中，最初要对操作者进行岗前培训，使之具备一定的装配技术能力和技巧后方能上岗。比如，在一般情况下，对 M8 以下螺栓或自攻螺钉要求能用风动工具直接打紧；打紧过程中不能损伤零件表面，而且对螺栓或螺母的螺纹，要求能控制其紧固到一定的力度，不能存在打不紧或过紧甚至将螺栓损坏的情况。

（3）工具/工装设备操作技能准备

在工具/工装设备准备中，至关重要的是学会选用好本岗位工序所用的工具。在多种产品混流装配时，要求装配工能够根据装配要求选用和调整工具与工装，使之具有熟练操作适用设备的能力和技能，能够跟上生产节拍和保证产品质量，同时要求对本岗位设备能够进行检查和做好日常维护保养工作。

（4）零件准备

要求装配前必须认真检查所装零件及总成，一旦发现零件、总成存在质量问题，必须停止装配并报告，及时处置。

（5）装配工作之前要求保持四洁

四洁是指场地清洁（无杂物、油污）、压缩空气清洁（无水分或过量油雾）、零件（总成）清洁（表面无包装物、灰尘或油污）与装配人员手套和衣物等防护用品清洁。

2. 装配作业

装配作业必须按工艺流程和装配工艺规程进行。当车身或移工车进入本工位区域后即开始投入装配作业。装配操作中，装配人员一般不能超过本岗位的区域进行装配，不能影响上、下道工序的装配。

在事先设计汽车装配工艺和制定汽车装配工艺规程（装配工艺卡）时，要求设计或制定技术文件者应结合现有装配条件，遵循先进、合理、经济和可靠四项原则，以达到最佳综合效果为目标。具体要充分考虑以下几个方面：

① 满足产品结构要求和整车技术条件。

② 选用与产量相匹配的先进、成熟的工艺方法和设备，满足生产纲领、产品质量、效率高、投资少、见效快并具有长期综合功能的需要。

③ 具有一定适应产品规格变化和产量变化的能力。

④ 工时定额指定合理。根据限定的工艺设备和装备，以熟练的操作工人用正常的操作速度为参考标准来确定工时定额并留有余地，也可用"预定动作时间标准法——MTM"来取得各项操作动作的标准时间。

⑤ 车间工艺平面布置要综合考虑总装配线、工人操作地、零部件总成存放地和通道的合理性。工人作业位置（简称工位）的布置要有利于工人安全操作，做到疏密有度并均匀布局。

⑥ 各个作业位置（工位）的工人工作量要力求均衡，且不超过生产节拍时间。

3. 装配后的调整和检查

汽车总装配后的调整和检查是汽车整个制造工艺过程的最终环节。它将经检验合格的数以万计的各类零件，按既定精度标准和技术要求组合成整车后，必须经过严格的检测程序才能确认其是否合格。无论是部件、分总成还是总成，装配后都要进行严格的检查试验，只有这样才能最终保证和证明装配符合工艺要求。

装配后的检查范围包括：

① 检查有没有漏装或错装的现象。

② 检查是否装配牢靠。所装配的零件与零件的接触面要求贴附，弹簧垫圈要求紧平；均有扭矩要求的螺栓（螺母）的扭矩值必须符合要求。凡紧固后已符合要求的螺栓（螺母）均需作出相应标记。

③ 动态试验检测。对于活动件或电动机构，应进行活动试验或通电检测，看是否符合使用要求。例如，加注制动液后应踩制动踏板进行试验，检查制动踏板能否达到一定的高度或气路中是否还存有剩余空气；检查电动车窗能否进行升降。

④ 避免车身上遗留物品与工具。装配后应将工具与其他遗留物品等随身带走。更不能将车身当作垃圾箱或将包装物和被打坏的螺钉或多余的螺栓（螺母）等物品保留在车身上。

5.2.2 装配的组织形式

对于整车和可以单独组织装配的大型总成（例如发动机），其装配生产组织可以分为固定式装配和流水式装配两大类。

1. 固定式装配

固定式装配是指将装配对象的基础件安放在固定工位上，工人将零件和总成按次序逐一定点安装，最后经调整检测而形成成品的装配方式。

2. 流水式装配

流水式装配是成品随输送装置在多工位生产线上按装配顺序由一个工位向另一个工位移动，在每个工位按工艺规程完成一定的装配工序后，最后通过调整检测而完成整个产品的装配形式。

汽车流水式总装配的特点是采用"一个流"组织生产，即将整车各个零部件上线和装配动作划分为一道道工序，每个工位完成若干个工序内容，一般不允许中间制品停滞，每个工人只需熟悉某个或某几个工序即可上线操作。各工位配以必要的设备和工具，从而可以大幅度地提高劳动生产率且保证质量。根据产品及其生产批量不同，产品在生产线上的移动可以是自由的，也可以是强制的。

（1）自由流水方式

自由流水方式是指产品的工序间移动没有严格的时间要求，生产的节拍不在单一产品上体现，使生产具有一定的柔韧性。这种方式主要用于小型部件或总成装配，适用于多品种批量生产。

（2）强制流水方式

强制流水方式是指产品的工序间移动以某种形式的机械化输送装置来实现，有严格的节拍要求，工人必须在规定的节拍时间内完成规定的全部装配工序。这种方式适用于大批量生产，在现代汽车装配生产中应用最广。强制流水方式分为间歇式移动和连续式移动两种。在间歇式移动中，工人在装配线停止时间内装配；连续式移动中，工人跟随装配线在移动中进行装配。待本工位装配完毕时再返回初始位置开始下辆车的同工序内容的装配作业。

5.2.3 装配方法的选择

合理选择装配方法是装配工艺的核心问题。装配方法的选择，一般遵循以下原则：

① 优先选择完全互换法。
② 当封闭环的精度要求较高而组成环的环数较少时，可考虑采用选配法。
③ 在采用上述装配方法而使零件加工困难或不经济时，特别是在单件小批生产中，宜选用修配法或调整装配法。

1. 互换装配法

互换装配法是指在装配过程中，零件互换后仍能达到装配精度要求的装配方法。大批量生产中都采用互换装配法。

采用互换装配法时，产品装配精度主要取决于零件的加工精度。其特点是，装配时不经任何调整和修配，就可达到装配精度要求。如汽车在使用中某一零件磨损，再买一新的同类零件更换上去即可正常使用。其实质是通过控制零件的加工误差来保证产品的装配精度。

按其互换程度不同，互换装配法又分为完全互换法和不完全互换法。

（1）完全互换法

完全互换法是指一批零件或部件在装配时不需分组、挑选、调整和修配，直接按装配关系连接就可以达到装配精度要求的装配方法。

完全互换装配法具有以下特点：装配质量稳定可靠，有利于产品的维护和零部件的更换；装配工作简单，易于实现装配机械化和自动化，生产率高；易于组织流水线装配、零部件制造协作和专业化生产；当零件的技术要求高时，零件尺寸公差要求较严格，加工相对较困难，会使零件制造成本增加。

完全互换装配法主要适用于组成环较少或组成环较多但装配精度要求较低的各种生产类型。

(2) 不完全互换法（大数互换装配法）

不完全互换法是指一批零件装配时，绝大部分零件无须挑选或修配，装配后即能达到装配精度要求的装配方法，故又称为大数互换装配法。

正常情况下，零件加工尺寸成为极限尺寸的可能性较小，而在装配时，各零部件的误差遇到同时为最大或最小的概率更小，显然，出现极限上偏差的轴与极限下偏差的孔碰对，更是微乎其微。

不完全互换法的互换程度要偏低一些。采用不完全互换装配法有利于零件的经济加工，使绝大多数产品能够保证装配精度。

2. 选择装配法

选择装配法简称选装法，是指将零件的制造公差适当放宽到经济可行的程度，然后挑选其中尺寸合适的零件进行装配，以保证装配精度的装配方法。选择装配法常用于装配精度要求高而组成环数又较少的成批或大批量生产中。

选择装配法分为直接选择装配法、分组互换装配法和复合选择装配法三种形式。

(1) 直接选择装配法

直接选择装配法即在装配时，由装配工人凭经验直接从待装配的零件中挑选合适的零件进行装配，然后检测是否达到装配精度要求的装配方法。

这种方法需要技术较熟练的工人，装配精度在很大程度上取决于工人的技术水平，同时装配时间较长且装配质量不够稳定。它适用于封闭环公差要求不严、产品产量不大或生产节拍要求较低的小批量生产。

(2) 分组互换装配法

分组互换装配法是指装配时，将选择相同公差组别的零件进行装配，以保证同组零件具有互换性的一种装配方法。这种装配方法在发动机装配中应用较多，如活塞销与活塞销孔、活塞销与连杆小头衬套孔、柴油机精密偶件中的喷油嘴偶件与柱塞副偶件等。

图 5-2 所示为汽车发动机活塞销与活塞销孔的装配实例。它采用分组互换装配法。

已知活塞销直径 d 与活塞销孔直径 D 的基本尺寸为 28mm。按装配技术要求，在冷态装配时应保证过盈量 $Y = 0.0025 \sim 0.0075$mm。据此，可将其分为四组，见表 5-1。

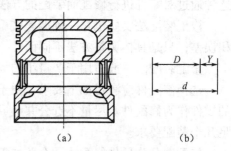

图 5-2 发动机活塞销与活塞销孔的配合
(a) 活塞销与销孔配合关系；
(b) 尺寸与过盈量

分组互换装配法具有如下技术特点：对零件制造精度要求不高，但可获得高装配精度。加工中，零件尺寸公差可放大，但配合表面形状公差和表面粗糙度不能放大，仍需按分组公差确定，同时要求同组别零件分组公差应相等，否则会改变配合性质。零件加工完成后，需使用精密量具或仪器进行专人测量、分组和分组存放，这将增加部分制造成本。装配时，要求各组别的零件数量相等，否则将导致不配套而造成浪费。

分组互换装配法适用于大批量生产中装配组成环少而装配精度要求高的装配机构。

(3) 复合选配法

复合选配法是指由直接选配法和分组选配法复合组织的一种装配方式，即零件加工后先行检测分组，到装配时，又由各对应组的装配人员再分组适当选配。

表 5-1 活塞销直径 d 与活塞销孔直径 D 的分组尺寸一览表

组别	标志涂颜色	活塞销直径 $d(\phi28^{\ 0}_{-0.0100})$ /mm	活塞销孔直径 $D(\phi28^{-0.0050}_{-0.0150})$/mm	配合情况 最小过盈	最大过盈
I	红	$\phi28^{\ 0}_{-0.0025}$	$\phi28^{-0.0050}_{-0.0075}$	0.0025	0.0075
II	白	$\phi28^{-0.0025}_{-0.0050}$	$\phi28^{-0.0075}_{-0.0100}$		
III	黄	$\phi28^{-0.0050}_{-0.0075}$	$\phi28^{-0.0100}_{-0.0125}$		
IV	绿	$\phi28^{-0.0075}_{-0.0100}$	$\phi28^{-0.0125}_{-0.0150}$		

复合选配法的优点：虽然配合件公差不一定相等，也不像互换装配法那么对制造精度要求严格，但因分组操作，专人选配，既降低了零件的加工精度，又提高了装配速度，而且装配精度很高；既能满足一定生产节拍，又能降低制造成本。

复合选配法的缺点：增加了零件的测量、分组工作，增加了零件存储量，使零件的存储和运输工作过程相对复杂化。

复合选配法应用在精密偶件，如汽车发动机气缸与活塞的装配、精密机床中精密件的装配和滚动轴承的装配等。

3. 修配装配法

修配装配法是指将影响装配精度的各个零件先按经济加工精度制造。装配时，因各零件之间会产生较大的累积误差，故将通过去除指定零件上预留的修配量来达到装配精度要求。这种通过对零件进行修配而装配的方法称为修配装配法。

修配装配法实质也是一种调整装配法，即最终通过调整件（指预留修配件）来补偿累积误差，只是具体调整方法不同而已。

修配装配法一般适用于产量小的场合，如单件小批生产或产品试制。

选择修配件应满足如下要求：便于装拆，易于修配。通常选定形状较简单、修配面较小的零件作为修配件。尽量不选公共组成环上的零件，因为公共环上的某一个零件难以同时满足几个装配要求。

修配法分为单件修配法、合并加工修配法、偶件加工修配法和自身加工修配法四类。

（1）单件修配法

单件修配法指选定某一固定的零件作为修配件，在装配过程中用去除金属层（切削）的方法改变其尺寸，以满足装配精度要求的方法。

图 5-3 所示为高压油泵喷油嘴体与轴针偶件装配图及装配尺寸链。选定轴针为修配件，装配时通过修磨轴针轴肩 H 面改变其尺寸，以保证间隙要求。

（2）合并加工修配法

合并加工修配法是指将两个或多个零件合装在一起进行加工修配，以减少累积误差和修配量的方法；但合并加工的零件不再具有互换性，必须做好标记以免错用。比如，汽车发动机气缸体与离合器壳体总成，装配时要求离合器壳体后端面与轴承座孔轴线垂直，生产中一般将它们合装在一起，精加工离合器壳体后端面，从而可以放宽气缸体端面与轴承座孔轴线的垂直度和离合器壳体两端面的平行度要求。

（3）偶件加工修配法

偶件加工修配法是通过偶件互研满足配合要求的方法。如柴油机精密对偶件的柱塞与套筒、针阀与阀体都必须通过互研才能满足装配要求。需要注意，同类偶件不允许互换。

（4）自身加工修配法

如卧轴矩台平面磨床工作台面与其进给方向不平行时，可用平面磨床自身的砂轮磨削工作台。这种用机床自身加工自身零件的方式来保证本体装配精度的方法称为自身加工修配法。

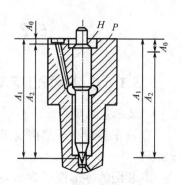

图5-3 高压油泵喷油嘴体与轴针偶件及其装配尺寸链

这种方法主要用于机床制造，能保证较高的位置精度。

修配装配法在汽车制造中的应用。如汽车、拖拉机中主减速器的主、从动锥齿轮，因其有较高的啮合精度要求，在用其他方法保证轴向位置精度之前，应先把主、从动锥齿轮进行直接选配研磨，打上标记，然后才完成成对装配。又如柴油机高压油泵中的精密偶件，如喷油泵的栓塞副和喷油器偶件等，必须先用分组选配再通过研磨的方法来保证装配精度。选配后研磨也属于修配装配法。

4. 调整装配法

调整装配法为用改变调整零件的相对位置或选用合适的调整件来达到装配精度的方法。其适用于组成件数比较多而装配精度要求又高的场合。

图5-4所示分别列举了三种调整装配的汽车部件。

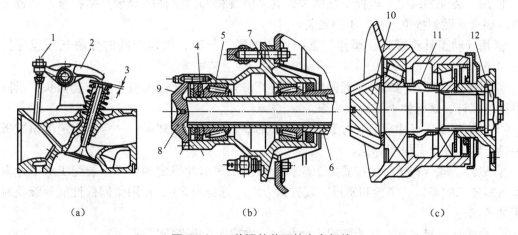

图5-4 三种调整装配的汽车部件

(a) 内燃机气门装配间隙可动调整装配；(b) 汽车中轮毂轴承间隙的可动调整装配；
(c) 用波形套调整汽车主动锥齿轮轴承预紧力

1—调整螺钉；2—摇臂；3—间隙；4—调整螺母；5—左右圆锥滚子轴承；6—半轴套管；7—制动鼓；
8—轮毂；9—半轴；10—主动锥齿轮；11—波形套；12—调整螺母

5.3 汽车装配技术和质量要求

5.3.1 总装装配工艺守则

1. 装配基本要求

① 汽车装配必须严格按照装配作业指导书、各有关标准、装配工艺基本守则的要求进行装配。

② 装配的零部件（含自制件）必须具有检验合格证。安全件必须是经国家"3C"认证的厂家产品，并贴有"3C"认证标志。

③ 首次供货装配或经更改设计首次装配的零部件（含自制件），需有试装通知方能投入装配。

④ 装配前应对零部件进行检查和清理，堵截不合格和不清洁的零件混入装配。

⑤ 装配环境必须清洁，装配工作场地（含工具箱等）应符合"5S"（整理、整顿、清扫、清洁、安全）要求。

⑥ 装配中，零件应轻拿轻放，不得磕碰划伤，严禁为追求快的装配速度而过度锤击零件，做到文明装配。

⑦ 作业员工的衣着应注意不使钥匙等坚硬物外露，做到谨慎操作，避免划伤车身油漆表面。

⑧ 装配生产线的装配工，在工序装配作业完成后，应将本工序的装配质量状况填写随车卡并签名或盖章。安全件、关键件和重要件的生产厂厂名必须记录以便追溯。

⑨ 电子电器及其相关功能件经检验后需关闭整车电源，以免造成蓄电池亏电。

2. 螺钉、螺栓和螺母的连接

① 用于装配的螺钉、螺栓等紧固件，其品种规格和力学性能等级必须符合产品或工艺文件的要求，做到按位入座，不得错装。

② 用气动工具作螺钉、螺栓等紧固件的拧紧工具时，气动管路的分段气压应保持在 0.4~0.6MPa。

③ 对螺钉、螺栓与螺母等紧固件，严禁打击和使用不合适的扳手头与套筒头。紧固时不得损伤螺钉、螺栓的十字槽或头部。

④ 对装配工序卡片规定有拧紧力矩要求的螺钉、螺栓和螺母，一定要用定值扭矩扳手做终结拧紧，并涂上绿漆标识。

⑤ 螺钉、螺栓和螺母的拧紧力矩应符合装配工序卡片规定的要求。装配工序卡片未有拧紧力矩要求的螺钉、螺栓和螺母，其拧紧力矩应符合表 5-2 常用紧固件性能等级及对应扭矩的要求。

⑥ 当螺纹连接一端材料为铝或铝合金时，均按 5.6 级范围紧固。

⑦ 凡是作业指导书内要求紧固和牢固的装配，必须做到：有弹垫时，弹垫压平；无弹平垫时，平垫或紧固件端面与被紧固件贴合而无间隙，要求在不使用工具的情况下不能拧动紧固件。

⑧ 同一个零件用多个螺钉（螺栓）紧固时，各螺钉（螺栓）应顺时针、交错和对称逐

步拧紧。若有定位销,应从定位销处的螺钉(螺栓)开始。

⑨ 同一个零件同时有圆形螺钉(螺栓)孔和腰形螺钉(螺栓)孔时,应先装圆形孔的螺钉(螺栓),后装腰形孔的螺钉(螺栓),再交错逐步拧紧。

⑩ 同一个零件同时有大圆形螺钉(螺栓)孔和腰形螺钉(螺栓)孔时,应先装腰形孔的螺钉(螺栓),后装大圆形的螺钉(螺栓),最后再交错逐步拧紧。

表 5-2 常用紧固件性能等级及对应扭矩

力学性能等级	螺纹直径/mm	螺距/mm	拧紧力矩/(N·m)		
			标准值	最大值	最小值
5.6	6	1	4.5	6	3
	8	1.25	10.6	14	7
	10	1.25	28	34	22
	10	1.5	26	33	19
	12	1.25	50	60	40
	12	1.5	47	56	38
8.8	6	1	9	12	6
	8	1.25	23	26	16
	10	1.25	63	79	45
	10	1.5	59	75	37
	12	1.25	99	115	78
	12	1.5	97	113	75
10.9	10	1.25	78	93	63
	10	1.5	74	90	52
	12	1.25	145	115	108
	12	1.5	142	113	106
	14	1.25	190	206	176
	14	1.5	189	204	174

图 5-5 所示为不同情况下紧固件的装配拧紧顺序。

3. 销连接

① 开口销装入相关零件后,其尾部应分开 60°~90°。用于轴端开槽螺母的开口销,其尾部分开允许大于 90°,并贴靠在轴端或螺母上。

② 重要的圆锥销装配时应与孔进行涂色检查,其接触长度不小于工作长度的 60%,并要求分布在接合面的两侧。

③ 定位销的端面一般应略为突出零件表面,必要时也可平齐或略低于零件表面。内螺纹圆锥销装入相关零件后,其大端应沉入孔中。

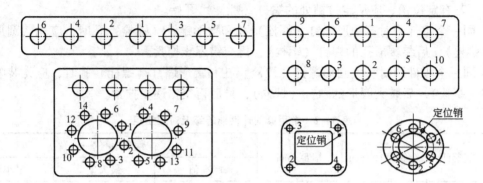

图 5-5　螺栓装配拧紧顺序

4. 铆接

① 铆钉的材料与规格尺寸必须符合产品或工艺文件的规定。铆钉孔的加工要符合工艺要求。

② 铆接时不得损坏被铆接零件的表面，也不得使被铆接的零件变形。

③ 铆接后不得出现松动现象。铆钉头部必须与被铆接零件紧密接触并光滑圆整。

5. 粘接

（1）标牌、表面装饰板的粘接（粘贴）

① 标牌、表面装饰板的粘接胶必须符合产品或工艺文件的要求。

② 被粘接的表面应事先做好工艺规定的预处理（如表面用浸有工业酒精的纱布涂抹干净并晾干）。

③ 要求被粘接零件粘装定位正确，粘贴平整，无折纹。

（2）风挡玻璃的粘装

① 风挡玻璃胶应为细腻均匀膏状物，无杂质等异物。

② 车身风挡玻璃周框及风挡玻璃粘接处应按工艺要求做好清洗液清洁、晾干等预处理。

③ 风挡玻璃胶应涂注均匀、适量，玻璃的粘装按压要求定位正确，保持玻璃周边间隙均匀。

④ 粘的玻璃应酌情加贴固定胶带，确保 12h 内无位移。

6. 各种管线、密封条、电插接件

（1）管、线的安装

① 油管安装要规范、顺畅，无任意歪斜和乱弯、乱拱现象。

② 制动油管管接头压紧密合稳固，不漏油，拧紧力矩符合工艺要求。

③ 各种软管与接管的套接，其套入深度一般应超过接管的两个管节。接管无管节或只有一个管节时，套入的深度应保证软管端头超出其夹紧卡箍，超出长度一般为 0.8~1.5cm 左右的卡箍宽度（卡箍窄取大值，卡箍宽取小值）。

④ 软管上标有标示线则按标示线位置固定卡箍。

⑤ 各种拉线（如驻车制动拉线、机盖锁拉线、油门拉线等）安装顺畅、折弯处弯曲圆滑、不扭曲，且挂扣稳固。

（2）密封条装配

① 各种密封条（如车门密封条、背门密封条等）应压装平整，无皱折、起拱、脱唇口等现象。圆角处应平合而不脱空。

② 为便于冬天低气温装配，工位上应就近配备恒温箱放置密封条、橡胶件，使冷硬的密封条或橡胶件能够加温软化待用。

③ 存放在恒温箱里的密封条、橡胶件应遵循先进先出原则，存放最多时间不允许超过4h。

（3）电气线路及电插接件

① 电气线束按规定线路铺设平顺，无明显突然凸起和突然弯曲现象。各装卡处要求卡扣牢固。

② 电插接件插接必须正确稳固，插到位和锁紧。插接时不得损坏接线端子或将接线端子压出。

③ 电插件插接完毕后必须自检，要求遵循"一插、二响、三按"原则。

5.3.2 典型装配过程质量要求

1. 具有预紧力零件的装配

预紧力是机械、建筑等专业的一个常用术语。比较通用的概括性描述是：在连接中（连接方式和用途多样）与承受载荷之前，为增强连接的可靠性和紧固性，防止承载后连接件间出现缝隙或相对滑移而需要预先增加的一定紧固力。

具有预紧力装置的种类和预紧方式主要有以下几种：

（1）螺纹预紧力

装配时，螺纹连接通过拧紧而增加预紧力。

（2）带传动预紧力

带传动中，传动带预先张紧在带轮上，此时传动带所受到的拉力即为带传动预紧力。

（3）轴承预紧力

轴承预紧力是指在安装轴承部件时，需要采取一定措施，预先对轴承施加的一定轴向载荷。轴承预紧的作用是用来消除轴承内部的游隙，使滚动体和内、外套圈之间产生一定的预变形，始终保持压紧状态。

（4）弹簧预紧力

弹簧预紧力是通过对弹簧预先施加的压力。其作用是让弹簧获得最大弹性恢复力和弹性维持力。

2. 螺纹预紧力计算

汽车、机械装备的发展，对产品装配质量要求越来越高。事实上，几乎所有的装配件都难以离开螺纹连接，控制好螺纹连接的质量对各种产品装配来说，有着十分重要的作用。实验证明，较大的预紧力可提高连接的可靠性和材料疲劳强度。但预紧力过大，会增大连接件的尺寸，也可能在装配或偶然过载时拉断螺栓而出现事故；预紧力过小，连接件间会出现缝隙，产生泄漏或相对滑移。所以装配时应控制好预紧力的大小，力求大小适当。

螺栓紧固工件时将形成三种作用力，即被连接件外表面与螺栓内端的摩擦力矩 T_1、螺栓头部螺纹副的摩擦力矩 T_2 和作用于工件的夹紧力。在这三个力中，前两项摩擦力矩将形成抵抗螺纹松动的力，作用于连接件的夹紧力正是装配所不可缺少的作用力。试验证明，被连接工件外表面与螺栓内端的摩擦力所形成的力矩，其大小占外载扭矩的50%左右；螺栓头部螺纹副的摩擦力矩约占40%，工件的夹紧力约占10%，这就是螺纹紧固力分配的"541"法则。

"541"法则是一种正常情况下螺纹紧固件拧紧力矩的分配比例，但对于追加润滑剂装配的螺纹紧固件以及紧固螺钉并不适用。在装配过程中，螺栓承受预紧力加上螺栓工作载荷所形成的拉应力不得超过螺栓的最大抗拉强度。图5-6所示标出了螺栓应力变化的过程：

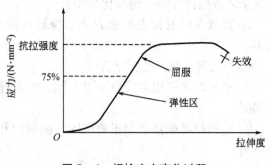

图5-6 螺栓应力变化过程

装配时，预紧力的大小通过拧紧或拧松力矩来控制。螺栓预紧时，拧紧力矩 $T = FL$，该力矩使螺栓和被连接件之间产生预紧力 Q_P。前已分析，拧紧力矩 T 等于螺栓副间的摩擦力矩 T_1 与螺母环形端面和被连接件（或垫圈）支承间的摩擦力矩 T_2 之和，由此，拧紧力矩为：

$$T = T_1 + T_2$$

式中，T_1 与 T_2 在此不予计算，请查看其他资料。

合理选择连接螺栓的预紧力 Q_P，可以保证装配件连接的可靠性和紧密性，防止因冲击或震动而产生连接件间的缝隙、相对滑移、螺栓松脱或脆断等现象，乃至引起机械设备的损坏。螺栓的预紧力加上螺栓工作载荷应小于螺栓额定载荷，一般通过使用扭矩扳手可以有效控制螺栓预紧力。

3. 具有配合要求零件的装配与调整

为满足车辆外观和性能要求，在零部件设计时需对配合零部件提出配合和装配要求。装配的配合要求主要包括过盈、间隙、过渡配合，共三大部分。

（1）过盈配合

过盈配合是指相互配合件间具有过盈（包括最小过盈等于零）的配合。过盈配合又有干涉配合、压入配合和紧配之称。其配合性质是孔和轴配合时，孔的最大极限尺寸总是小于或等于轴的最小极限尺寸，孔与轴之间为无间隙配合。过盈配合用于孔、轴间的紧固连接，不允许两者之间产生相对运动。例如，在装配各种油管管路、软管和硬管连接部分等就需要过盈配合，以保证装配性能要求。

过盈配合具有以下状态：

1）最松状态

孔的最大极限尺寸减去轴的最小极限尺寸所得到的差值为最小过盈 Y_{min}，此状态即为孔、轴配合的最松状态。

2）最紧状态

最小极限尺寸减去轴的最大极限尺所得的差值为最大过盈 Y_{max}，此状态即为孔、轴配合的最紧状态。

比如，某车型要求离合软管和离合器总泵连接卡箍（见图5-7）之间的配合是过盈配合，其中卡箍内径为 16.3mm，软管外径为 17.4mm，过盈量 $Y = 17.4 - 16.3 = 1.1$（mm）。

（2）间隙配合

相互配合件间具有间隙（包括最小间隙等于零）的配合称为间隙配合。间隙配合又叫活动配合，简称松配。孔和轴配合时，孔的最小极限尺寸大于或等于轴的最大极限尺寸，孔、轴之间总是有间隙的配合。间隙配合允许孔、轴配合后产生相对运动。间隙配合处于最大间隙（最松配合）状态与最小间隙（最紧配合）状态之间。

图 5-7 离合软管和离合器总泵连接卡箍

1）最大间隙状态

当孔为最大极限尺寸而轴为最小限尺寸时，孔、轴间的间隙称为最大间隙 X_{max}。装配后的孔、轴为最松的配合状态。

2）最小间隙状态

当孔为最小极限尺寸而轴为最大极限尺寸时，孔、轴间的间隙称为最小间隙 X_{min}。装配后的孔、轴为最紧的配合状态。

结论：孔和轴配合时，孔的最小极限尺寸总是大于或等于轴的最大极限尺寸；间隙配合中，孔、轴之间总是存有间隙。比如 $\phi 68^{+0.040}_{+0.010}$ 的孔和 $\phi 68^{\ 0}_{-0.030}$ 的轴的配合即为间隙配合，其孔的最小极限尺寸总是大于轴的最大极限尺寸。如图 5-8 和图 5-9 所示。

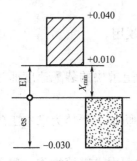

图 5-8 轴和孔的间隙配合

图 5-9 前保险杠与翼子板间隙

（3）过渡配合

过渡配合指可能具有间隙或过盈的配合。孔和轴配合时，孔、轴之间可能具有间隙也可能具有过盈的配合。过渡配合主要用于孔、轴间的定心连接。

过渡配合具有最松、最紧两种状态。孔的最大极限尺寸减去轴的最小极限尺寸所得的差值，为最大间隙 X_{max} 装配后的孔、轴为最松状态。孔的最小极限尺寸减去轴的最大极限尺寸所得的差值，为最大过盈 Y_{max} 装配后的孔、轴为最紧状态。如 $\phi 68^{+0.020}_{-0.010}$ 的孔和 $\phi 68^{\ 0}_{-0.030}$ 的轴的配合即为过渡配合，在它们的公差范围内，有可能是间隙配合，也有可能形成过盈配合。如图 5-10 所示。

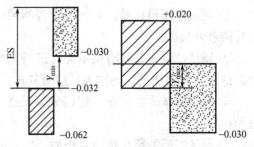

图 5-10 过渡配合

综上所述，间隙配合属于松配合，装拆容易，用于轴、孔零件有相对转动的场合；过盈配合属于紧配合，但装拆困难；过渡配合属于不松不紧的配合。过盈配合和过渡配合一般都用于轴、孔零件相对静止的场合。如果轴、孔零件装配后不需要经常装拆（无须经常更换维修）时，应该选用过盈配合；如果轴、孔零件装配后需要经常装拆，即轴零件或孔零件一般都是易损件时，为了便于拆装，必须选用过渡配合，如轴承与轴和机架孔的配合、轴套与孔的配合等都选择过渡配合。

5.3.3 产品防护

对汽车来讲，产品防护简单分为大、小两个方面。大的方面指车身和其他工序的劳动成果防护；小的方面指工序中的产品防护。

1. 各工位零部件放置的防护

① 装配人员移动物件时，要做到轻拿轻放，防止磕碰或划伤，确保不致因物件转移而造成零部件的损伤。

② 装配人员需要事先检验发运到工位上的零部件的编号、名称、规格和生产厂（对生产厂有要求时）及外观质量状况，以确保不误装和错装。

③ 零部件应选用合格的工位器具整齐平稳地摆放。对于不能重压的零部件，不能超过规定的堆放层次，以确保零部件的放置不受损坏。

④ 零部件工位器具的放置应整齐有序，符合"6S"（整理、整顿、清扫、清洁、素养、安全）的要求，确保装配人员作业通道的畅通。

⑤ 不合格品的存放区要有明显标识，做好隔离，以防误用。

2. 装配操作对产品的防护

① 零件应轻拿轻放，不得磕碰与划伤零部件。严禁为追求快的装配速度而过度锤击零件，要做到文明装配。

② 下道工序装配人员应对上道工序作业成果进行有效防护。严禁为求本工序操作便利而破坏上道工序劳动成果的现象发生。

③ 作业人员的衣着应注意不使用和外露钥匙等坚硬物，力求谨慎操作，避免划伤车身油漆表面。

④ 油液加注作业人员必须及时用清洁的纱布将滴漏的液渍擦抹干净，以防对车身油漆或零部件造成腐蚀或沾污。

3. 调试及入库过程中对产品的防护

① 调试中不得划伤、碰撞车身各油漆面，确因意外损伤油漆表面时，应作出标记，以便补漆和补检验。

② 调试过程中对各有关零部件进行调整时，应细心操作，谨防损坏零件，对因操作失误而造成零件损伤的，调试人员应对其进行更换，并对损坏件进行明确标识。

③ 路试调试人员应按"道路试车规范"的要求安全行车，确保道路试车时车辆不被碰撞和损坏。

④ 调试完成和整车检验合格后，应及时向储运科转运，并在转运过程中做好相应防护工作，确保转运过程中不出现车身油漆表面划伤、磕碰或其他损坏。

5.4 汽车总装工艺常用设备简介

为了获得高性能、高质量的汽车产品，对于总装车间的生产设备与装备，必须具有非常高的可靠性、先进性和生产效率，要求其基本无故障运转，并保证先进装配工艺的实施。工艺设备设计制造水平也是汽车装配技术水平的标志，生产设备性能高，不仅直接影响到汽车性能的提高，而且还意味着高效的生产能力和自动化程度的发挥。

汽车装配的技术装备主要包括：输送设备，发动机前、后桥等各大总成上线设备，各种油液加注设备，出厂检测设备和专用装配设备等。

输送设备。输送设备用于总装配线、各总成分装线以及大总成上线的输送。

大总成上线设备。各大总成上线设备指发动机前桥、后桥等总成在分装、组装后运送至总装配线，并在相应工位完成上线所采用的输送与吊装设备。

油液加注设备。各种油液加注设备包括燃油、润滑油、清洁剂、冷却液、制动液和空调冷媒剂等各种加注设备。

出厂检测设备。出厂检测设备包括前束试验台、侧滑试验台、转向试验台、四轮定位仪、前照灯检测仪、制动检测台、车速试验台、排气分析仪和故障诊断仪等。

专用装配设备。专用装配设备包括车号打号机、螺纹紧固设备、车轮装配专用设备、自动涂胶机和液压桥装运小车等。

5.4.1 整车装配常用工具

整车装配常用装配工具主要包括扭力扳手、气动扳手和电动扳手等。

1. 扭力扳手

扭力扳手是用于测量扭力值大小的一种量具，主要用于装配中紧固螺栓、螺母和工程品质保证中的拧紧力测量，如图 5-11 所示。

扭力扳手使用注意事项如下：

① 扭力扳手是精密机械仪器。装配使用时应小心谨慎，不可强制施加作用力而导致内部机构失灵。

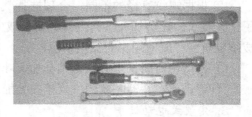

图 5-11 扭力扳手

② 不能把扭力扳手当铁锤使用，应轻拿轻放，不可随意乱丢。
③ 不能把扭力扳手作为拆装工具去拧紧或拧松紧固件和另作他用。
④ 不能超量程工作。当达到设定值和听到咔喳声后应停止加力。
⑤ 定时对扭力扳手进行校检。

2. 气动扳手

气动扳手用于拧紧生产过程中的螺栓、螺母等紧固件。压缩空气通过下气管接头进入把手，经换向阀决定转动方向后，进入发动机室，推动室内叶片旋转产生动力，并通过冲击装置来提高紧固件的拧紧力。气动扳手分为气动冲击扳手和定扭矩气动扳手。稳定的气压可以保证更高的精度，纯净的空气能够降低工具磨损和出现故障的风险。如图 5-12 和图 5-13 所示。

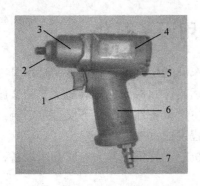

图5-12 气动扳手　　　　　　图5-13 定扭矩气动扳手

1—扳机；2—前轴；3—打击机构；4—马达；5—换
向按钮；6—把手；7—下气管接头

（1）气动工具的优点

① 结构简单、轻便、安装维护简单。

② 压力等级低，使用安全（0.45~0.6MPa）。

③ 工作介质为空气，可循环利用，无须成本。

④ 排气处理简单，无污染，成本低廉。

⑤ 利用空气的可压缩性，可以储存能量实现集中供气，对冲击负载有较强适应能力。

⑥ 空气流动损失小，可集中供应和远距离输送。

（2）气动扳手的使用注意事项与维护保养

① 轻拿轻放，用完后放在规定位置。

② 根据螺纹直径的不同，合理选择气动工具型号。如果扭矩值选择太小，功能满足不了工艺要求，还会加大工具内部磨损、减少工具使用寿命；如果扭矩值选择太大，则容易造成螺栓折断，既耽误工时又浪费螺栓。

③ 不能长时间打空转，否则会加大叶片与机体的磨损，降低使用寿命。

④ 每班前在气动工具的气管接头处加几滴润滑油，然后空转一下。

3. 定值式电动扳手

定值式电动扳手结合了气动扳手和扭力扳手的用途，并通过蓄电池提供动力，使用方便，但价格较其他扳手昂贵。如图5-14所示。

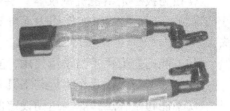

图5-14 定值式电动扳手

5.4.2 整车装配常用设备

整车装配常用设备包括输送设备、全自动装配线、加注设备、螺栓紧固设备、专用设备和检测设备等。

1. 智能标记机

智能标记机用于打印整车VIN号。VIN号是车辆的身份证明，每台车辆都配有一一对应的VIN号。

2. 玻璃打胶机器人

玻璃打胶机器人用于整车前、后风挡玻璃自动涂胶。机器人系统的采用确保了玻璃涂胶的一致性，进而确保了产品质量。机器人系统采用人工上、下料和玻璃预处理技术；系统自动完成前、后风挡玻璃输送、定位夹紧、识别玻璃型号并依次对前、后玻璃自动涂胶和翻转等工作以及模拟人工安装前、后风挡玻璃的工作方式。

整套系统的运转通过 PLC 控制和管理，具有涂胶速度/胶量的协调控制功能，能够保证胶型/胶量稳定，符合涂胶工艺要求。特别是在玻璃转角部分的胶型/胶量符合要求的功能方面，满足了产品质量需求，生产效率得到了很大提高。图 5-15 所示为玻璃打胶机器人的外观状况。

图 5-15 玻璃打胶机器人

3. 油液加注设备

汽车装配中的油液加注设备主要有助力转向液真空加注机、发动机冷却液真空加注机和洗涤液加注机等，它们的功能分别是加注液压助力转向油液、发动机系统冷却液和汽车风窗洗涤液。

助力转向液真空加注机包括抽真空系统、加注系统、补液系统、压缩空气系统、夹注枪、控制系统和其他辅助部分。工作过程为：第一次抽真空→稳压检测→二次抽真空→压力加注助力转向液→回吸→完成加注。

发动机冷却液真空加注机用于加注发动机系统冷却液。该设备包括抽真空系统、加注系统、补液系统、压缩空气系统、加注枪、控制系统和其他辅助部分。

洗涤液加注机主要用于汽车风窗洗涤液加注。

各种油液加注设备使用时的注意事项有：

① 检查油管、气管有无渗漏，如有则加固。

② 检查气路各表压力参数值是否在正常范围内，如不正常，则调至正常。

③ 检查按钮开关、指示灯有无破损，检查加注枪外观完好状态，移动管路的牢固和可靠性，压力表的正常状况，储液罐有无足够液体等。

④ 加注过程中严禁按下停止按钮。如加注过程中报警，则可按手动按钮再打回自动重新加注。

4. 杜尔制动与空调一体化加注机

杜尔制动与空调一体化加注机用于制动液、空调冷媒剂加注，如图 5-16 所示。

5. AGV（Automatic Guided Vehicle）小车

AGV 小车用于动力总成及后桥总成的合装。它是一种以电池为动力，装有非接触导引装置的无人驾驶自动化搬运小车，其外观如图 5-17 所示。

AGV 小车可根据预先设定的程序和行驶路径，在计算机系统的监控下自动行走到指定地点。

AGV 小车的工作过程如下：首先在上线位置将待装的发动机及后桥总成吊至小车托盘上，自动接收主线信号，随后通过控制台调度而自动运行到被装车体下，逐步自动跟踪、定位、举升，一直到完成自动装配并返回上线工位、充电等一系列工作。

该设备集成了许多先进的理论和应用技术，主要内容包括导航定位、车载伺服驱动与控制、交通管理、安全保护、货物装卸、地面计算机控制与管理、系统仿真、无线电通信、红外线通信、信息采集与处理和自动充电等。

图 5-16 杜尔制动、空调一体化加注机

图 5-17 AGV 小车

AGV 自动导航系统彻底减免了人工移动发动机总成及后桥总成的高强度作业，提高了底盘系统安装的精度，实现了更为人性化的生产作业，保证了产品装配质量，凸显出了工艺布置以人为本的理念。

图 5-18 所示为 AGV 小车正在完成车身举升后自动合装动力及后桥总成。

6. 轮胎充气机、轮胎拆装机、动平衡机

轮胎充气机、轮胎拆装机、动平衡机分别用于轮胎的分装和充气，并在完成分装后测试轮胎动平衡。如图 5-19 和图 5-20 所示。

7. 轮胎螺母拧紧机

电动轮胎螺母拧紧机用于整车轮胎的拧紧工作。该拧紧机精度能够达到福特认证 A-10 级，最大扭矩达 200N·m。如图 5-21 所示。

图 5-18 AGV 小车的应用

图 5-19 轮胎拆装机、轮胎充气机

图 5-20 轮胎动平衡机

电动轮胎螺母拧紧机工作过程如下：设备采用人工上件，拧紧过程无须人工控制，用于电动轮胎螺母拧紧机自动拧紧轮胎螺母。作业完毕后自动退回起始作业位置。轮胎螺母拧紧机能够自动控制扭矩，自动实施角度监控，拧紧精度可达 ±2%，且最终扭力能够得到合格保持以确保产品质量。设备要求保证在 500 万次拧紧后，测试

图 5-21 轮胎螺母拧紧机

精度必须保持在±2.5%范围。

【本章知识点】

1. 汽车装配基础知识（常用装配方法和装配精度等）。
2. 汽车装配的工艺过程和内容。
3. 汽车装配工艺过程和组织形式。
4. 汽车装配技术和质量控制。
5. 汽车总装配工艺常用设备及其应用。

【思考与习题】

1. 汽车装配的任务与要求是什么？汽车装配与其他机器装配有何特点？
2. 汽车总装配中的常用装配方法主要有哪几种？重点说明螺纹连接与销连接的装配特点。
3. 说明装配精度的内涵与应用意义。
4. 装配精度与零件精度的关系包含哪几方面的内容？
5. 一个完整的汽车总装配过程包括哪几个阶段？说明各个阶段主要的工作内容与要求。
6. 何谓流水式装配？"一个流"是什么意思？
7. 装配方法的选择，一般要遵循哪几项原则？
8. 重点说明互换装配法和修配装配法的意义、效果和应用。
9. 说明汽车总装配的基本要求；分类说明典型装配过程的质量要求。
10. 说明汽车总装车间的生产设备与装备的应用特点。汽车总装配的技术装备主要包括哪些项目、各完成什么功能？

第 6 章
汽车制造轻量化

【学习目标】

本章主要介绍汽车制造轻量化的意义、途径与材料。重点内容包括在汽车制造中推广应用铝镁合金、轻合金材料;合理使用有利于减薄、工艺性良好的高强度钢板;发展工程塑料、复合材料等新型轻量化非金属结构材料;改进和创新材料加工方法与加工工艺;开创现代粘接工艺在汽车制造中应用的新纪元。学习中,要求了解和熟悉各种轻量化途径与材料,提升学者持续创新的意识与能力。

6.1 汽车轻量化的意义与创新途径

汽车在给人们出行带来方便的同时,也带来了油耗、安全和环保三大问题。2012 年,中国汽车产销量已双超 1 900 万辆,汽车保有量超过 1 亿辆。汽车行驶除不断消耗燃油外,还会排出大量有害气体,使污染环境,对人的身体造成严重危害。要解决汽车油耗及其带来的严重环境污染问题,极为有效的措施之一是实施汽车轻量化,减少油耗和降低排放,保证汽车安全性的要求。

有研究表明,如果汽车整车质量降低 10%,燃油效率可提高 6% ~ 8%。换而言之,汽车整车质量减少 100kg,每一升油就可多行驶 1 千米。汽车车身大约占汽车总质量的 30%。在空载条件下,约 70% 的油耗用在车身质量上。油耗的下降,意味着二氧化碳、氮氧化合物等有害气体排放量的降低。因此,汽车轻量化对于整车的燃油经济性、车辆控制稳定性以及碰撞安全性等都大有好处。汽车轻量化已成为汽车产业发展中的一项关键性的研究课题之一。

对此,发达国家相继出台越来越严格的法规,限制车辆排放,迫使开发包括轻量化在内的各种新结构、新材料和新技术。目前,国内也已高度重视和关心汽车轻量化。关心汽车轻量化就等于关心自己和关心下一代。

汽车轻量化的途径不外乎车辆小型化、结构设计合理化和使用高比强度的新结构材料等。本书暂不讨论汽车小型化和结构设计合理化的问题,只重点讨论汽车轻量化材料及其相关成形工艺的改进与创新。

汽车轻量化,从材料应用方面考虑,有以下几个途径:

① 推广应用轻合金(密度小、比强度高)材料。

② 合理使用利于减薄、工艺性良好的高强度钢板。
③ 发展工程塑料、复合材料等新型轻量化非金属结构材料。
④ 改进和创新材料加工方法与加工工艺。
⑤ 开创现代粘接工艺在汽车制造中应用的新纪元。

6.1.1 铝、镁合金材料的应用

前面在分析、介绍车架、车轮与车身制造工艺中，已根据其结构要求、加工方法，不同程度地论述了铝、镁合金的应用与成形工艺特点。从汽车制造总体来讲，铝、镁合金在汽车上应用量的快速增长是汽车材料发展的大趋势。

铝、镁合金属于轻质材料，密度小（只有钢的1/3），比强度高；加工性能好，具有优异的延展性和良好的耐腐蚀性；易回收利用；为汽车轻量化结构的首选材料。

汽车铝合金分为铸造铝合金和变形铝合金（包括锻铝）。

当前汽车用铝合金量约3/4为铸造合金，用于制造发动机零部件、壳体类零件和底盘上零部件，如发动机缸体、缸盖、离合器壳体和车轮等。图6-1所示为几种汽车铝合金铸件。

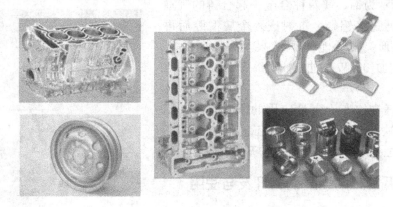

图6-1 典型汽车铸造铝合金件

变形铝合金（锻铝）在汽车车身零件、结构件及功能件应用方面发展很快。世界上许多汽车公司开发了全铝合金车身。

图6-2所示为全铝合金制造的轿车车身与铝合金散热器。

图6-3所示为车身底板上的铝合金横梁增强结构。这种车身厚壁锻铝梁结构的强度和刚度比冲压薄钢板结构的车身整体稳定性更好，重量轻，几乎不被腐蚀，可以无涂装使用，也可涂装不同颜色的涂料。

然而，铝合金车身价格昂贵，成形和焊接工艺比较复杂。目前车身用铝存在的主要问题有：

① 成形性需要继续改善，铝合金板材局部延展性不好。
② 尺寸精度不容易掌握，回弹控制难度大于钢板。
③ 铝合金材料比钢软，因生产和运输中的碰撞和各种粉尘附着等原因而使零件表面易于产生碰伤、划伤等缺陷。
④ 不能像钢板那样能够采用磁力搬运和传递。

图6-2 铝合金轿车车身与散热器

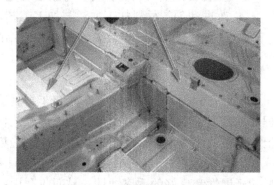

图6-3 铝合金横梁增强结构

镁合金密度比铝更低（镁合金密度为 $1.74g/cm^3$），也可回收。在轻量化的驱动下，镁在汽车上的应用以每年约20%的速度快速增长，目前每辆车平均用量已接近3%。

图6-4所示为铝、镁两种合金一起合铸的气缸体铸件，它是通过将铝合金缸衬嵌入金属型腔后再注入镁合金成形。其性能测试结果为：重量减轻30kg；功率增加30kW；油耗减少3%；扭矩增加17%。

当前影响镁在汽车上大量应用的因素是，人们对镁的特性还缺乏深层次的认识；工艺性能数据不够全面；防腐蚀技术有待加速研究与开发。

6.1.2 低合金高强度钢的开发与使用

钢铁材料在与非铁合金和非金属材料的使用竞争中将继续发挥其价格便宜、工艺成熟的优势，通过低合金有效强化和高强度化措施可以充分发挥低合金高强度钢板的强度潜力。

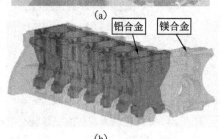

图6-4 铝-镁合金合铸的气缸体
（a）合铸实体铸件；（b）合铸示意图

标准中定义，屈服强度为210~550MPa的钢称为高强度钢（HSS），屈服强度大于210~550MPa的钢称为超高强度钢（UHSS）。

汽车用高强度钢的开发至今已近半个世纪，先是开发微合金钢，然后是开发含磷合金钢，20世纪80年代前期发展DP（双相）钢、BH（烘烤硬化）钢和IF（无间隙原子）钢，20世纪90年代后又开发出了强度更高的TRIP（塑性诱发相变）钢和CP（多相）超高强度钢，抗拉强度达到1 000MPa，最高者甚至达到1 200MPa以上。

在车身结构上大量采用高强或超高强度钢板的基本出发点，不仅能够减轻车重，还将使车身的扭转刚性、弯曲刚性得到提高，从而保证了整车的抗冲击安全性。

北美、西欧在新型轿车车身开发中，全部采用高强度钢板，重量只有218kg，甚至与铝合金车身相当。

高强度钢在汽车制造中的比例逐年增加，目前已经达到60%以上。

6.1.3 其他轻量化材料的应用现状

这里所指其他轻量化材料主要包括塑料、复合材料以及粉末冶金材料等。

塑料及复合材料具有密度低、比强度高、加工性好、耐腐蚀等的优异特性,是重要的轻量化材料。

塑料及复合材料在汽车中应用持续增长,目前北美轿车平均用量达到118kg,约占总重的10%。欧洲用量更高,德国塑料用量占整体材料的15%。塑料和复合材料一般可减轻零部件重量的35%以上。

车身塑料主要应用形式是外覆盖件与骨架结构件全部采用塑料;金属骨架与全塑料外覆盖件相结合;部分采用塑料外覆盖件等。

粉末冶金材料成分自由度大,粉末烧结工艺具有近净成形的特点。它在汽车上的应用已有明显增加趋势,特别是铁基粉末烧结材料在要求较高强度的复杂结构件上的应用已经越来越多。

此外,随着现代科学技术的发展,纳米材料的研究与应用得到了国际上的高度重视。纳米材料技术在汽车制造中的应用大致有以下几方面:

纳米材料增强塑料可以大幅度提高材料的比强度,能够卓有成效地减轻汽车重量。

美国通用汽车用3%纳米黏土增强的聚丙烯塑料,用于生产汽车上车踏板。与传统聚丙烯材料相比,其质量可减轻20%~30%。

专家预测,未来纳米增强复合材料配件将大量取代现有的车用塑料制品,可用于汽车上的保险杠、座椅、翼子板、顶篷盖、车门、发动机盖和行李舱盖等,甚至还可用于变速器箱体、齿轮传动装置等一些重要部件的生产。

6.2 汽车通用塑料及其实际应用

随着塑料技术的日益成熟,塑料主要用于制造汽车的内、外饰件和功能件,特别是应用工程塑料及纤维增强复合材料来制造外装件备受人们重视。

6.2.1 工程塑料在汽车中的应用现状

在塑料品种的选用中,热塑性塑料的使用比例达到塑料总用量的70%,其中聚丙烯(PP)的用量占热塑性塑料总用量的40%左右。表6-1所示为塑料在汽车中的应用情况。

表6-1 塑料在汽车中的应用情况

塑料代号	汽车中的产品应用对象
ABS（三物共聚）	车内仪表板、车身外板、内装饰板、方向盘、隔音板、门锁、通风管、保险杠、发动机罩、蓄电池壳等
PA（尼龙,聚酰胺）	散热器水室、燃料滤网、皮带轮、油箱、油管、进气管、插头、各种齿轮、安全带等
PC（聚碳酸酯）	车灯、保险杠、车门把手、仪表板、散热器格栅、车载音响和DVD系统、挡泥板、防弹玻璃等

续表

塑料代号	汽车中的产品应用对象
PE（聚乙烯）	内护板、地板、油箱、行李箱、雨刮器、水箱、挡泥板、刮水器、耐磨机械零件等
PMMA（有机玻璃）	风挡、车窗、灯罩、后挡板及其他装饰品
POM（聚甲醛）	燃油系统、电气设备系统、车身体系的零部件、杆塞连接件、支撑元件、线夹等
PVC（聚氯乙烯）	驾驶室内饰、嵌材、地板、涂料、电线电缆包衬等
PU（聚氨酯）	坐垫、挡泥板、车内地板、车顶篷、遮阳板、减振器、护板、防撞条、保险杠、仪表板垫及盖罩等
PP（聚丙烯）	分电器盖、仪表灯表、加速踏板、后灯壳、冷却风扇、暖风壳、刮水器电动机套、转向盘、杂物箱、杂物箱盖与空气滤清器壳等

6.2.2 聚氨酯泡沫塑料

1. 聚氨酯（Poly Urethane，PU）及聚氨酯泡沫塑料

聚氨酯和聚丙烯、聚氯乙烯已成为汽车上三种用量最大的塑料品种。聚氨酯是一种分子结构中含有氨基甲酸酯团（-NHCOO-）的聚合物。其性能取决于组成配方，可在从软到硬较宽范围内变化，其产品以泡沫塑料为主。

聚氨酯泡沫塑料分为硬质和半硬质两类。聚氨酯泡沫塑料的优点是结构内布孔，孔隙度大，制品回弹性好，让人接触有舒适感，能吸收外来50%~70%的冲击能量。

半硬质聚氨酯泡沫塑料可分为普通型和自结皮型两类。其中普通型制品其密度根据轻量化需要，可在60~150kg/m³之间调整。自结皮型泡沫塑料在发泡时能自行在产品外表结成厚度为0.5~3mm的表层，使其具有较高的抗拉强度和耐磨性，并能成形具有不同花纹与颜色的成形制品。

2. 聚氨酯泡沫塑料的生产工艺流程

聚氨酯泡沫塑料是指把羟基的聚醚树脂与异氰酸酯反应构成聚氨酯主体，并用异氰酸酯与水反应生成的二氧化碳发泡或用低沸点氟碳化合物作发泡剂，制成泡沫塑料。

汽车上常用的普通型和自结皮型半硬质聚氨酯泡沫塑料的主要生产工艺流程如下：

① 普通型半硬质聚氨酯泡沫塑料生产工艺流程共6道主要工序，即：预制成型表皮→涂刷脱模剂→固定骨架→合模→浇注→开模。此工艺用于生产汽车仪表板。

② 自结皮型半硬质聚氨酯泡沫塑料的生产工艺流程共计5道主要工序，即：涂刷脱模剂→固定骨架→合模→浇注→开模。此工艺可用来生产汽车转向盘。

3. 聚氨酯泡沫塑料在汽车上的应用

聚氨酯泡沫塑料制品用于汽车上的情况见表6-2。

表6-2 汽车用聚氨酯塑料制品

塑料品种	汽车零件名称
块状软质泡沫塑料切片	遮阳板、顶棚衬里、门板内衬、中心支柱、装饰条、隔音板、三角窗装饰条
软质模压泡沫塑料	坐垫、靠背
半硬质泡沫塑料	仪表板填料、门柱包皮、控制箱、喇叭坐垫、扶手、头枕、遮阳板、保险杠
硬质泡沫塑料	顶棚衬里、门板内衬
整体结皮泡沫塑料	扶手、门柱、控制箱、喇叭坐垫、转向盘、空气阻流板
弹性RIM制品	保险杠、挡泥板、发动机罩、侧后支柱、车门把手、行里箱盖
刚性RIM制品	散热器格栅、暖风壳、前阻流板、挡泥板垫、挡泥板、门板、发动机罩、行里箱盖、小车地板
浇铸型弹性体	防尘密封、滑动轴承套、转向节衬套、钢板弹簧吊带衬套、锁头零件、门止块、电缆衬套
热塑性弹性体	减震垫块、钢板弹簧隔垫、弹簧线圈护套、齿轮传动装置罩、格栅、顶棚、车身部件
涂料	涂刷在保险杠或其他外装件上
复合结构材料	坐垫套、隔音、吸震片、门内衬、保险杠、覆盖件、顶棚等

这里，就聚氨酯泡沫塑料几个应用实例加以介绍。

(1) 汽车座椅

汽车座椅由支撑物、弹性体和外包皮三部分构成。国内、外早已全部采用聚氨酯泡沫塑料取代钢丝弹簧和海绵制造汽车坐垫。汽车座椅的质量指标是静刚度、振动衰减特性、共振传递比和疲劳寿命等。

(2) 聚氨酯泡沫塑料软饰仪表板、扶手与头枕

仪表板、扶手与头枕等都是内饰件，要求具有极大安全性和防火性。仪表板表皮大部分采用ABS改性的聚氯乙烯膜，表层采用带有缓冲性的聚氨酯泡沫塑料，芯部为硬质塑料和某些部位的金属骨架。仪表板上装配有杂物箱、仪表罩盖和除霜器格栅。它们一般用具有耐热性的ABS和聚丙烯制成。

(3) 聚氨酯泡沫塑料转向盘

转向盘是汽车安全件之一。为保证驾驶员的行车安全，要求转向盘在发生碰撞时能吸收大部分冲击能量，满足这一要求的最佳材料就是聚氨酯泡沫塑料。其成形方法是在金属骨架外面注射成形一层具有自结皮型结构的聚氨酯泡沫塑料。其生产流程为：

涂刷脱模剂→模具加热→固定骨架→合模→浇注→保压、固化、成型→开模、取件→修整飞边→喷漆、烘干、熟化等。

6.2.3 通用塑料及其在汽车结构中的应用

在汽车轻量化中应用最多的通用塑料有：聚丙烯（PP）、聚氯乙烯（PVC）、聚乙烯

(PE)、和ABS四大类。它们既能制造受力作用的汽车零件，又能制造内饰件，且大都采用注射成形，如图6-5所示。

1. 聚丙烯（Polypropylene，PP）

目前，汽车上使用的聚丙烯零部件品种已达70多种，表6-3所示为汽车PP零件。

(1) 聚丙烯材料的特性

聚丙烯具有较高的热变形温度和良好的耐药性、耐应力开裂性，而且通过各种无机填料和各种弹性体的改性，可以得到具有多种特性的聚丙烯品种。通过有目标的改性，可以获得增韧型、增强型聚丙烯、填充增韧型聚丙烯和一般填充型聚丙烯四类。

(2) 聚丙烯基体的改性塑料

为了改善聚丙烯的工程性能，满足汽车零件工作的需要，通过对聚丙烯基体、增韧剂或增强剂、填充剂三者间的调配，可以制成不同性能的改性聚丙烯塑料制品。图6-6所示为改性聚丙烯塑料应用于轿车前围与保险杠等零件的状况。

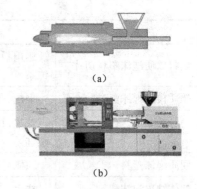

图6-5 注射成形示意图
(a) 注塑成型原理；(b) 注塑机外观图

表6-3 汽车PP（聚丙烯）零件

	汽车零件名称	每件质量/kg		汽车零件名称	每件质量/kg
功能与外壳零件	分电器盖	0.092	附件及其他	后视镜外框	0.038
	仪表灯表	0.021		后视镜内框	0.059
	加速踏板	0.082		安全腰带	0.023
	后灯壳	0.423		高压线夹	0.010
	冷却风扇	0.380		打火机	0.003
	暖风壳	2.190		车内灯具	0.028
	刮水器电动机套	0.014		天线柱	0.080
	转向盘	0.744		其他灯具	0.012
	杂物箱盖	0.207		扶手	0.120
	杂物箱	0.669			
	空气滤清器壳	1.800			

1) 增韧型聚丙烯

它以提高弹性、韧度为主来改性，具有很高的冲击韧度和低温韧性，主要用于制造汽车保险杠。

2) 填充增韧型聚丙烯

它的改性是通过填充无机物和弹性体增韧，从而获得高弹性模量、高刚度且耐热性与尺寸稳定性好的填充增韧型聚丙烯塑料产品。它广泛用于制造仪表板、车门内护板、散热器面罩

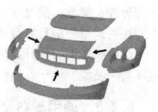

图6-6 改性PP制品

等汽车外饰件。

3) 填充型聚丙烯

填充型聚丙烯能够较大幅度地提高刚度、耐热性与尺寸稳定性，主要通过填充无机物来改性成形而达到上述目标。这种填充型聚丙烯主要用于制造暖风机壳体、护风圈等耐高温的非受力构件。

4) 增强型聚丙烯。它是一种用玻璃纤维增强的聚丙烯，也可以说是一种以聚丙烯为基体并用玻璃纤维增强的复合材料，其强度、刚度、耐热性与尺寸稳定性最好，常用于制造发动机风扇等。

(3) 聚丙烯在汽车制造中的综合应用

各种改性聚丙烯塑料在汽车制造中的应用量占汽车塑料总用量的30%以上，它不仅可用作弹、韧性体零件，而且有取代ABS制作刚性塑件的优势。

目前聚丙烯塑料被应用最广的是仪表板、保险杠、转向盘等汽车零件。它们都直接采用注射成形。

汽车仪表板的结构和用材可分为硬质（客、货车用）和软饰仪表板（轿车用）两大类。

改性PP保险杠具有成本低、质量小、可循环再利用等优势，其数量已占保险杠生产总数的70%。国内、外保险杠生产所用材料开始专业化，材料是一种专用的烯烃热塑性弹性体的EPDM粒状物质或塑炼成薄片，其成形设备也已走向专业化。

改性PP注射成型保险杠生产工艺与要求如下：

① 选用EPDM（三元乙丙胶，热塑性弹性体）炼成薄片，并切成粒状。

② 室温下先加入粒状的EPDM，再加入粉末状光稳定剂UV-327和抗氧剂1010，将三者在搅拌机内充分搅拌使之分布均匀。

③ 加入PP和黑色母粒，常温下充分混合分散均匀。混合好的原料用双螺杆混炼挤出机挤出，温度控制在180℃~200℃内。挤条冷却后切成粒状，经过烘干制成PP/EPDM共混热塑性弹性体粒料。粒料经干燥至水分含量<6%，灰分≤0.4%。在190℃~230℃的温度下用注塑机注射成形。

(4) 聚丙烯材料制造的其他汽车零部件

① 主要包括车内顶棚、侧面、坐垫以及乘客周围的零件，如方向盘、仪表板等。

② 发动机和取暖通风系统有关零件，如发动机冷却风扇、电瓶外壳、汽车分电器盖、通气管、除霜器喷嘴和暖风风扇等。

③ 汽车外装件，如汽车照明灯、闪光指示灯和测向灯外壳、格栅和车轮挡泥板等。

2. 聚乙烯（Polyethylene, PE）

(1) 聚乙烯（PE）材料的种类与应用

聚乙烯的分子结构、密度、分子量可依生产方式不同而不同。聚乙烯按其密度分为：低密度聚乙烯（LDPE）、中密度聚乙烯（MDPE）和高密度聚乙烯（HDPE）三类。

聚乙烯（PE）用量占汽车塑料总用量的5%~6%，次于聚氯乙烯、ABS、聚丙烯、聚氨酯，居第五位，主要用于制造空气导管和各种储罐。汽车工业中基本上只用中、低密度聚乙烯，主要用于内、外饰件和底盘件等的制造。

(2) 聚乙烯在汽车上的应用举例（见表6-4）

表6-4 PE在汽车上的应用实例

使用部位	零件名称	树脂
外饰件	挡泥板、汽油箱、衬板、弹簧衬垫、车轮罩、汽油过滤器壳套	MDPE、LDPE
内饰件	空气导管、扶手、覆盖板、承载地板、夹钩扣、柱套、风扇护罩、行李舱格板、备胎夹箍、转向盘遮阳板、行李箱衬里（顶篷与门的减震材料）	HDPE、LDPE
底盘	空气导管、蓄电池、制动液储罐、夹钩扣、清洗液罐	HDPE

3. 聚氯乙烯（Polyvinylchloride，PVC）

（1）聚氯乙烯的分类、特性及其改性

聚氯乙烯根据加入增塑剂的不同，可将其分为硬质聚氯乙烯、软质聚氯乙烯和聚氯乙烯热塑性弹性体三种。

（2）聚氯乙烯在汽车上的综合应用

PVC在日本汽车所用塑料中占30%~40%，而美国占16%~20%。一般每辆车用量2~10kg。

PVC在汽车上主要用作表皮套、内饰件坐垫套、车门内衬、汽车顶盖衬里表皮、仪表板罩、地板隔热垫、坐垫套、后盖板表皮、操纵杆盖板、备胎罩盖、转向盘、货箱衬里、窗玻璃升降器盖、保险杠套和所有电线包皮（即绝缘层）等。有些车型的车窗密封条也已采用软聚氯乙烯制作，其拉伸强度保持在10MPa以上，伸长率达120%以上。

（3）聚氯乙烯（PVC）注射成形工艺性

PVC塑料几乎可以用所有的成形方法加工，其中主要是用挤压成形，占65%以上，其次是压延成形，注射成形应用较少。挤压汽车材料一般是各种塑料板和异型材等。压延汽车材料表现为板材、片材、人造革和薄膜等。该类塑料在注射成形中具有如下工艺特性：

① 热稳定差，需要严格控制成型温度。
② 制品壁厚尽可能均匀，不能太薄。
③ 聚氯乙烯的收缩率因添加剂用量不同而不同。
④ 模具型腔外要加设冷料井，以防止冷料堵塞浇口。

4. ABS塑料

（1）ABS的特征、种类及性能

ABS由丙烯腈（A）、丁二烯（B）、苯乙烯（S）这三种物质聚合而成，其组成比例为：A占10%~30%，B占5%~30%，S占40%~70%。如果改变这三种成分的比例并加入第四种组分，就可得到品种较多、用途各异的ABS塑料品种。

1）ABS的一般性能

ABS的外观为不透明且呈象牙色的粒料，无毒、无味、吸水率低，其制品可着成各种颜色，并具有90%的高光泽度。

ABS是一种综合性能良好的树脂，在比较宽广的温度范围内具有较高的冲击强度和表面硬度。其热变形温度比PA（聚酰胺，俗称尼龙）、PVC（聚氯乙烯）高，尺寸稳定性好，收缩率在0.4%~0.8%。ABS若经玻璃纤维增强后，其收缩率可以减少到0.2%~0.4%，绝少出现塑后收缩的现象。

2）ABS 的力学性能

ABS 具有优良的力学性能，其冲击强度极好，可以在极低的温度下使用，即使 ABS 制品被破坏，也只能是拉伸破坏而不会是冲击破坏。ABS 的耐磨性能优良，尺寸稳定性好，又具耐油性，可用于制造中等载荷和转速下的轴承。

ABS 的弯曲强度和压缩强度较差，且具力学性能受温度的影响较大。

3）热学性能

ABS 属于无定形聚合物，无固定熔点；熔体黏度较高，流动性差；热稳定较差，耐候性不良，紫外线可使其变色；热变形温度为 70℃~107℃，制品经退火处理后其热变形温度还可提高 10℃左右；对温度和剪切速率都比较敏感。

ABS 在 -40℃ 时仍能表现出一定的韧性，可在 -40℃~80℃ 的温度范围内长期使用。

4）电学性能

ABS 的电绝缘性较好，且几乎不受温度、湿度和频率的影响，可在大多数环境中使用。

5）环境性能

ABS 性能不受水、无机盐、碱醇类和烃类溶剂及多种酸的影响，但可溶于酮类、醛类及氯化烃，受冰乙酸、植物油等侵蚀会出现应力开裂。

ABS 的耐候性差，置于户外半年后，由于紫外线的作用，冲击强度会下降一半。

（2）ABS 在汽车上的应用

由于 ABS 具有良好的综合性能，通过改性后还能获得特殊性能，故广泛用于制作汽车内饰件和外装件，见表 6-5。

表 6-5 ABS 等苯乙烯塑料在汽车上的应用

零件名称	种 类	型 号
格栅	ABS	高抗冲（电镀型）
	AAS	高抗冲型
灯壳	ABS、AES	高抗冲型
通风盖板	ABS、AAS	亚耐热型
车轮罩	ABS	高抗冲型
	MPPO	亚耐热型
支架、百叶窗类	ABS	亚耐热型
标志装饰	AES、AAS	高光泽型
标牌、装饰件	ABS	一般电镀型
后护板	ABS	一般型
缓冲护板	AES	高光泽型
挡泥板、镜框	ABS、AES、AAS	高抗冲型
仪表板	AES	超耐热抗冲型
	ABS	
装饰件	ABS	超耐热型
仪表罩（仪表类）	ABS	超耐热型
工具箱	ABS	耐热或亚耐热型
导管类	ABS	耐热或亚耐热型

6.3 FRP 在汽车中的应用

FRP 是英文 "Fiber Reinforced Plastics" 的缩写，也叫做 GFRP 或 GRP，中文称作玻璃钢。由于其强度与钢材相当，又含有玻璃组分，具有玻璃相似色泽、形体以及耐腐蚀、电绝缘、隔热等性能，所以历史上形成了这个通俗易懂的"玻璃钢"名称。FRP 复合材料是由纤维材料与基体材料按一定的比例混合，经过特别的模具挤压、拉拔而形成的高性能材料。由所使用的树脂品种不同，其有聚酯玻璃钢、环氧玻璃钢和酚醛玻璃钢之称。其质轻而硬，不导电，机械强度高，回收利用少，耐腐蚀。

FRP 由增强纤维和基体组成，一般用玻璃纤维做增强材料，用不饱和聚酯、环氧树脂与酚醛树脂做基体。以玻璃纤维或其制品作增强材料时，要求纤维（或晶须）的直径很小，一般在 $10\mu m$ 以下，纤维本身是脆性材料，易损伤、断裂和受到腐蚀。而基体相对于纤维来讲，强度、模量都要低很多，但可以经受住大的应变，往往具有黏弹性和弹塑性，故这种复合材料总体仍属于韧性材料。

目前工程结构中常用的 FRP 主材有碳纤维（CFRP）、玻璃纤维（GFRP）及芳纶纤维（AFRP），其材料形式主要有片材（纤维布和板）、棒材（筋材和索材）及型材（格栅型、工字型、蜂窝型等）。片材在汽车制造中应用较广。

近期，北美汽车制造业用 FRP 制造每辆汽车零件的用量已达 120kg。

下面简要介绍 SMC 和 GMT 两种纤维增强塑料基复合材料在汽车制造中的应用。

6.3.1 SMC

SMC 是 "Sheet Molding Compound" 的缩写，即片状模塑料。主要原料由 GF（专用纱、玻璃纤维）、UP（不饱和树脂）、低收缩添加剂、MD（填料）及各种辅助剂组成。它在 20 世纪 60 年代初首先出现在欧洲。当前，欧、美、日等发达国家，已相继在汽车制造中大量采用 SMC 复合材料，并涉及轿车、客车、火车、拖拉机、摩托车以及运动车、农用车等所有车种。我国于 20 世纪 80 年代末，先后引进了国外先进的 SMC 生产线和生产工艺。

SMC 汽车零部件主要包括以下几类：

（1）悬架零件

前后保险杠，仪表板等。

（2）车身及车身部件

车身壳体、硬壳车顶、地板、车门、散热气护栅板、前端板、阻流板、行李舱盖板、遮阳罩、SMC 翼子板、发动机罩、大灯反光镜等。

（3）发动机盖下部件

如空调器外壳、导风罩、进气管盖、风扇导片圈、加热器盖板、水箱部件、制动系统部件以及电瓶托架和发动机隔音板等。

1. SMC 的优点

① 重量轻。

② 物理性能优异。

③ 集成化程度高设计自由度大。
④ 耐腐蚀性能好,抗弯性好,可靠性高。
⑤ 优异的耐热性和可涂装性。
⑥ 尺寸稳定。
⑦ 热变形温度和耐老化性能均高于普通热塑性材料,其使用寿命高于15年。
⑧ 外观美丽,易于涂装。
⑨ 电绝缘性好。

2. SMC 的成形工艺

SMC 的开发成功,开创了现代汽车生产中大量使用纤维增强复合塑料的新局面。由于 SMC 在浸渍增稠过程中能够直接把树脂浸流到纤维垫中,故纤维不受破坏,强度较高。此外,SMC 材料呈薄片状,利于模压成形,生产效率高。

(1) 制造 SMC 的主要原料

SMC 的主要原料为一定长度的玻璃纤维、粒状填充剂和聚酯树脂。其中树脂占 30% ~ 35%,一般情况下玻璃纤维约占 30%,填充剂占 35% ~ 40%。

除了上述三大成分之外,SMC 的制造中还要加入添加剂,如硬化剂、增稠剂等。

(2) SMC 材料模压成形方法

SMC 用于制造高精度产品,宜采用热作模成形。对于表面精度要求不高的大型件,可参照低压铸造工艺原理(低压吸铸)成形。产品设计中要求尽量避免不等厚结构。

SMC 的成形温度处于 130℃ ~ 150℃。用来成形汽车驾驶室的大件时,加压时间为 80s,成形周期为 2min 左右,产品厚度控制在 2.5 ~ 3.0mm。

(3) SMC 的制造过程

① 可以在两张 PE 薄膜内侧均匀涂上树脂,中间加入玻璃纤维。
② 通过压紧辊把树脂复合物浸渍到玻璃纤维毡中。制好的 SMC 片材厚度一般为 2 ~ 4mm,单位面积质量为 3 ~ 5kg/m^2。
③ 产品浸渍好后,应将 SMC 材卷成卷,经熟化后便可使用。图 6 - 7 所示为 SMC 片材加工示意图。

6.3.2 TMC

由于前面所介绍的 SMC 的制造工艺限制了产品结构不宜太厚,因而宜将 2 ~ 3 层 SMC 片材重叠起来模压成形,然而如此加工却很不方便,生产效率低下,于是相应开发了 TMC 厚片状模塑料。其加工设备示意图如图 6 - 8 所示。

TMC(Thick Moulding Compound)为一种复合材料,在制造 TMC 板材时,要把玻璃纤维和树脂糊混合后夹到两层薄膜之间,然后再辊压成板材。

TMC 是介于片状模塑料(SMC)与团状模塑料(BMC、DMC)之间的不饱和聚酯模塑料,属于一种热固性材料,其预浸料厚度大于 SMC,制品强度高于 BMC,与 SMC 相当。TMC 工艺适应性强,玻璃纤维含量可以高达 50%。短切玻璃纤维在捏合辊中用树脂浆料浸渍,上、下表面用聚乙烯薄膜覆盖。压实、收卷。制造工艺综合了 SMC(片状不饱和的聚酯)和 BMC(团状不饱和的聚酯)的长处,玻璃纤维几乎无损伤,浸透效率高,无须化学固化,设备清洗容易,生产效率高。预浸料适用于压塑、注塑成形和传递模塑加工,流动性好，制品气泡少，机械强度高，尤其适于制造大型制品。

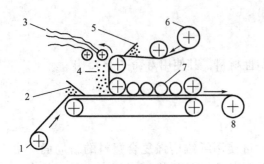

图6-7 SMC片材加工示意图

1—PE薄膜；2—刮板；3—玻璃纤维；4—短纤维；5—刮胶板；6—PE薄膜；7—压紧辊；8—SMC

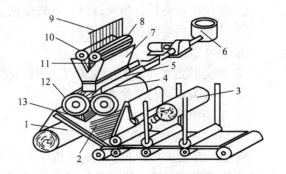

图6-8 TMC加工示意图

1,3—PE薄膜；2—TMC混合物；4—树脂混合物；5—密封；6—储池；7—漏斗；8—刀辊；9—玻璃纤维；10—橡胶辊；11—短纤维；12—浸渍辊；13—离心刮辊

6.3.3 GMT

在解决 SMC 材料生产效率较低、产品不宜增厚的发展过程中，一种能够适应于冲压（或称模压）成形，却以热塑性塑料为基的 GMT 复合板材随之应运而生。

1. GMT 概况

GMT（Glass Mat reinforced Thermoplastics）属于玻璃纤维增强型热塑性塑料，为英文首字母缩写。GMT 材料是一种新型工程用塑料，可广泛应用于汽车车身各部位，可替代传统的金属部件，减轻重量，降低成本。相信在不久的将来，GMT 会为整个汽车工业带来一场新的革命。

GMT 为以热塑性树脂为基体，以玻璃纤维毡为增强骨架的复合材料。其一般可以先行生产出片材半成品，然后直接加工成所需形状的产品。纤维可以是短切玻璃纤维或连续的玻璃纤维毡，热塑性树脂可以是通用塑料、工程塑料或高性能塑料。GMT 发展较晚，但其发展迅速。它的力学性能好，成形周期短，生产成本低，可模制较大的、形状复杂的部件且尺寸稳定性好，选用按所要求尺寸预先切好的 GMT，就有可能达到 $50 \sim 300 \text{N/mm}^2$ 范围内的强度，模压好的 GMT 部件几乎是各向同性，对于所有类型的冲击，都具有良好的韧度，其最终产品没有焊缝且可回收利用，这使得它受到汽车界的极大关注。现在欧洲汽车工业越来越倾向于使用 GMT，利用它来生产前端部件、座椅壳体、发动机隔噪罩、保险杠、仪表板托架等部件。

2. GMT 优点

① 比强度高。GMT 的强度和手糊的聚酯玻璃钢制品相似，其密度为 $1.01 \sim 1.19 \text{g/cm}^3$，比热固性玻璃钢（$1.8 \sim 2.0$（$\text{g/cm}^{-3}$））小，具有更高的比强度。

② 更利于轻量化与节能。用 GMT 材料做的汽车门自重可从 26kg 降到 15kg，并可减少背部厚度、增大汽车空间。其能耗仅为钢制品的 60%~80%，铝制品的 35%~50%。

③ 与热固性 SMC（片状模塑料）相比，具有成形周期短、冲击性能好、可再生利用和

储存周期长等优点。

④ 耐冲击。GMT 的吸收冲击的能力比 SMC 高 2.5~3 倍。在冲击作用下，SMC、钢和铝均出现凹痕或裂纹时，而 GMT 却安然无恙。

⑤ 高刚性。GMT 里含有 GF 织物，即使有 10mph[①]（时速）的冲击碰撞，仍能保持原有形状。

除了优异的物理、力学性能之外，作为总成部件，GMT 材料产品一体成形的特点决定了它低廉的系统成本及其专业化、大批量生产和具有模块化的供货能力。

3. 在汽车制造中的应用

（1）前端部件

欧洲 GMT 制作汽车前端部件的用量约占汽车总用量的 28%。用 GMT 制作前端部件的优点是可将包括车头灯、风机和散热器座、发动机罩搭扣以及保险杠固定点等功能集于一体，从而取代多个金属部件，与同等强度的钢部件相比，其质量可减轻 20%，生产费用可下降 10%。与片状模塑料相比，GMT 前端部件在装配上和防震性上均具有优势。

（2）座椅壳体

GMT 座椅壳体占 GMT 欧洲汽车用量的 20%，这种座椅壳体可采用不同颜色，如大理石纹或木纹。

（3）发动机隔噪罩

GMT 发动机隔噪罩约占 GMT 在汽车总用量的 20%，主要是利用了 GMT 材料的抗冲击性能和耐低温性能。

（4）保险杠

在美国，GMT 已广泛用于模制汽车保险杠，而现在则发展为由数层单向 GMT（GMT-VD）组成性能更好的单向保险杠，这种保险杠在低温下也具有良好的刚度，能量吸收及故障自动保险性能优良，质量较轻，可按材料性能进行模制，可满足主要应力方向上的高刚度和高强度要求。

（5）仪表盘托架

GMT 仪表盘托架可将支承仪表、安全气囊和加热换气系统等功能集于一体，为 GMT 提供了良好的应用机会。

4. GMT 片材成形工艺

目前 GMT 的主要生产方法有两种：一种是连续纤维毡或针刺毡；另一种是热塑性塑料（PP）层合成板。其制造方法多采用熔融浸渍工艺（干法）或由粉末热塑性塑料制成的片材为悬浮沉积工艺（湿法）。

（1）熔融浸渍工艺

熔融浸渍工艺是将两层玻璃毡压合在三层 PP 中，中间是熔融的 PP，最外层可以是薄膜，也可是熔融的 PP，其熔融浸渍成形工艺如图 6-9 所示。

采用该方法生产 GMT 时，玻璃纤维毡是关键性材料，如果片材的性能需要各向同性时，玻璃纤维毡中纤维的取向是完全随意的；若片材的性能需要各向异性时，则玻璃纤维毡中的纤维可按所需方向排列。此又称之为层压工艺。

---

① 1mph = 1.609 344km/h。

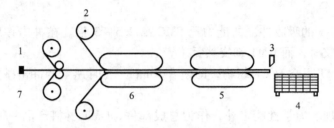

图 6-9　GMT 片材熔融浸渍成型工艺

1—玻纤毡；2—PP 薄膜或熔体；3—切割；4—预浸料片材；5—冷却＋加压；6—加热＋加压；7—PP 熔体

（2）湿法成形工艺

此方法是基于造纸技术发展而来的。它是把长度 6~25mm 的玻璃纤维先散于水中，然后加入 PP 粉末和乳液，使组分悬浮于水中。加入絮凝剂，树脂粉末和乳液凝结，自液压成形屏筛上分离出来而形成高于 PP 熔融温度的紧实毡板。图 6-10 所示为 GMT 片材湿法成形工艺过程。

（3）GMT 在汽车上的应用

如 GMT 汽车车门。GMT 车门的生产工艺也有两种，既可采用熔融浸渍工艺成形的片材，经冲压成形，也可采用湿法工艺成形的片材模塑成形。其成形过程分为三个主要阶段：

① 坯料准备；

② 坯料加热；

③ 冲压成形。

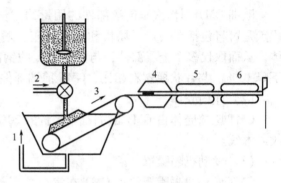

图 6-10　GMT 片材湿法成形工艺

1—回收；2—加絮凝剂；3—各组分混合液（水、玻纤、PP 粉料、胶乳、添加物、毡成形）；4—干燥；5—加热＋加压；6—冷却＋加压

5. 回收利用

汽车废旧材料的回收利用是现代一个需要认真解决的大问题，而 GMT 材料的一个有利特点正是可回收利用，其批量生产的规模正在汽车工业中进行试验，并已取得良好成效。目前 GMT 回收方法大体如下：

① 对所回收的 GMT 部件进行加热，再模压成同等质量的同类部件或其他类型部件，可对其重复模压两次而不会明显降低性能，但若重复利用在 4 次以上，则性能会有较大下降。

② 对回收的 GMT 进行粉碎，并制成 GMT 粉料或粒料，这种粒料类似于标准注塑料，可作为注塑机或挤出机的原料。在 GMT 制造过程中，通过 GMT 粉料或粒料可取代部分 PP 和玻璃纤维毡来制作 GMT。回收 GMT 粉料的加入量控制在 10%（质量分数）以下时，不会影响 GMT 的加工性能及静、动态性能。回收 GMT 粉料的加入量控制在 30%（质量分数）以下时，不会影响其基体性能。目前 SMC 材料生产效率较低，满足不了汽车大批量生产的需求，于是能够适应于冲压（或称模压）成形以热塑性塑料为基的 FRP 复合材料板材就此应运而生。

6.4 汽车制造中粘接工艺的应用

为了进一步解决和防止汽车漏油、漏水、漏气（俗称"三漏"），减少零件数目（如弹簧垫圈、开口销、垫片等），降低零件加工精度，有利于推进汽车轻量化，在现代汽车制造中，越来越多地运用各种高强度胶黏剂与密封胶黏接各种汽车零件，以获得新的装配效果。

6.4.1 汽车用胶黏剂和密封剂

1. 汽车使用胶黏剂的种类和特点

胶黏剂的种类较多，按其材料组成不同可分为天然胶黏剂、热固性树脂胶黏剂、热塑性树脂胶黏剂、橡胶类胶黏剂和混合型胶黏剂等。

天然胶黏剂主要是动、植物胶，多用于粘接木材与织物。

热固性树脂胶黏剂指环氧树脂与酚醛树脂胶黏剂，其粘接强度高，但不耐冲击。

热塑性树脂胶黏剂是指聚乙烯醇和丙烯酸酯，其耐冲击性好，但粘接强度低。

橡胶类胶黏剂具有柔软性，但耐热性差。

2. 环氧树脂胶黏剂

（1）环氧树脂胶的组成

环氧树脂胶由环氧树脂、固化剂、增塑剂、填料和稀释剂构成。

1）环氧树脂

2）固化剂

目的是使某些线型高分子交联成体型结构。

3）添加剂

作用是减少树脂固化后的收缩性和热膨胀，改善热传导性和固化产物的机械性能，降低产品价格。

4）增韧剂和稀释剂

作用是增加韧性，提高抗弯、抗冲击强度。稀释剂包括丙酮、甲苯、二甲苯、环氧丙烷等。

（2）环氧树脂胶的应用

在我国市场上常见并用于机械工业的环氧树脂胶牌号主要有914、JW-1、SL-4多用途的结构胶黏剂等。

1）914胶

由A、B两组分组成，具有使用简便。固化速度快，粘接强度高等特点，并能在室温下快速固化。可在±60℃下将金属与非金属部件小面积快速粘接。

2）SL-4胶

一种多用途结构胶黏剂，对钢、铝、铸铁、铜、巴氏合金、玻璃钢、陶瓷、工程塑料等都有良好的粘接效果。

（3）汽车中常见的酚醛树脂胶（见表6-6）

3. 聚丙烯酸酯胶黏剂与密封胶

聚丙烯酸酯胶黏剂与密封胶的特点是室温固化、无溶剂、单组分、使用方便。除了聚乙烯、聚丙烯、氟塑料和有机硅树脂外，几乎可以粘接各种或异种材料，并且具有良好的粘接性能。目前国内汽车工业中常用的有厌氧胶、501 胶和 502 胶。

（1）厌氧胶

国产厌氧胶品种与性能参见表 6-7。

表 6-6 汽车中常见的酚醛树脂胶

牌号	类型	备注
FS-2 FS-4 FN-301 FN-302	酚醛-聚乙烯缩丁醛	主要用于金属、塑料、玻璃等，但不能用于橡胶。使用温度不得高于 60℃~80℃
FSC-1	酚醛-聚乙烯醇缩甲醛型	主要用于粘接金属、非金属材料，有良好的耐老化性能
J-01 J-02 J-03 J-04	酚醛-丁腈胶黏剂	用于粘接金属及非金属 J-04 可用于粘接制动片与离合器片等
JX-8		用于粘接金属、玻璃钢、工程塑料和陶瓷等
JX-10	酚醛-丁腈胶黏剂	为高强度耐高温结构胶黏剂，可在 200℃下长期使用，250℃下短期使用
FN-303（801）强力胶	酚醛-氯丁胶	用于粘接金属和橡胶，如车门密封条 801 强力胶黏剂效果更佳
J-08	酚醛-缩醛-有机硅	耐热结构黏结剂，耐高温可达 350℃，并在 250℃下仍有较好的持久强度，但弹性不佳

表 6-7 国产厌氧胶品种与性能

项目			品种			
			Y-150	XQ-1	铁锚 300	铁锚 350
外观			茶色液体	茶色液体	无色透明液	深棕色透明液
固化速度 （25℃）	开始固化 时间/min	无促进剂	数十分钟	—	—	—
		有促进剂	数分钟	数分钟	60	15
	完成固化 时间/min	无促进剂	24~72	72~168	—	—
		有促进剂	1~2	1~2	8	24
胶接强度	破坏扭矩/（N·m）		30~37	—	>29	25
	拆卸扭矩/（N·m）		30~37	20	>29	>20
使用温度/℃			<150	<100	-30~120	-30~120
最大允许间隙/mm			0.3	0.3	<0.1	<0.1
主要用途			管接头、接合面的耐压密封防漏，各种螺纹件防松及密封，轴承和其他零件的装配固定及密封		细牙螺纹密封及防松	
					粗细牙螺纹密封及防松	

表 6-7 中 Y-150 厌氧胶是以甲基丙烯酸酯为主体的胶液，将其注入螺纹间隙或接合面的缝隙中，因隔绝空气即聚合硬化，从而达到紧固的目的。它主要用于在震动冲击条件下工作的机器零件。对于不经常拆卸的螺钉、螺母及双头螺栓的紧固，可以采用 Y-150 厌氧胶予以胶接。

注：在使用厌氧胶时，先要用丙酮或汽油除尽零件上的油垢，再涂上胶液拧上零件，使胶液充满全部间隙，需在室温固化 24h 以上。

（2）501 胶和 502 胶

这两种胶属于丙烯酸酯类胶黏剂，是应用比较广泛和被人常知的一种胶液，其性能与用途参见表 6-8。

表 6-8 501 胶和 502 胶的性能与用途

	501 胶	502 胶
用途	粘接金属、非金属，如仪器仪表的密封	粘接各种金属、玻璃和一般橡胶（除 PVC，聚氟塑料等）
性能	使用温度为 -50℃~70℃，室温抗剪强度 >19.6MPa，抗拉强度 >24.5MPa，性能较脆，耐碱和耐水性差	使用温度 -40℃~70℃，粘接后 24h 达最高强度
固化条件	室温几秒到几分钟	室温几秒到几分钟
主要成分	α-氨基丙烯酸酯	α-氨基丙烯酸酯

使用 501 胶和 502 胶时，同使用其他胶黏剂一样，先要清洗好零件表面，用细砂纸打磨氧化物，再用丙酮擦洗去除油污。涂胶须均匀而薄，待在空气中暴露几秒至 1min 后，将粘接件对准并加压，经过半分钟或几分钟即可粘牢。室温下放置 24 小时即可使用。

（3）聚氨酯胶黏剂（见表 6-9）

表 6-9 聚氨酯胶黏剂

牌　号	固化条件及用途
聚氨酯 101 胶黏剂 聚氨酯 404 胶黏剂	甲、乙两组分室温固化，适用于纸张、织物、木材、皮革和塑料等，也可用于金属和非金属材料
熊猫牌 202 胶黏剂	双组分室温固化，可用于 -20℃~170℃ 的范围内，主要用于皮革、橡胶、织物、地毯、软泡沫塑料等非金属材料

使用聚氨酯胶黏剂过程中应该注意：

1）表面处理

在使用聚氨酯胶黏剂前需要先对被粘接对象表面进行去氧化皮处理，再用 0 号砂纸打磨。如系铝合金件则用化学方法处理氧化膜（Al_2O_3）。塑料表面则用丙酮擦洗。聚乙烯则用浓硫酸腐蚀。

2）配胶

粘接不同的材料，要使用 A、B 两组分配比不同的胶液。

3）涂胶和固化

分层涂胶，压力下固化，注意工作温度与固化时间。

(4) 聚硫橡胶密封胶

聚硫橡胶密封胶也称作液态聚硫化物,其最大特点是在常温或低温下也能硫化,硫化产品收缩率很小。

在汽车生产中,这种胶多用于汽车风挡玻璃的密封,其优点为:

① 密封胶呈液态,用于不规则形状粘接和常温下硫化。

② 弹性好,可减少风挡玻璃的震动,以适应高速行驶和紧急制动的需要。

③ 风挡玻璃和车身窗框连成一体,提高车身强度。

④ 能满足汽车生产过程的高速流水线作业。

(5) 液体密封胶

① 不干性黏着型密封胶。这种密封胶可含溶剂呈液态,也可不含溶剂呈膏状。

② 干性黏着型及干性可剥型密封胶。其中干性黏着型密封胶是涂布后溶剂挥发掉,干膜牢固地黏在连接面上,其可拆性、耐震动性和冲击性差,但耐热性好,即在高温下有良好的防漏效果。

另一种是干性可剥离性密封胶,在涂布后溶剂挥发掉并形成具有橡胶样的柔软而有弹性的膜。这种膜耐震动、黏着严密,具有良好的可剥离性。

6.4.2 开创汽车制造中粘接工艺应用的新纪元

1. 粘接设计

(1) 接缝形状设计

工艺设计时,要求接缝接合面积尽量大,负荷能够均匀地分布在整个接合面上,受力方向与粘接强度方向要求一致。

(2) 对被粘接材料种类及其表面形态的要求

汽车制造中所用的材料主要是钢板,其他为铝合金、塑料及FRP(复合材料)。在工艺设计时应考虑各种材料和胶黏剂的浸润及相互作用的因素影响。

(3) 胶黏剂的使用条件

汽车所处的环境条件非常复杂,除了其暴露环境外,还需考虑使用部位可能受到的特殊热、化学药品、光照及外力等客观条件的影响。因此,正确选择胶黏剂(见表6-10)是粘接设计的重要内容。

表6-10 常用胶黏剂的种类

组 分	名 称	生产公司	组 分	名 称	生产公司
乙烯缩醛	Redux775	CIBA	环氧	AT-1	CIBA
酚醛	FM-47	ACC	环氧	FFM-54	ACC
橡胶	Narmtape102	Whittaker	环氧	AAP-500	东亚合成
尼龙	Fm-1000	ACC	NBR/环氧	EEC-2214	3M
尼龙/环氧	MB-406	Whittaker	NBR/环氧	FFM-132-2	ACC
尼龙/环氧	FS-175	东亚合成	聚酰亚胺	MMB-840	Whittaker

2. 创新粘接方法

(1) 胶黏剂的形态

胶黏剂按形态可分为液状、膏状、薄膜状、固状和粉末状；按使用方法可分为双组分混合型、单组分热固化型、单组分室温固化型、热熔型等。工艺中应根据其性能、施工方法和价格等多方面来合理选择所需要的胶黏剂。

(2) 粘接方法与汽车批量生产的适应性

粘接方法一直沿用夹具紧固、冷压、热压、加热炉等常见手段。近年来，一类新的粘接热固化技术正在推广使用，如高频感应、高频介质加热和超声波加热等。

3. 胶黏剂与密封胶在汽车上的应用（见表 6-11 和表 6-12）

表 6-11 胶黏剂在汽车上的应用

分 类	零件名称	被粘物件	胶黏剂种类	使用方法
结构用胶黏剂	制动蹄片 离合器摩擦片 盘式制动摩擦片	摩擦蹄片-钢板 摩擦片-钢板 摩擦衬片-钢	丁腈-酚醛	加热、加压
准结构用胶黏剂	前罩 行李舱盖 顶篷 门板	钢板-钢板	PVC系和橡胶	自动涂敷
	门玻璃 后视镜 半圆部 尾灯	玻璃-不锈钢 玻璃-锌 钢板-钢板 丙烯系-聚丙烯	环氧树脂 乙烯丁缩醛 环氧系 环氧系	高频热压 热压 自动涂敷 热压
非结构用胶黏剂	风窗窗条 人造革顶篷 仪表板 控制箱 坐垫	橡胶-玻璃 涂漆钢板皮革-涂漆板 发泡聚氨酯-ABS 乙烯基板-ABS 发泡PUR-绒布	聚氨酯系 丁腈橡胶系 氯丁橡胶 丙烯酸酯系 丁苯胶	涂敷 喷涂 毛刷 压敏 喷涂

表 6-12 密封胶在汽车上的应用

种 类	基本材料	形状	使用实例
电焊密封胶	异丁橡胶	糊状	护围板焊接位置
	丁苯橡胶	糊状	护围板焊接位置
	乙烯基塑料溶胶	糊状	护围焊接位置
	烷基系树脂	糊状	护围板焊接位置
车身密封胶	PVC塑胶	糊状	车身接缝密封位置

续表

种 类	基本材料	形状	使用实例
车身密封胶	丁苯橡胶	糊状	车身接缝密封位置
	沥青质	糊状	车身接缝密封位置
	乙烯塑料溶液	糊状	车身接缝密封位置
玻璃密封胶	聚异戊二烯	糊状	窗玻璃密封垫密封位置
	再生胶	糊状	窗玻璃密封垫密封位置
	聚硫橡胶	糊状	窗玻璃密封垫密封位置
	聚氨酯	糊状	窗玻璃密封垫密封位置
	丁基橡胶	胶带	窗玻璃密封胶带密封位置

【本章知识点】

1. 汽车轻量化的意义与创新途径。
2. 铝、镁合金的应用与成形工艺特点。
3. 低合金高强度钢的开发与使用状况。
4. 其他轻量化材料的应用现状。
5. 汽车用主要塑料及其实际应用。
6. 几类汽车通用塑料及其应用。
7. FRP（纤维增强复合塑料）在汽车制造中的应用。
8. 汽车制造中的粘接工艺。

【思考与习题】

1. 综述汽车轻量化的意义与创新途径。
2. 说明铝、镁合金的应用与成形工艺特点。
3. 分析低合金高强度钢的开发与使用状况。
4. 阐述其他轻量化材料的应用现状。
5. 汽车用塑料包括哪几类？重点说明聚氨酯泡沫塑料的性能、应用与生产工艺流程。
6. 分别说明 PP、PE、PVC 和 ABS 等汽车通用塑料的组分、性能及其在汽车制造中的应用。
7. FRP 所指的是什么材料？其材料组成与性能有何特点？
8. 对比分析 SMC、TMC 与 GMT 的组成、性能与应用特点。
9. 说明汽车使用胶黏剂的种类和特点。
10. 说明汽车制造中粘接工艺应用的意义与发展（不要局限于教材，建议上网补充一些有关汽车粘接中的新材料和新工艺）。

第 7 章

机械加工质量分析

【学习目标】

前面几章主要介绍了汽车生产过程及工艺过程的概念与组织形式,以汽车发动机与变速器中四种典型零件为代表的机械加工工艺(形面与孔加工为主),汽车车架(骨架)、车轮、车身等的结构、选材与冲压、焊接、涂装及汽车总装配四大工艺(形体成形为主)。从本章开始,将结合汽车零件加工质量与大批量生产要求,从机械加工质量分析与控制开始,重点讲述工件定位与装夹、机床夹具应用与设计、机械加工工艺规程的制定与范例。

学习本章内容,要求先行了解机械加工质量分析及控制的意义与内涵;学会分析工艺系统几何误差、受力变形误差、热变形误差及其控制措施,同时了解影响表面质量的因素、表面强化方法、光整加工和高速切削内容及其良好效果等。这样,学员就可继此进一步学习后面机械加工工艺设计的相关知识,为将来投入汽车生产和从事相关工艺技术打下基础。

7.1 机械加工质量的基本概念

汽车产品制造质量包括零件制造质量和装配质量两方面内容,零件机械加工质量是保证产品质量的基础。机械加工质量包括加工几何精度与表面加工质量。加工几何精度包括尺寸精度、形状精度和位置精度。表面质量包括表面几何形状精度和缺陷层等,如图 7-1 所示。

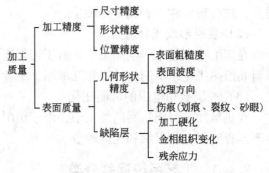

图 7-1 加工质量包含的内容

7.1.1 加工精度与加工误差

零件加工精度是指零件实际几何参数与设计几何参数的接近程度。加工误差是指零件实际几何参数与偏离设计几何参数的数值大小。加工精度用公差等级衡量,其等级数越低则精度越高。加工误差用数值表示,误差值越大则精度越低。

一般情况下,零件加工精度越高时,加工成本相对越高,生产效率则越低。

加工精度包括尺寸精度、形状精度和相互位置精度。三者关系如下:表面形状误差≈尺寸公差×(30%~50%)，表面位置误差≈尺寸公差×(65%~85%)。由此可知，形状公差应该限制在位置公差之内；位置公差应限制在尺寸公差之内。尺寸精度越高时，形状和位置精度越高。

7.1.2 表面质量

表面质量指零件表面的几何特征和表面层的物理、力学性能。表面的几何特征包括表面粗糙度和波度。物理力学性能包括塑性变形、组织变化和表层金属中的残余内应力。

1. 加工表面几何形状

机械加工后的表面几何形状总是以"峰""谷"交替形式出现。

表面粗糙度是指加工表面的微观几何形状误差。国家标准规定：表面粗糙度用在一定长度内（称为基本长度）轮廓的算术平均偏差值 Ra 或轮廓最大高度 Rz 作为评定指标。

表面波度是介于宏观几何形状与微观几何形状误差之间的周期性几何形状误差。$L/H = 50~1 000$，则称为表面波度。表面波度通常是由加工过程中工艺系统的低频振动所引起的。

2. 加工表面层物理力学性能变化

材料的表面层在加工时会产生物理、力学和化学性质的变化，常常在最外层生成氧化膜或其他化合物并吸收、渗进气体粒子，此称之为吸附层。

在加工过程中由切削力造成的材料表面为压缩区，将形成塑性变形区域，厚度约在几十至几百微米之内，并随加工方法的不同而改变。压缩区上部为纤维层，由被加工材料与刀具间的摩擦所造成。另外，切削热也会使材料表层产生如同淬火、回火一样的相变以及晶粒大小的改变等。

表面层的物理力学性能不同于基体，其主要表现为以下三方面：

（1）表层发生冷作硬化

其表层产生冷作硬化的原因在于工件在机械加工过程中，表层受力产生塑性变形，使其内部晶体发生剪切滑移、晶格扭曲、晶粒拉长或破碎甚至纤维化，使表层材料的强度和硬度提高，这种现象称为表面冷作硬化。

（2）表层形成残余应力

在切削特别是在磨削加工中，由于切削变形和切削热的影响，导致材料表层与内部基体材料间因热胀冷缩不同而处于相互牵制、平衡的弹性应力状态，从而形成残余应力。

（3）表层金相组织的可能变化

在机械加工特别是磨削加工中，由于切削热的集中，使得材料表面产生高温，促使其发生不同程度的金相组织和性能改变。

7.1.3 工艺系统误差分类

工件、刀具、机床和夹具四要素组成了机械加工工艺系统。机械加工工艺系统中产生的误差称为原始误差。工艺系统误差来源于机械制造系统。机械制造系统的组成包括施行方法、机械实体和切削过程三大部分。

1. 按时间顺序产生的原始误差

（1）加工前误差

加工前误差包括原理误差、加工误差（装夹误差、调整误差）、机床误差、工装误差和毛坯误差。

(2) 加工过程误差

加工过程误差包括工艺系统受力变形误差、工艺系统热变形误差和刀具磨损误差。

(3) 加工后误差

加工后误差包括内应力变形和测量误差。

2. 按影响因素分类的工艺系统误差

① 工艺系统几何误差。

② 工艺系统受力变形误差。

③ 工艺系统热变形误差。

下节按以上三个方面，逐一展开分析讨论工艺系统的误差以及应该采取的对应措施。

7.2 工艺系统几何误差与控制

7.2.1 加工原理误差

加工原理误差是指采用近似成形运动或近似刀刃轮廓进行加工而产生的误差。实际上绝大多数加工均采用近似成形运动与近似刀刃轮廓。如图7-2所示，滚刀滚切渐开线齿面时的齿形误差就是加工原理误差，这是因为滚刀是由有限个非光滑渐开线切削刃所包络而形成的近似刀刃轮廓。用三坐标数控铣床加工复杂曲面时，采用的也是近似刀具轮廓，其所形成的误差亦属于加工原理误差。

采用近似成形运动或近似刀刃轮廓的好处是能够简化机床结构或刀具形状，提高生产效率。当加工误差不超过10%～15%公差值时，一般可满足生产要求。有时因机床结构或刀具形状的简化可使近似加工的精度比使用准确切削刃轮廓及准确成形运动进行加工所得到的精度还要高。因此，在生产中，存在一定加工原理误差的加工方法仍在广泛使用。

图7-2 滚切包络线

7.2.2 调整误差

在零件加工的每一道工序中，为了获得被加工表面的合格形状、尺寸和位置精度，必须对机床、夹具和刀具进行调整，但采用任何调整方法及使用任何调整工具都难免带来一些原始误差，这就是调整误差。

1. 试切调整法

试切调整法的工作顺序是：初调刀具位置→试切→测量尺寸→比较，按差值重复上述过程，当达到所要求的尺寸后，再切削整个表面，如图7-3所示。

2. 按定程机构调整

定程机构包括行程挡块、靠模和凸轮等；调整块备有限位块、对刀块。限位块可保证工件定位准确和刀具位移准确；用

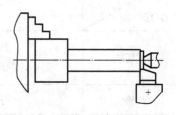

图7-3 试切法

对刀块对刀调整，将使刀具与工件处于相对理想位置，如图7-4所示。钻套也属于一种限位块，钻套可确定钻头的位置，如图7-5所示。

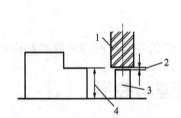

图7-4 对刀块调整
1—铣刀；2—塞规尺寸；3—对刀块；4—加工尺寸

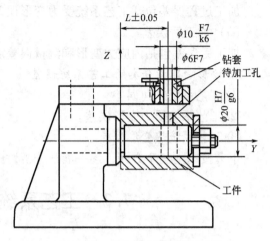

图7-5 钻套确定钻头的位置

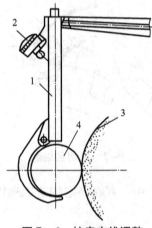

图7-6 挂表在线调整
1—支架；2—千分表；
3—砂轮；4—工件

3. 按样件或样板调整

在大批大量生产中常采用多刀加工，往往通过样件来调整切削刃间的相对位置。

4. 在线调整

在线调整实际上包括在线测量工件尺寸并及时调整刀具进给量。这种方法适用于高精度零件加工。测量、调整和切削等机构可以综合为相互联系、协调的自动化系统，如图7-6所示。

必须指出，采用任何调整方法及使用任何调整工具都难免带来一些原始误差。比如，用试切法调整会存在测量误差、进给机构的位移误差以及受到最小极限切削厚度的影响；用调整法调整将必然存在定程机构误差，样板或样件调整时的样板或样件的误差等。

表7-1集中了调整误差来源及形成因素。

表7-1 调整误差

方法 \ 因素	刀 具	机 床	量 具
试切法	刀刃误差 最小切削厚度的影响误差	进给机构位移误差	测量误差
调整法	刀刃误差	定程机构误差，样件、样板误差	测量误差

7.2.3 主轴回转误差

1. 主轴误差分解

机床主轴回转运动误差,即主轴实际回转线对其理想回转轴线的漂移,如图7-7所示。其误差形式可以分解为径向跳动、轴向窜动和角度摆动三种,如图7-8所示。

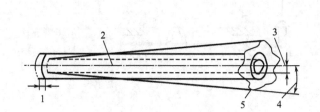

图7-7 回转轴线的漂移
1—纯轴向窜动;2—回转中心线;3—纯径向跳动;
4—角度摆动;5—轴心漂移

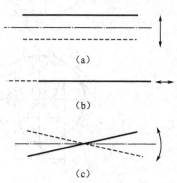

图7-8 主轴误差三种形式
(a) 径向跳动;(b) 轴向窜动;
(c) 角度摆动

实际上,主轴回转误差的三种基本形式一般将同时存在。

2. 主轴误差原因

产生主轴径向误差的原因主要来自主轴误差和轴承误差。主轴误差包括主轴径的圆度误差和同轴度误差。轴承误差主要指轴承孔的圆度误差。

当主轴采用滑动轴承支承时,主轴轴径和轴承孔双方的圆度误差将对主轴回转精度产生直接影响。对于工件回转类机床,在切削力 F 作用下主轴会出现径向偏移,其将以不同的部位和轴承内孔某一部位相接触。此时主轴形状误差突出为影响回转精度的主要因素,而轴承内孔的圆度误差对主轴回转精度却没有任何影响。

图7-9(a)所示为车床主轴不圆度影响回转精度的情况,图7-9(a)中 δ_d 为径向跳动量。

对于刀具回转类机床,切削力的方向随主轴回转而变化,主轴轴径以某一固定位置与轴承孔的不同位置相接触。这时,轴承孔的形状精度突出为影响回转精度的主要因素。图7-9(b)表示镗床轴承孔不圆度影响回转精度的情况。

另外,主轴可能会出现轴向窜动,其主要是由主轴承载轴肩与轴线的垂直度误差所引起的。

3. 主轴回转误差的影响

在分析主轴回转误差对加工精度的影响时,首先要注意到主轴回转误差在不同方向上的影响是不同的。分析主轴回转误差对加工精度的影响时,应着重分析误差敏感方向的影响。

各种原始误差的大小和方向各不相同。因此,不同方向的原始误差对加工精度的影响互不相同。当原始误差与加工精度两者方向一致时,原始误差对加工精度的影响最大,两者一致的方向称为敏感方向,而敏感方向恰恰是切削平面的法线方向。在敏感方向上,原始误差将以1:1的比例转变成加工误差。

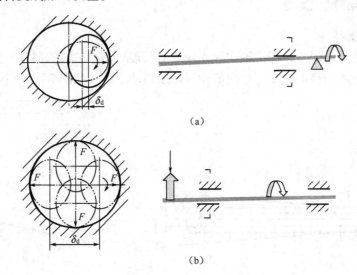

图 7-9 机床主轴误差
(a) 车床主轴不圆度对回转精度的影响；(b) 镗床轴承孔不圆度对回转精度的影响

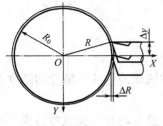

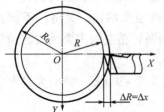

图 7-10 刀具安装引起的误差

在除敏感方向以外的其他方向上，原始误差的影响都将不同程度地减小。以卧式车床上车外圆为例，如图 7-10 所示，当存在某种原始误差而使车刀在水平方向偏离正确位置 Δx 时，在工件直径方向所产生的加工误差应为：

$$\delta_D = 2\Delta R \qquad (7-1)$$

当车刀在垂直方向偏离正确位置 Δy 时，由图 7-11 中三角形可知：

$$(R_0 + \Delta R)^2 = R_0^2 + (\Delta y)^2,$$

展开后略去二阶微量 $(\Delta R)^2$，则在工件直径方向产生的加工误差为：

$$\delta_D = 2\Delta R = \frac{(\Delta y)^2}{R_0} \qquad (7-2)$$

敏感方向随机床类型而异，因此，敏感方向可分为固定和变化两种类型。如在车床上加工，因刀具固定，使得切削平面固定不变，此为敏感方向固定情况。而在镗床上加工，因镗刀回转，切削平面旋转，故敏感方向为变化型，从而对这类机床的主轴回转精度要求更高。表 7-2 列出了常用机床的敏感方向。

表 7-2 常用机床敏感方向

项目	敏感方向固定		敏感方向变化
机床名称	卧式车床、平面磨床	卧式铣床、龙门刨床	镗床
敏感方向	水平	铅垂	变化

实际上,各类机床主轴回转误差对加工精度影响的结果是:机床主轴径向跳动会使工件产生圆度误差。若镗孔时镗杆做水平简谐运动,则镗刀轨迹就是椭圆,如图 7-12 所示。

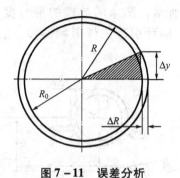

图 7-11 误差分析

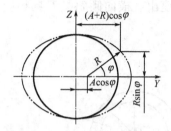

图 7-12 镗杆水平振动时镗孔为椭圆

主轴轴向窜动会形成下列误差:加工端平面时,会造成被加工平面与圆柱面不垂直;加工螺纹时,会产生小周期螺距误差。

在镗床上镗孔时,镗杆角度摆动会镗削出椭圆柱面来。

4. 提高主轴精度措施

根据前面分析,首先要求主轴前轴承选用精度、刚度较高的轴承,并对滚动轴承进行预紧。当采用滑动轴承时,则应采用静压轴承。其次是提高主轴箱体支承孔、主轴轴颈等与轴承配合相关表面的加工精度。再者,为了使主轴回转误差不影响工件,还可采取一些相应措施,如采用死顶尖磨削外圆,只要保证定位中心孔的形状与位置精度,即可加工出高精度的外圆柱面。

7.2.4 机床导轨误差

机床导轨副是实现导轨直线运动的主要部件,其制造和装配精度是影响轨迹直线运动精度的主要因素。导轨误差会对零件的加工精度产生直接影响。如图 7-13 所示,车床导轨 [见图 7-13(a)] 水平误差 Δy 将使工件 [见图 7-13(b)] 出现半径误差 ΔR。当磨削长外圆柱表面时,磨床导轨将引起工件的圆柱度误差。

导轨在垂直面内直线度误差对加工精度的影响。导轨在垂直方向上的误差将使平面磨床、龙门刨床、铣床

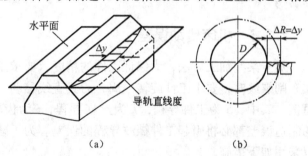

图 7-13 导轨水平误差引起工件半径误差
(a) 导轨;(b) 工件

等产生法向位移,其误差直接反映到工件的加工表面(误差敏感方向)上体现为水平面上的形状误差。导轨在垂直面内直线度误差对车床影响较小。

从图 7-14 可看出,当导轨在垂直面内直线度存在误差 Δ_2 时,反映到工件半径方向上的误差为 ΔR,而反映出的加工误差则可以忽略不计。根据关系式:

$$\Delta R = \Delta_2^2 / R$$

设 $\Delta_2 = 0.01\,\text{mm}$，$R = 50\,\text{mm}$，则 $\Delta R = 0.000\,002\,\text{mm}$。

所以此值完全可以忽略不计。

机床导轨面间平行度误差的影响。如图 7-15 所示，车床两导轨的平行度产生误差（扭曲），使鞍座出现横向倾斜，刀具相应发生位移，因而引起工件形状误差。由图 7-15 可知：

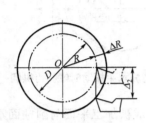

图 7-14 车床导轨垂直度误差对工件精度的影响

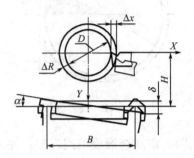

图 7-15 车床导轨扭曲对工件误差影响

$$\Delta x = \alpha H \approx \delta H / B \tag{7-3}$$

式中，H——车床中心高（mm）；

B——导轨宽度（mm）；

α——导轨倾斜角（°）；

δ——前、后导轨的扭曲量（mm）。

机床导轨对主轴轴心线平行度误差的影响。当在车床类或磨床类机床上加工工件时，如果导轨与主轴轴心线不平行，则会引起工件的几何形状误差。例如车床导轨与主轴轴心线在水平面内不平行，会使工件的外圆柱表面产生锥度；在垂直面内不平行时，会使工件加工成马鞍形。

7.2.5 机床传动误差

对于某些加工方法，为保证工件的精度，要求工件和刀具间必须保持准确的传动关系。如车削螺纹时，要求工件旋转一周，刀具直线移动一个导程。机床传动时必须保持 $S = iT$ 为恒值。其中，S 为工件导程，T 为丝杠导程，i 为齿轮传动比。所以车床丝杠导程和各齿轮的制造误差都必将引起工件螺纹导程的误差。为了减少机床传动误差对加工精度的影响，可以采用如下措施。

1. 减少传动链中的环节，缩短传动链

因为传动链的传动误差等于组成传动链各传动件传递误差之和。例如在车床上加工较高精度螺纹时，不经过进给箱，而用交换齿轮直接传动给丝杠，以缩短传动链长度，减少传动链的传动误差。

2. 采用降速传动链

由前面分析可知，传动比小，传动元件误差对传动精度的影响就小，而传动链末端传动元件的误差对传动精度影响最大。因此，采用降速传动是保证传动精度的重要原则。对于螺纹或丝杠加工机床，为保证降速传动，机床传动丝杠的导程应大于工件螺纹导程。对于齿轮加工机床，分度蜗轮的齿数一般很大，其目的是得到大的降速传动比。

3. 提高传动副特别是末端传动副的制造和装配精度，消除传动间隙

传动链中各传动件的加工、装配误差对传动精度均有影响，其中最后的传动件的误差影响最大。如滚齿机上切出的齿轮的齿距误差及齿距累积误差大部分是由分度蜗轮副引起的。所以滚齿机上分度蜗轮副的精度等级应比被加工的齿轮精度高1～2级。

4. 采用误差补偿

在采用误差补偿时，先用测量仪器测出传动误差，然后根据该测量值在原传动链中人为地加入一个误差，其大小与传动链本身的误差相等而方向相反，使之相互抵消。该方法称为误差补偿。图7-16所示为精密丝杠螺距误差补偿装置。

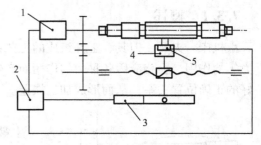

图7-16 精密丝杠螺距误差补偿装置
1—光电编码器；2—计算机；3—光栅位移传感器；
4—刀架；5—压电陶瓷微位移刀架

7.2.6 刀具几何误差

刀具误差包括刀具的制造、磨损和安装误差等。机械加工中常用的刀具有一般刀具、定尺寸刀具和成形刀具。一般刀具如普通车刀、单刃镗刀、平面铣刀等的制造误差，对加工精度没有直接影响。但当刀具与工件的相对位置调整好以后，在加工过程中，刀具的磨损将会增加加工误差。定尺寸刀具如钻头、铰刀、拉刀、槽铣刀等的制造误差及磨损误差，均直接影响工件的加工尺寸精度。成形刀具，如成形车刀、成形铣刀、齿轮刀具等的制造和磨损误差，主要影响被加工工件的形状精度。

7.2.7 夹具几何误差

夹具误差主要是指定位误差、夹紧误差、夹具安装误差、对刀误差以及夹具的磨损等。

7.2.8 测量误差

测量结果与被测真值之差，称为测量误差。测量误差来源于测量方法和测量装置误差，也会因温度、湿度、气压、振动、照明、尘埃与电磁场等环境变化而引起。工件在加工中进行的测量和加工后的测量，总会产生测量误差。

为了减少测量误差，提高检验效率，降低工人的技术要求，在汽车生产中大量采用专用量具、检具来测量零件。如图7-17所示的光滑极限量规即为一种专用量具。专用量具和检具是针对具体零件尺寸而制造的，大多数只用来判断零件是否合格而实际不反映真值。只有某些特殊需要的专用量具和检具，需要通过专业设计和制造来反映真值。专用量具、检具包括光滑极限量规、高度和深度量规、圆锥规、花键规、样板及综合检验夹具等。

图7-17 光滑极限量规

7.3 工艺系统受力变形误差及其控制

7.3.1 概述

由机床、夹具、刀具、工件组成的工艺系统，受切削力、传动力、惯性力、夹紧力以及重力等的作用，会相应因各种力的作用而产生变形。这种变形将破坏工艺系统各组元间已调整好的正确位置关系，从而形成加工误差。

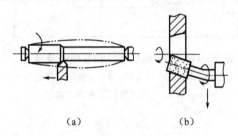

图 7-18 受力变形对误差影响
(a) 车长轴；(b) 磨内孔

例如，车削细长轴时，工件在切削力作用下会发生弯曲变形，使之加工后产生腰鼓形的圆柱度误差，如图 7-18（a）所示；又如，在内圆磨床上用横向切入磨孔时，由于磨头主轴弯曲变形，使得所磨出的孔会出现带有锥度的圆柱度误差，如图 7-18（b）所示。

从材料力学中得知，任何一个物体在受力后总要产生一定的变形，人们常把作用力 F 与其引起在作用力方向上的变形量 Y 的比值，称为物体的刚度 k。下面我们就来讨论工艺系统受力变形对误差的影响与控制。

7.3.2 对工艺系统刚度的认识

机械加工工艺系统是一个弹性系统。弹性系统在外力作用下产生的变形位移的大小取决于外力大小和系统抵抗外力的能力。工艺系统抵抗外力使其变形的能力称为工艺系统的刚度。工艺系统的刚度用切削力和在该力方向上所引起的刀具与工件间相对变形位移的比值来表示。由于切削力有三个分力，在切削加工中对加工精度影响最大的是刀刃沿加工表面的法线方向（Y 方向上）的分力，因此，计算工艺系统刚度时，通常只考虑此方向上的切削分力 F_Y 和变形位移量 y，即

$$k = \frac{F_Y}{y} \tag{7-4}$$

1. 车床刀架刚度变形曲线

众所周知，机床部件由许多零件组成。机床部件的刚度，即其抵抗外力使其变形的能力，迄今尚无合适的简易计算方法，主要用实验方法来测定。图 7-19 所示为车床刀架刚度变形曲线。分析图 7-19 中实验曲线，可以总结出机床刀架刚度具有以下特点：

① 变形与载荷不成线性关系。

② 加载曲线和卸载曲线不重合，卸载曲线滞后于加载曲线。两曲线间所包容的面积就是加载和卸载循环中所损耗的能量。该能量消耗于摩擦力所做的功和接触变形功。

③ 第一次卸载后，变形恢复不到第一次加载的起点，这说明存在有残余变形。经多次加载、卸载后，加载曲线起点才和卸载曲线终点重合，残余变形才逐渐减小到零。

④ 机床部件的实际刚度远比我们按实体估算的要小。

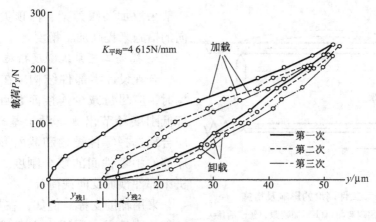

图 7-19 车床刀架刚度变形曲线

2. 工艺系统刚度对加工精度的影响

（1）刀架刚度的影响

在加工过程中，由于工件加工余量发生改变将引起切削力变化，所以刀架后移会产生加工误差。

若毛坯存在有椭圆形状误差。如图 7-20 所示，令毛坯椭圆长轴方向上吃刀量为 a_{p1}，短轴方向吃刀量为 a_{p2}。由于椭圆长轴、短轴两方向吃刀量和切削力不同，故刀架后移也不同。设对应于 a_{p1} 产生的让刀为 y_1，对应于 a_{p2} 产生的让刀为 y_2，则加工出来的工件必然存在一定的椭圆形状误差。由于毛坯存在圆度误差 $\Delta_毛 = a_{p1} - a_{p2}$，故将引起工件的圆度误差为 $\Delta_工 = y_1 - y_2$，且 $\Delta_毛$ 越大，$\Delta_工$ 越大。这种现象称为加工过程中的毛坯误差复映现象。$\Delta_工$ 与 $\Delta_毛$ 之比值 ε 称为误差复映系数，它是误差复映程度的度量，即：

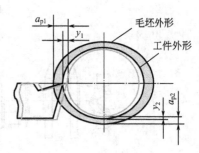

图 7-20 误差复映现象

$$\varepsilon = \frac{\Delta_工}{\Delta_毛} < 1$$

$$\Delta_{工1} = \varepsilon_1 \Delta_毛$$

$$\Delta_{工2} = \varepsilon_2 \Delta_{工1}$$

......

$$\Delta_{工n} = \varepsilon_1 \varepsilon_2 \cdots \varepsilon_n \cdots \Delta_工$$

故

$$\varepsilon = \varepsilon_1 \varepsilon_2 \varepsilon_3 \cdots \varepsilon_n \tag{7-5}$$

由此可知，工序次数 n 越多，误差复映系数 ε 越小，加工精度就越高。由于 ε 小于 1，所以总的复映系数将是一个很小的值，这样工件就随着 n 增加而精度逐步提高。这就是加工表面通常采用粗、精、光整加工的几个阶段后逐步达到技术要求的道理。

（2）工件刚度的影响

图 7-21 所示为车床上车削细长杆，此时工件发生弯曲，影响加工精度。由此，加工中

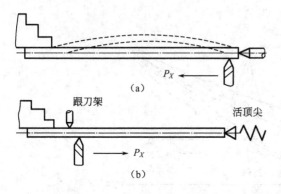

图 7-21 工件刚度的影响及措施
(a) 车削细长杆出现弯曲；(b) 加装跟刀架或活顶尖

一般采取加装跟刀架、活顶尖和改变走刀方向的措施来提高加工精度。

3. 提高工艺系统刚度措施

合理设计零部件结构。在设计零部件结构时，应尽量减少连接面数目，并防止有局部低刚度环节出现。对于基础件、支撑件，应合理选择零件结构和截面形状，以提高机床部件中零件间的接合刚度。必要时，应给机床部件预加反向载荷等。

采用辅助支撑。例如，在加工细长轴时，工件的刚性差，采用中心架或跟刀架，或采用中间驱动方式，有助于提高工件的刚度。

如图7-22（a）所示曲轴车床采用中间驱动而不是端头驱动，明显缩短了驱动部位与被加工轴颈距离，降低了对刚度的要求。图7-22（b）所示为六角车床采用导套和导杆辅助支撑副提高刀架刚度措施。

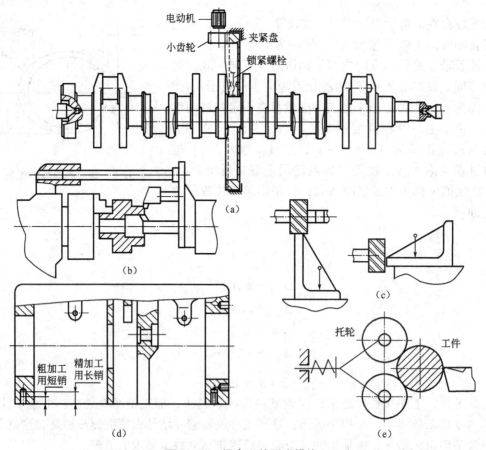

图 7-22 提高工件刚度措施
(a) 曲轴加工采用中间驱动；(b) 采用导向机构；(c) 改变装夹和加工方式；
(d) 精加工用长定位销；(e) 凸轮轴加工采用托轮

采用合理的装夹和加工方式。例如，在卧式铣床上铣削角铁形零件，如按图 7-22（c）左所示装夹和加工方式，则工件刚度较低；如改用图 7-22（c）右所示装夹和加工方式，则工件刚度明显提高。加工箱体零件时，粗加工采用短定位销，精加工采用长定位销，以消除定位孔磨损的影响，如图 7-22（d）所示。加工汽车凸轮轴则采用托轮增加刚性，如图 7-22（e）所示。

减小载荷及其变化。为了提高工艺系统刚度，建议采取适当的工艺措施来减小工艺系统中的载荷和变化。首先应该合理选择刀具几何参数，例如增大前角、让主偏角接近 90°等；其次是控制切削用量，如适当减少进给量和背吃刀量，以减小切削力，相应减小受力变形；再者，将毛坯分组，使加工中的各组毛坯余量相对均匀，这样能减少切削力的变化，从而能够减小复映误差。

7.4 工艺系统热变形误差与控制

7.4.1 工艺系统热源

工件、刀具等的热变形对加工精度影响较大，特别是在精密加工和大件加工中，热变形所引起的加工误差通常会占到工件总误差的 40%~70%。

引起工艺系统热变形的热源可分为内部热源和外部热源两大类。

1. 内部热源

内部热源包括切削热和摩擦热。

在切削过程中，消耗于切削的弹、塑性变形能及刀具、工件和切屑之间摩擦的机械能，绝大部分都转变成了切削热。在车削加工中，切屑所带走的热量可达 50%~80%，传给工件的热量约为 30%，传给刀具的热量不超过 5%。

工艺系统中的摩擦热主要是由机床运动部件产生的，如电动机、轴承、齿轮、丝杠副、导轨副、离合器、液压泵和阀等。尽管摩擦热比切削热少，但其在工艺系统中是局部发热，会引起局部温升和变形，破坏了系统原有的几何精度，对加工精度也会带来严重影响。

2. 外部热源

外部热源的热辐射包括照明灯光、加热器等对机床的热辐射，同时也不容忽视周围环境温度，如不同昼夜温度对机床热变形的影响。控制外部热源的热辐射影响对于大型和精密加工尤为重要。

7.4.2 工艺系统热变形引起的误差

1. 机床热变形对加工精度的影响

一般机床的体积较大，热容量大，虽温升不高，但其变形量却不容忽视。机床结构较复杂，其达到热平衡所需的时间较长，各部分的受热变形不均，会破坏原有的相互位置精度，造成工件的加工误差。

机床结构和工作条件不同，机床热变形的热源和变形形式也不尽相同。对于车、铣、钻、镗类机床，其主轴箱中的齿轮、轴承摩擦发热和润滑油发热是其主要热源，因而使得主轴箱及与之相连部分，如床身或立柱的温度升高而产生较大变形。车床主轴发热使主轴箱在垂直面与水平面内发生偏移和倾斜，如图 7-23（a）所示。图 7-23（b）所示为车床主轴温升、位移随运转时间变化而变化的情况。由图7-23可见，Y方向的位移量远大于X方向的位移量，由于Y方向是误差非敏感方向，故对加工精度影响较小。

对于龙门刨床、导轨磨床等大型机床，其床身较长。如果导轨面与底面间有温差，那么床身导轨就会产生较大的弯曲变形，从而影响加工精度。例如一台长13m、高0.8m的导轨磨床床身，导轨面与床身底面温差1℃时，其弯曲变形量可达0.33mm。床身上、下表面产生温差的原因，不仅是由于工作台运动时导轨面摩擦发热所致，环境温度的影响也是重要的原因。例如在夏天，地面温度一般低于车间室温，床身会产生"中凸"。

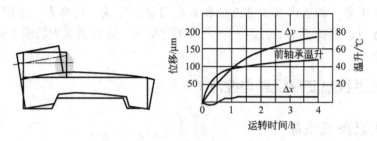

图7-23 车床主轴温升与变形
(a) 车床受热变形形态；(b) 温升与变形曲线

2. 刀具热变形所引起的误差

尽管在切削加工中传入刀具的热量很少，但由于刀具的尺寸和热容量小，故仍有相当程度的温升，从而引起刀具的热伸长并造成加工误差。例如车削时高速钢车刀的工作表面温度可达700℃~800℃，硬质合金车刀可达1 000℃，刀具伸长量可达0.03~0.05mm。

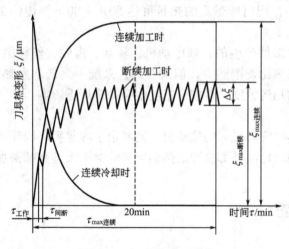

图7-24 刀具热变形曲线

图7-24所示为车刀热伸长量与切削时间的关系。在车刀连续切削的情况下，切削开始时，刀具的温升和热伸长较快，随后趋于缓和，经30min逐步达到热平衡。当切削停止时，刀具温度开始下降较快，以后逐渐减缓。

刀具断续加工时，变形趋于零。如加工一批短小轴件，在加工过程中机床、工件、刀具趋于热平衡。在连续冷却条件下经20min后温度趋于室温，变形趋于零。

3. 工件热变形引起的误差

(1) 工件均匀受热图

一些简单的均匀受热工件，如车、磨轴类件的外圆，待加工后冷却到室温时其长度和直径将有所收缩，由此而产生尺寸误差ΔL。ΔL可用简单的热伸长公式进行估算，即：

$$\Delta L = L \cdot \alpha \cdot \Delta t \tag{7-6}$$

式中，L——工件热变形方向的尺寸（mm）；
α——工件的热膨胀系数（1/℃）；

Δt——工件的平均温升（℃）。

(2) 工件非均匀受热

工件受热不均会引起内部产生热应力和外部变形。如磨削零件的单一表面，由于工件单面受热会产生向上翘曲变形 y，加工冷却后将形成中凹的形状误差 y'，如图 7-25（a）所示。y' 的量值可根据图 7-25（b）所示几何关系得出如下工件中凹形状误差 y' 的关系式，即：

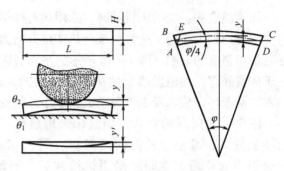

图 7-25 薄壁零件热变形

$$y' \approx \frac{\alpha \cdot L^2 \cdot \Delta t}{8H} \tag{7-7}$$

式中，α——工件的热膨胀系数。

由式（7-7）可知，工件的长度 L 越大，厚度 H 越小，则中凹形状误差 y' 就越大。在铣削或刨削薄板零件平面时，也有类似情况发生。为减小由工件热变形带来的加工误差，在工件长度 L 和厚度 H 基本一定的前提下，应重点控制好工件上下表面温差 Δt。

(3) 控制工艺系统热变形的主要措施

为了有效地控制工艺系统的热变形，主要措施是采用高效的冷却方式，加强其散热能力，以加速系统热量的散发，如喷雾冷却、冷冻机强制冷却等。

图 7-26 所示为坐标镗床的主轴箱用恒温喷油循环强制冷却的实验结果。当不采用强制冷却时，机床运转 6h 后，主轴与工作台之间在垂直方向会发生 190μm 的位移（见图 7-26 中曲线 1），而且机床尚未达到热平衡。当采用强制冷却后，上述热变形位移减少到 15μm，见图 7-26 中曲线 2），可见强制冷却的效果是非常显著的。

控制工艺系统热变形的另一依据是减少热量产生和传入。其措施是合理选用切削和磨削用量、正确使用刀具和砂轮、及时刃磨刀具和修整砂轮等，以免产生过多的加工热。从机床的结构和润滑方式上考虑，要注意减少运动部件之间的摩擦，减少液压传动系统的发热，隔离电动机、齿轮变速箱、油池、磨头（见图 7-27）等热源，使系统的发热及其对加工精度的影响得以有效控制。

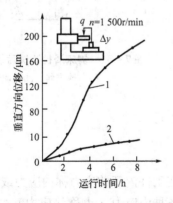

图 7-26 镗床强制冷却曲线图

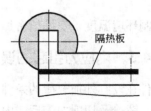

图 7-27 磨床隔离热源

均衡温度场。在机床设计时,采用热对称结构和热补偿结构,使机床各部分受热均匀,热变形方向和大小趋于一致,或使热变形方向为加工误差非敏感方向,以减小工艺系统热变形对加工精度的影响。图 7-28 所示为平面磨床所采用的均衡温度场的示意图。该机床油池位于床身底部,油池发热会使床身产生中凹,达 0.364mm。经改进,在导轨下配置油沟,导入热油循环,使床身上下温差大大减小,热变形量也随之减小。

图 7-29 所示的立式平面磨床采用热空气加热温升较低的立柱后壁,以均衡立柱前后壁的温升,减小立柱的向后倾斜。图 7-29 中热空气从电动机风扇排出,通过特设软管引向立柱后壁空间。采用该措施后,磨削平面的平面度误差可降到未采取措施前的 1/4~1/3。

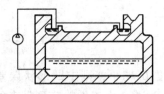
图 7-28 磨床热油循环油沟

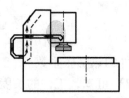
图 7-29 均衡温度场

缩小发热零件长度。如图 7-30 所示为外圆磨床横向进给机构示意图,图 7-30 (b) 中对螺母位置进行改进,缩小了丝杠热变形长度,使得热变形引起的丝杠的螺距累积误差减小,因而砂轮的定位精度较高。

对发热零部件拟采用热对称结构。如图 7-31 所示,在传统牛头刨床滑枕截面结构内,由于导轨面的高速滑动,导致摩擦生热,使滑枕上冷下热,产生弯曲变形。如果将导轨布置在截面中间,滑枕截面上下对称,显然可以减小导轨面的弯曲变形。

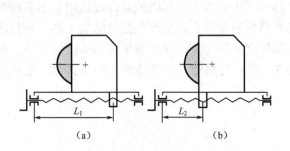
图 7-30 缩小丝杠变形长度图
(a) 改进前;(b) 改进后

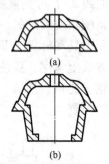
图 7-31 刨床滑枕改进后的热对称结构
(a) 改进前;(b) 改进后

控制环境温度,安排精密加工在恒温室内进行。

7.4.3 内应力引起的误差

零件在没有外加载荷的条件下,仍然残存在工件内部的应力称内应力或残余应力。工件在铸造、锻造及切削加工后,内部常常会存在各种内应力(也称热应力)。零件内应力的重新分布不仅影响零件的加工精度,而且对装配精度也有很大的影响。内应力存在于工件内部,且其存在和分布情况相当复杂,下面作一些定性分析。

1. 毛坯的内应力

铸、锻、焊等毛坯在生产过程中,由于各部分结构厚薄不均,导致冷却速度与热胀冷缩不均匀而相互牵制,形成内应力。一般规律是厚处(缓冷部位)产生拉应力,相连薄处(快冷部位)产生压应力,变形将朝向减小内应力的方向弯曲。图 7-32 所示为车床床身,在铸造时,床身导轨表面及床腿面冷却速度较快,中间部分冷却速度较慢,因此形成了上、下表层出现压应力、中间部分(导轨截面主体)处于拉应力的状态。当将导轨表面铣削或刨去一层金属时,内应力重新分布,力的平衡将被打破,导轨截面的拉应力更加突出,于是,整个床身将产生中部下凹的弯曲变形。

2. 冷校直引起的内应力

细长的轴类零件,如发动机凸轮轴等在加工和运输中很容易产生弯曲变形。因此,大多数轴类零件在装配前需要安排冷校直工序。这种方法简单方便,但会带来内应力,引起工件变形而影响零件加工精度。

图 7-33 所示为冷校直时引起内应力的情况。在弯曲的轴类零件中部施加压力 F,使其产生反弯曲,此时,轴的上层受压,下层受拉,外层为塑变区,内层为弹变区。如果外力加得适当,在去除外力后,塑变区的变形将保留下来,而弹变区的变形将全部恢复,内应力重新分布,工件弯曲得以校直。但是,如果变形控制不当,则会引起工件重新变形而影响零件加工精度。

图 7-32 车床导轨面切削后引起变形

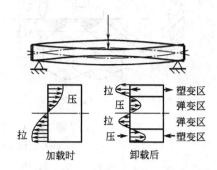

图 7-33 冷校直时引起内应力

由于冷校直后工件仍会出现变形,所以精密零件的加工是不允许安排冷校直工序的。当零件产生弯曲变形时,如果变形较小,可加大加工余量,利用切削加工方法去除其弯曲度,这时需要注意切削力的大小,因为这些零件刚度很差,极易受力变形;如果变形较大,则可用热校直的方法,这样可减小内应力,但操作麻烦。

7.5 影响表面质量的因素及其控制

机械零件的破坏一般总是从表面层开始,而产品的性能,尤其是它的可靠性和耐久性,在很大程度上取决于零件表面层的质量。研究机械加工表面质量的目的就是为了掌握机械加工中各种工艺因素对加工表面质量影响的规律,以便运用这些规律来控制加工过程,达到改善表面质量、提高产品使用性能的目的。

7.5.1 加工表面粗糙度影响因素及改进

1. 加工表面的表面粗糙度

切削加工表面的表面粗糙度主要取决于切削残留面积的高度,并与切削表面塑性变形及积屑瘤的产生有关。

(1) 切削残留面积

由于刀具切削刃的几何形状、几何参数、进给运动及切削刃本身的表面粗糙度等原因,未能将被加工表面上的材料层完全干净地去除掉,在已加工表面上遗留下残留面积,残留面积的高度便构成了表面粗糙度 Rz。

图 7-34 所示为车削加工残留面积的高度。图 7-34(a) 所示为使用直线刀刃切削的情况,其切削残留面积高度为:

$$R = \frac{f}{\cot\kappa_r + \cot\kappa'_r} \tag{7-8}$$

图 7-34(b) 所示为使用圆弧刀刃切削的情况,其切削残余面积的高度为:

$$R = \frac{f^2}{8r_\varepsilon} \tag{7-9}$$

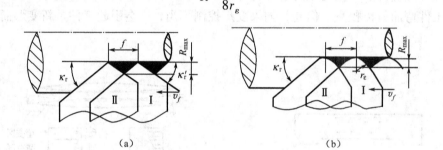

图 7-34 车削加工残留面积
(a) 直线刀刃; (b) 圆弧刀刃

从上述两式可知,影响切削残留面积高度的因素主要包括刀尖圆弧半径 r_ε、主偏角 κ_r、副偏角 κ'_r 及进给量 f 等。

实际上,加工表面的表面粗糙度总是大于按以上计算的残留面积的高度。只有当切削脆性材料或高速切削塑性材料时,实际加工表面的表面粗糙度才比较接近残留面积的高度,这说明影响表面粗糙度大小还有其他因素。

(2) 切削表面塑性变形和积屑瘤

图 7-35 所示为加工塑性材料时切削速度对表面粗糙度的影响。如图 7-35 所示,切削速度 v 处于 30~50m/min 时,表面粗糙度值最大,这是因为此时容易产生积屑瘤或鳞刺。鳞刺是指切削加工表面在切削速度方向产生的鱼鳞片状的毛刺。

积屑瘤和鳞刺均会使表面粗糙度值加大。当切削速度超过 100m/min 时,表面粗糙度值反而下降并趋于稳定。

结论:选择低速宽刀精切和高速精切,往往可以得到较小的表面粗糙度值。

一般来讲,材料韧性越大或塑性变形趋势越大,被加工表面的表面粗糙度就越大。切削

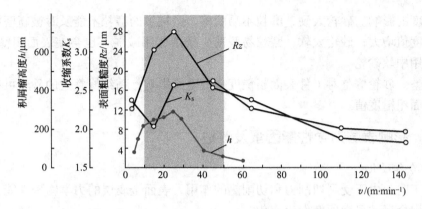

图 7-35　高粗糙度值的切削速度范围

脆性材料比切削塑性材料容易达到表面粗糙度的要求。对于同样的材料，金相组织越粗大，切削加工后的表面粗糙度值也越大。为减小切削加工后的表面粗糙度值，常在精加工前进行调质处理（淬火 + 高温回火），目的在于得到均匀细密的晶粒组织和较高的硬度。

此外，合理选择切削液、适当增大刀具法前角和提高刀具的刃磨质量等，均能有效地减小加工表面粗糙度值。

2. 磨削加工的表面粗糙度

（1）磨削用量对粗糙度的影响

磨削时，砂轮的速度越高，单位时间内通过被磨表面的磨粒数就越多，因而工件表面的表面粗糙度值就越小，如图 7-36（a）所示。

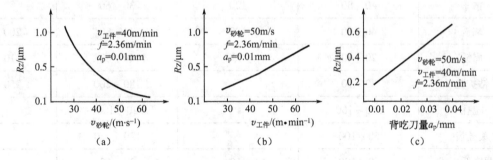

图 7-36　磨削用量与表面粗糙度关系

工件速度对表面粗糙度的影响刚好与砂轮速度的影响相反。增大工件速度时，单位时间内通过被磨表面的磨粒数减少，表面粗糙度值将增加，如图 7-36（b）所示。

磨削深度（背吃刀量）增大，表层塑性变形将随之增大，被磨表面粗糙度值也会增大，如图 7-36（c）所示。

另外，砂轮的纵向进给减小，工件表面的每个部位被砂轮重复磨削的次数增加，被磨表面的表面粗糙度值将减小。

（2）砂轮结构对表面粗糙度的影响

砂轮结构中，砂轮粒度越细，磨削的表面粗糙度值越小。但磨粒太细时，砂轮易被磨屑堵塞，若导热情况不好，反而会在加工表面产生烧伤等现象，使表面粗糙度值增大。因此，砂轮粒度常取为 46～60 号。

砂轮硬度的影响。砂轮太硬，磨粒不易脱落，磨钝了的磨粒不能及时被新磨粒替代，会使表面粗糙度值增大；砂轮太软，磨粒易脱落，磨削作用减弱，也会使表面粗糙度值增大。因此，常选用中软砂轮。

砂轮修整。砂轮修整对工件表面粗糙度也有重要影响。精细修整过的砂轮可有效减小被磨工件的表面粗糙度值。

7.5.2 影响表层力学性能因素及改进

1. 表面冷作硬化

工件加工时，由于受到切削力和切削热的作用，表面金属层的力学物理性能会产生很大变化，如表层金属的显微硬度发生变化。

评定硬化组织的指标有三项：表层金属的显微硬度 HV、硬化层深度 h 和硬化程度 N。

$$N = [(HV - HV_0)/HV_0] \times 100\%$$

式中，HV_0——工件表面硬化层内层金属的显微硬度。

各种加工方式对钢件表面的硬化程度与硬化深度的影响见表 7-3。

表 7-3 钢件表面的硬化程度 N 与硬化深度 Δh_d

加工方法	硬化程度 $N/\%$		硬化深度 $\Delta h_d/\mu m$	
	平均值	最大值	平均值	最大值
车削	20~50	100	30~50	100
精车	40~80	120	30~60	
端铣	40~60	100	40~80	200
周铣	20~40	80	40~80	110
钻扩孔	60~70		180~200	250
拉孔	150~100		20~100	
滚插齿	60~100		120~150	
外圆磨低碳钢	60~100	150	30~60	
磨、淬硬中碳钢	40~60	100	30~60	
平面磨	50		16~35	
研磨	12~17		3~7	

影响加工硬化的主要因素有切削用量、刀具几何参数及磨损和工件材料等。

（1）切削用量的影响

当加大进给量时，表层金属的显微硬度通常将随之增大。这是因为随着进给量的增大，切削力增大，表层金属的塑性变形加剧，冷硬程度也会相应增加，如图 7-37 所示。

背吃刀量对表层金属冷作硬化的影响不大，但对于磨床，磨削深度越深，对冷硬影响越大，如图 7-38 所示。

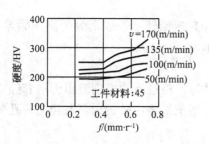
图7-37　f和v的影响

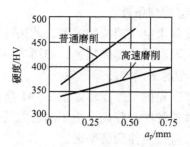
图7-38　磨削深度的影响

(2) 刀具的影响

刀具前角γ_o越大，切削变形越小，加工硬化程度和硬化层深度均相应减小。

如图7-39所示，刀具后刀面磨损宽度VB从0mm增大到0.3mm，显微硬度由330HV增大到340HV，这是由于磨损宽度加大后，刀具后刀面与被加工工件的摩擦加剧，塑性变形增大，导致表面冷硬增大。然而，当磨损宽度继续加大时，摩擦热急剧增大，弱化趋势凸显，表层金属的显微硬度反而逐渐下降，直至稳定在某一个水平。

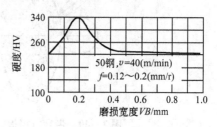
图7-39　刀具磨损宽度的影响

(3) 工件材料的影响

众所周知，工件材料硬度越低，塑性增加，加工硬化程度和硬化层深度越大。就汽车常用的低碳、中碳或合金结构钢而言，由于其塑性变形能力强，所以在机械加工中其表面硬化严重。

2. 材料的金相组织变化

(1) 磨削烧伤

磨削工件时，当其表面层温度达到或超过金属材料的相变温度时，表层金属材料的金相组织将发生部分相变，表层显微硬度也会相应变化，并伴随有残余应力产生，甚至出现微裂纹，还会出现彩色氧化膜，这种现象称为磨削烧伤。

(2) 磨削裂纹

一般情况下，磨削表面多呈残余拉应力。磨削淬火钢、渗碳钢及硬质合金工件时，常常沿垂直于磨削的方向产生微小龟裂，严重时发展成龟壳状微裂纹，且有的裂纹不在工件外表面而是在表面层下，用肉眼根本无法发现。裂纹常与磨削方向垂直或呈网状，并且与烧伤同时出现。其危害是降低零件的疲劳强度，甚至出现早期低应力断裂。

(3) 磨削烧伤改进措施

1) 正确选择砂轮

对于导热性差的材料如不锈钢，为避免产生烧伤，应选择较软的砂轮，并选择具有一定弹性的结合剂（如橡胶结合剂，树脂结合剂等）。这样有助于避免磨削烧伤现象的产生。

2) 合理选择磨削用量

从减轻烧伤而同时又尽可能地保持较高的生产率考虑，在选择磨削用量时，应选用较大的工件速度v_w和较小的磨削深度a_p。

3) 改善冷却条件

建议安装带空气挡板的喷嘴，此法可以减轻高速回转砂轮表面处的高压附着气流作用，使磨削液能顺利喷注到磨削区，如图 7-40 所示。

4) 可考虑采用内冷却砂轮

内冷却砂轮的工作原理如图 7-41 所示。经过严格过滤的磨削液由锥形套经空心主轴法兰套引入砂轮的中心腔内，由于离心力的作用，磨削液经由砂轮内部有径向小孔的薄壁套的孔隙甩出，直接浇注到磨削区。

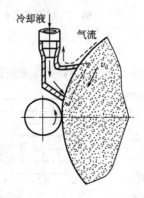

图 7-40　带空气挡板的喷嘴

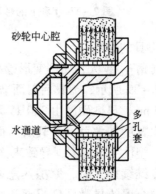

图 7-41　内冷却砂轮

3. 表面金属残余应力

（1）切削用量的影响

切削用量三要素中的切削速度和进给量对残余应力的影响较大。因为切削速度增加，切削温度升高，此时由切削温度引起的热应力逐渐起主导作用，故随着切削速度增加，残余应力将增大，但残余应力层深度减小；进给量增加，残余拉应力也会相应增大，但压应力将向里层移动；背吃刀量对残余应力的影响并不显著。

（2）刀具的影响

刀具几何参数中对残余应力影响最大的是刀具前角。当前角由正变为负时，表层残余拉应力逐渐减小。这是因为刀具对加工表面的挤压与摩擦作用加大，从而使残余拉应力减小。当刀具前角为较大负值且切削用量合适时，甚至可得到残余压应力。

刀具后刀面磨损值增大，使后刀面与加工表面摩擦加大，切削温度升高，由热应力引起的残余应力的影响增强，此时加工表面呈残余拉应力状态，使残余拉应力层深度加大。

（3）工件材料

工件材料塑性越大，切削加工后产生的残余拉应力越大，如奥氏体不锈钢等。切削灰铸铁等脆性材料时，加工表面易产生残余压应力，原因在于刀具的后刀面挤压与摩擦使得表面产生拉伸变形，待与刀具后刀面脱离接触后将通过里层的弹性恢复作用使得表层呈残余压应力状态。

【本章知识点】

1. 机械加工质量分析及控制的意义。

2. 工艺系统几何误差及其控制措施。
3. 工艺系统受力变形误差及其控制措施。
4. 工艺系统热变形误差与控制措施。
5. 影响表面质量的因素及其控制。
6. 影响表层力学性能因素及改进措施。

【思考与习题】

1. 说明机械加工质量分析及控制的意义。
2. 机械加工过程中,零件表面层材料会产生哪些物理、力学和化学性质的变化?对加工质量有何影响?
3. 何谓机械加工的工艺系统?工艺系统误差按影响因素可分为哪几类?
4. 何谓工艺系统几何误差?工艺系统几何误差来自哪几方面?
5. 就加工原理误差和调整误差说明工艺系统几何误差的形成机制与控制措施。
6. 何谓工艺系统受力变形误差?分析工艺系统刚度变化对工件加工精度的影响。
7. 可以从哪几方面采取措施来提高机械加工工艺系统的刚度?
8. 何谓工艺系统热变形引起的误差?机床热变形对加工精度会带来什么影响?
9. 控制工艺系统热变形的主要措施包括哪几方面?
10. 表面粗糙度值主要取决于哪些因素?如何合理保证磨削加工表面的表面粗糙度的要求?
11. 分析机械加工过程中工件表层力学性能的变化及其影响因素。应从哪些方面采取措施予以改进?

第 8 章

工件装夹与机床夹具

学习目标

本章主要介绍机械加工中的工件装夹与机床夹具设计。汽车制造中的形体主要依靠模具成形,如铸造、模锻、冲压、粉末冶金与塑料成形等,而各种零件或形面的机械加工却无不用到夹具,以使之在机床运动和机械加工过程中始终保持正确的位置与牢固地夹紧。因此,工件装夹与机床夹具设计是本课程中一个比较系统化的重要章节。学习中要求在了解工件装夹要求与夹具功能、夹具组成与分类之后,重点掌握工件定位与夹紧中的几个基本知识点,即基准问题、工件定位原理及其应用、工件定位方式及定位元件、工件在夹具上的夹紧及典型夹紧机构。最后本章就车、铣、钻、镗四类机床夹具分别做了重点介绍,要求通过本章学习掌握夹具设计的内容与方法。

8.1 工件装夹与机床夹具概述

实现汽车零件的机械加工,首先必须在机床上完成工件装夹,使得工件相对刀具保持精确定位和获得夹紧,以保证加工工序的完成和稳定的加工质量。

机床夹具是机床上完成工件装夹的重要工艺装置。如图 8-1 所示的钻孔夹具,工件在心轴、套筒端面上定位,拧紧心轴螺母,夹牢零件,然后钻头穿过钻套进行加工。

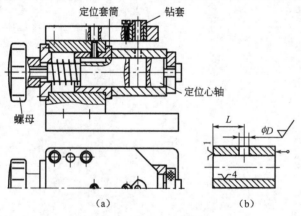

图 8-1 钻轴套孔夹具
(a) 夹具;(b) 轴套

8.1.1 工件装夹要求与夹具功能

1. 保证加工质量

工件装夹的首要任务是保证加工精度，保证被加工件的加工面与定位面之间以及被加工表面之间的位置精度。用夹具装夹工件进行加工时，工件相对于刀具及机床的位置精度由夹具保证，不受工人技术水平的影响，所以工件的加工精度基本一致。

2. 提高劳动生产率

使用夹具完成工件装夹，可以减少划线、找正、调整等辅助时间，且易于实现多件、多工位加工，并能提高工件刚性而允许使用较大切削用量。采用机动夹紧装置还可实现快速装夹，这对汽车零件的大批量生产至关重要。

3. 扩大机床使用范围

在机床上使用夹具可使复杂加工得以简化，以扩大机床的使用范围。如在车床上使用镗模完成镗孔工作；又如，可使用靠模夹具在车床或铣床上进行仿形加工。

4. 降低工人的劳动强度，保证安全

实施多件装夹可减少夹紧次数、增加上下料装置等，从而降低工人的劳动强度。同时还可以通过在夹具设计中采用可靠装夹和必要的防护装置来保证工人操作安全。

8.1.2 夹具的组成

在前面已经介绍，在机床上完成工件装夹主要依靠机床夹具，机床夹具的组成将围绕夹具功能的实现而设定（如图8-2所示），其主要组成如下：

1. 定位元件

用来确定工件在机床夹具中正确位置的元件称为定位元件。定位元件上必须有其相应的定位面直接与工件基准面发生接触。机床夹具的定位面是指定位元件上的一个平面、外圆柱面、圆孔或组合表面，而基准面则是指工件形体上的表面，绝不能把机床夹具的定位面与工件的基准面混为一谈。

夹具常见定位元件包括支承钉、支承板、V形块和圆柱销等，而支承钉表面和V形块表面均为定位面。夹具的定位元件应采用较好的材料制造，以保证其具有良好的耐磨性和使用寿命。

2. 夹紧装置

夹紧装置是将工件压紧夹牢，确保其在加工过程中不因受外力作用而破坏定位的装置。它由夹紧元件、夹紧机构和动力装置组成，如图8-2所示的手柄。

3. 对刀装置

对刀装置是确定或引导刀具与工件被加工面之间位置的元件，如图8-2所示的对刀块。

4. 连接元件

连接元件是能够确保夹具在机床上有正确位置的元件，如图8-2所示的定向键。

5. 夹具体

夹具体是将夹具所有零部件连接成为一个整体的基础构件，如图8-2所示的夹具体。

6. 其他装置

其他装置是指根据工件的某些特殊加工要求而设置的装置，如分度装置、靠模装置和上

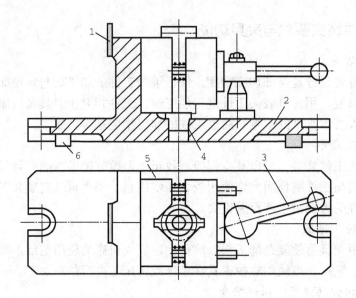

图 8-2 铣轴端槽夹具
1—对刀块；2—夹具体；3—手柄；4—支承套；5—V形块；6—定向键

下料装置等。

8.1.3 夹具的分类

机床夹具按使用范围分为通用夹具、专用夹具、成组夹具、组合夹具和随行夹具五种基本类型。

1. 通用夹具

车床上三爪卡盘、四爪单动卡盘，铣床上平口钳、分度头、回转台等均属于通用夹具。通用夹具一般已标准化，市场上可以买到。通用夹具特点是适应性强，但生产效率低，主要适用于单件小批量生产。

2. 专用夹具

专用夹具是针对某一零件某一道工序专门设计的。其特点是结构紧凑，操作迅速、方便、省力，可以保证较高的加工精度和生产效率。但其设计制造周期较长，制造费用较高，当产品变更时，夹具将无法再使用，其只适用于产品固定且批量较大的生产。针对汽车生产，本章将重点讨论专用夹具。

3. 成组夹具

成组夹具是用于相似零件成组加工的夹具。

4. 组合夹具

组合夹具是由一套完全标准化的元件根据零件的加工要求拼装而成的夹具。其特点是灵活多变，通用性强，制造周期短，元件可以重复使用，适合于新产品试制和单件小批量生产。

5. 随行夹具

随行夹具是指在加工自动线上所使用的夹具，它可载着工件移动到相关工位。

夹具按所使用的机床不同还可分为车床夹具、铣床夹具、钻床夹具、镗床夹具、磨床夹具和齿轮机床夹具等。根据夹紧动力源不同也可将其分为手动夹具、气动夹具、液压夹具、电动夹具和磁力夹具等。

8.2 基准问题

8.2.1 基准的概念

工件是由若干空间点、线、面所构成的几何实体，其形状、位置与尺寸决定于所有点、线、面间的相互位置关系，包括尺寸大小、平行度、同轴度等。这里必须提出一个几何性的基准问题。那什么叫基准呢？

基准是指用来确定工件几何要素间的几何关系所依据的那些点、线、面（参考系）。

8.2.2 基准的分类

根据基准作用的不同，其可分为设计基准和工艺基准两大类。

1. 设计基准

设计基准即设计图样上所选用的基准。如图 8-3（a）所示的球心 O 和图 8-3（b）所示的轴线、平面 A 和 C，它们都是设计基准，其中 A、C 互为设计基准。

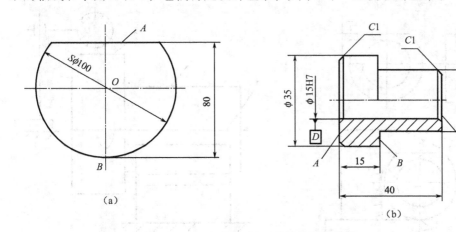

图 8-3 工件的设计基准

2. 工艺基准及其分类

工艺基准即机械加工工艺过程中所采用的基准。工艺基准按用途不同分为工序基准、定位基准、测量基准和装配基准四种。

（1）工序基准——加工工序图上的基准（见图 8-4）

工序基准用以确定本工序加工表面加工后必须保证的尺寸、形状与位置。

工序基准应尽可能与设计基准重合。为使定位或试切测量方便，工序基准可与定位基准或测量基准重合，这种原则称为基准重合原则。

（2）定位基准——加工时用作工件定位的基准

定位基准由实际存在的端面或内外圆柱面（体现假想的内、外圆柱轴线）作为定位基面。如图8-5所示的 C 面和 D 面。定位基准（基面）又有粗基准和精基准之分。

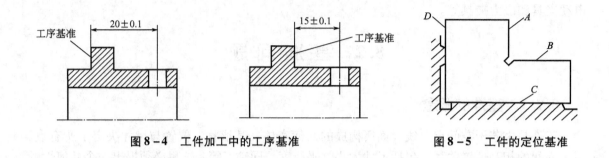

图8-4　工件加工中的工序基准　　　　　图8-5　工件的定位基准

在机械加工的第一道工序中，只能用毛坯上未经加工的表面作定位基准，这种定位基准称为粗基准。在随后的工序中，用加工过的表面作定位基准，则称为精基准。

对任意一个加工零件而言，粗基准一般只能应用一次。

（3）测量基准——用以测量被加工表面尺寸和位置的基准

图8-6（a）中以圆柱面素线作为测量基准。图8-6（b）所示为在V形铁上测量轴段2的径向跳动，轴颈1和轴颈2的共同轴线3是测量基准。

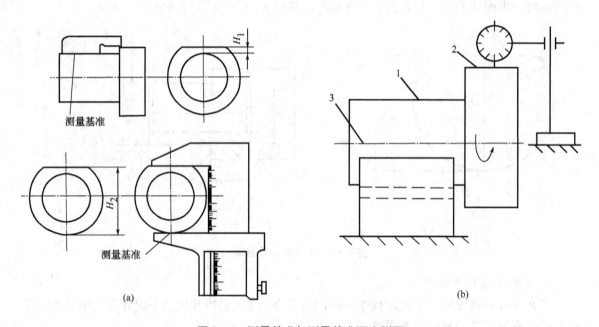

图8-6　测量基准与测量基准面实例图

（4）装配基准——装配时用以确定零件或部件在产品中的相对位置所采用的基准

图8-7（a）所示为以 A 端面和轴颈面为装配基准面；图8-7（b）所示的倒挡齿轮2则以壳体1右端内端面和内孔表面为装配基准面。

有关工艺基准的选择原则和实例，本书将在第9章中进行介绍。

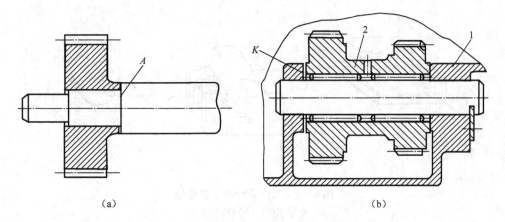

图 8-7 装配基准与装配基准面实例

8.3 工件定位原理及其应用

工件定位的目的在于加工产品更换后需要重新装夹，必须保证被加工工件在机床夹具中占有准确的位置。

8.3.1 工件的六点定位原理

1. 工件的自由度

任何工件（自由刚体）在空间直角坐标系中均有 6 个活动的可能性，即沿轴 x、y、z 方向的移动自由度（$\vec{x}$、$\vec{y}$、$\vec{z}$）；绕轴 x、y、z 的转动自由度（$\hat{x}$、$\hat{y}$、$\hat{z}$）。理论上统一将工件某个方向活动的可能性称为一个自由度，那么，工件在空间就可能具有 6 个自由度，即 $\vec{x}$、$\vec{y}$、$\vec{z}$ 和 $\hat{x}$、$\hat{y}$、$\hat{z}$，如图 8-8 所示。

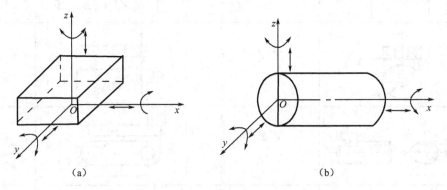

图 8-8 工件的六个自由度 $\vec{x}$、$\vec{y}$、$\vec{z}$ 和 $\hat{x}$、$\hat{y}$、$\hat{z}$
（a）矩形工件；（b）圆柱体工件

2. 六点定位原理（六点定位规则）

用合理分布的 6 个支承点限制工件的 6 个自由度，即给定相应的 6 个约束，就此确定其空间唯一确切位置，此称为六点定位原理或六点定位规则。如图 8-9 所示。

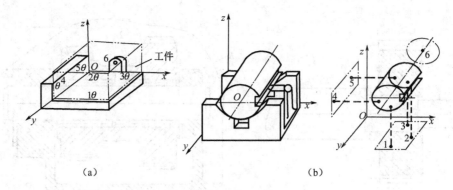

图 8-9 工件的六点定位分析
(a) 矩形工件；(b) 圆柱体工件

为保证加工精度要求，常见加工工件形式所应限制的自由度见表 8-1。

表 8-1 常见加工工件所应限制的自由度（共 12 种形式）

序号	加工形式	第一类自由度[①]	序号	加工形式	第一类自由度
1		$\vec{z}$	7		$\vec{x}\ \vec{z}$ $\hat{x}、\hat{y}、\hat{z}$
2		$\vec{z}$ $\hat{y}$	8		$\vec{x}\ \vec{y}\ \vec{z}$ $\hat{x}\ \hat{y}$
3		$\vec{z}\ \hat{x}\ \hat{y}$	9		$\vec{x}\ \vec{z}$ $\hat{x}\ \hat{y}\ \hat{z}$
4		$\vec{x}\ \vec{y}$ $\hat{x}\ \hat{y}$	10		$\vec{x}\ \vec{y}$ $\hat{x}\ \hat{y}$
5		$\vec{y}\ \vec{z}$ $\hat{x}\ \hat{z}$	11		$\vec{x}\ \vec{y}$ $\hat{x}\ \hat{y}\ \hat{z}$
6		$\vec{x}\ \vec{z}$ $\hat{x}\ \hat{z}$	12		$\vec{x}\ \vec{y}\ \vec{z}$ $\hat{x}\ \hat{y}\ \hat{z}$

[①] 为方便分析，本书中所建立的坐标系，若不特殊指明，均以左右方向为 x 轴方向；上下方向为 z 轴方向；进出纸面方向为 y 轴方向，并以主视图为准，即主视图为 xOz 平面。

3. 应用六点定位原理的注意事项

夹具中的实际定位支承并非几何学中的点、线、面，可用窄长平面（条形）替代直线（见图 8-10（b）Ⅰ、Ⅱ），用小平面替代点（见图 8-10（b）Ⅲ）。定位时，要求支承点与工件定位基准面始终保持接触，这样才能限制自由度，起到定位约束作用。一般来说，支承点的定位作用不受力的影响。外力作用将通过夹紧装置对工件实施夹紧。

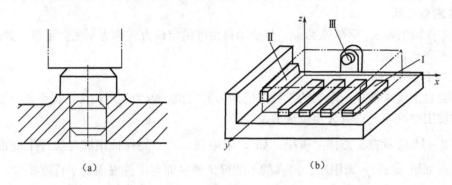

图 8-10 夹具中的实际定位支承
（a）用小平面替代点；（b）用窄长平面（条形）替代直线

8.3.2 工件正确定位应限制的自由度

工件在夹具中的定位，归属于工序定位，即要求将前后工件能够准确定置在一定工位上完成所有工序内容。工件定位只需限制对加工精度有影响的自由度，并非 6 个自由度必须全部被限制。因此，工件的自由度可以被分为第一类自由度和第二类自由度。第一类自由度为保证加工要求而必须限制的自由度；第二类自由度为与加工精度要求无关紧要的自由度。对第二类自由度是否实施限制，应根据工件承受切削力、夹紧力和刀具在工件加工表面运行工作行程范围来考虑。

如图 8-11 所示，要求在长方体（工件）上完成铣通槽这一道工序。槽宽 20mm ± 0.05mm，槽深及其双向位置精度要求都已在图 8-11 中标注清楚。槽的长度尺寸应该在原长方体加工中已经达到要求。可见，该长方体（工件）上铣通槽必须限制 5 个自由度，即第一类自由度有 5 个，包括 $\vec{x}$、$\vec{z}$ 和 $\hat{x}$、$\hat{y}$、$\hat{z}$；与加工要求无关紧要的自由第二类自由度只有 $\vec{y}$。

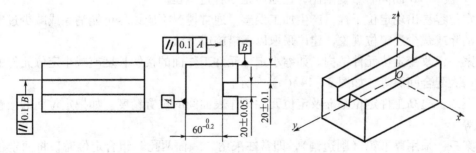

图 8-11 工件上铣通槽应限制的自由度

8.3.3 关于几种工件定位的定义

1. 完全定位

完全定位,即已不重复地限制了工件 6 个自由度的定位。当工件在 x、y、z 三个坐标方向均有尺寸要求或位置精度要求时,一般采用完全定位,如长方体上铣不通槽。

2. 不完全定位

根据工件加工要求,不需要限制工件全部自由度的定位方式称为不完全定位。如图 8-12 所示均为不完全定位。

3. 欠定位

第一类自由度未被完全限制的工件定位即为欠定位。因为欠定位无法保证加工要求,故零件机械加工中绝不允许有欠定位现象发生。

如图 8-11 所示在长方体上铣槽,如 $\vec{z}$ 未限制,就不能保证槽底与工件下底面的距离尺寸要求;如果 $\hat{x}$ 或 $\hat{y}$ 未限制,同样就不能保证槽底面与工件底面的平行度要求。

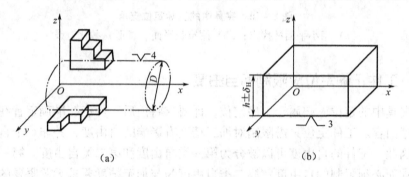

图 8-12 不完全定位实例
(a) 车床上加工通孔;(b) 磨削平板的上平面

4. 过定位

过定位也称重复定位或超定位,属于多个定位元件重复限制同一个自由度的定位现象。如图 8-13 所示,工件上平面对 A 面有垂直度公差要求,若用夹具两个大平面 A、B 定位,则 A 面限制了工件 $\vec{x}$、$\hat{y}$、$\vec{z}$ 三个自由度,B 面被限制了工件 $\hat{x}$、$\hat{y}$、$\vec{z}$ 三个自由度,其中自由度 $\hat{y}$ 被 A、B 面同时重复限制,这显然是一种过定位。

过定位容易出现定位干扰,产生加工误差。通常情况下应该尽可能消除或减少过定位现象。要消除或减少过定位现象,建议采取以下措施或方法:

方案一:改变定位元件结构。如缩小定位元件工作面的接触长度或减小定位元件的配合尺寸,增大配合间隙等,如图 8-14(a)所示。

方案二:提高工件定位基准及定位元件工作表面间的位置精度。如把定位面的接触改为线接触等。

方案三:采用菱形销(削边销),即常在采用"一面两孔"组合定位时,将两定位销中的一个改制成菱形销(削边销)。菱形销的长轴与两孔中心连线垂直,如图 8-14(b)所示。这样既可保证机床夹具定位的准确性,又不致使工件出现过定位现象。

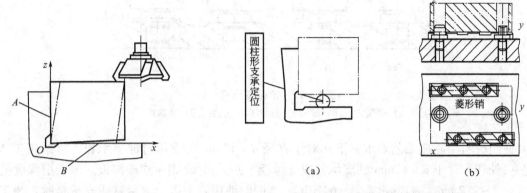

图 8-13 过定位实例　　　　图 8-14 消除或减少过定位的措施
(a) 改变定位元件结构；(b) 将圆销之一改制成菱形销（削边销）

过定位是否允许存在，要视具体情况而定。如果工件定位基准面经机械加工后，其形状、尺寸、位置精度较高，则可允许过定位存在且具有必要性。

8.4　工件定位方式及定位元件

机械夹具中常用的定位方式有平面、外圆、内孔和 V 形块等，而这些定位方式则由定位元件来实现。定位元件的结构不仅要保证工件定位要求，也要适应定位元件自身的制造和装配要求等。一般来说，对于夹具定位元件的设计，需要满足下列要求：

① 定位元件的精度要与工件加工精度相匹配。
② 要有足够的刚度。
③ 具有良好的耐磨性。

8.4.1　平面定位

平面定位是夹具中最常见的定位方式，它由支承钉和支承板实现，支承元件通常有固定式、可调式和浮动式三类。

1. 固定支承

固定支承一般用于已加工平面的定位。

支承钉有平头式、球头式、锯齿头式和套筒式四种形式，如图 8-15 所示。平头支承钉用于精基准，并要求在安装后磨削一次，其精度较高；球头支承钉用于粗基准；锯齿头支承钉由于易积存铁屑而影响定位，故通常用于侧面定位；套筒式便于支承钉磨损后更换，同时保护了底板零件不被磨损，多用于大量生产。支承钉与底板连接根部采用退刀槽结构是为了保证其自身定位牢靠。

支承板有无槽和有槽两种结构形式，如图 8-16 所示，拟用螺钉与下底板固定。无槽式支承板内埋头螺钉处容易积存铁屑，故常用于侧面定位或顶面定位。有槽式支承板结构主要用于避免积存铁屑，同时可以减小支承面积，且其定位表面的精度较高。

固定支承钉与夹具底座一般采用 H7/m6 配合。带套筒者与套筒采用 H7/js6 配合。

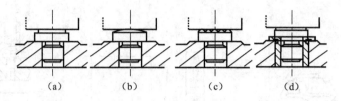

图 8-15 定位支承钉
(a) 平头式；(b) 球头式；(c) 锯齿头式；(d) 套筒式

其使用材料与制造工艺要求如下：对于直径 $d \leqslant 12\text{mm}$ 的支承钉或支承板，可采用 T7A 钢+淬火处理；对于 $d > 12\text{mm}$ 的支承钉或支承板，则采用 20 钢+渗碳淬火。渗碳层深度要求达到 $0.8 \sim 2.2\text{mm}$，表面硬度 $60 \sim 64\text{HRC}$。当同时使用两个以上支承钉或支承板时，为了保证其工作面保持在同一个平面上，装配后应将其顶面增加一次终磨。

支承钉与支承板的结构、尺寸均已标准化，设计时可查阅有关国家标准手册。

2. 可调支承

可调支承多用于未加工平面的定位，以调节和补偿毛坯尺寸误差。一般要求每加工一批毛坯需要调整一次。图 8-17 所示为 4 种可调支承的基本形式，均由螺钉及螺母组成，其支承高度调整后，用螺母锁紧。平头式支承适用于表面质量较好的毛坯；球头、可调球头式支承能自动适应工件定位基准面位置变化，但结构复杂；水平式支承适用于侧面支承。

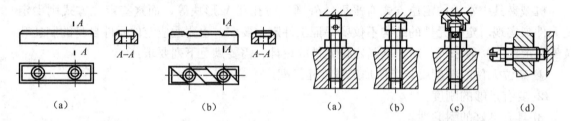

图 8-16 定位支承板
(a) 无槽式；(b) 有槽式

图 8-17 可调定位支承
(a) 平头式；(b) 球头式；(c) 可调球头式；(d) 水平式

3. 浮动支承

在定位过程中，浮动支承能自动适应工件定位基准面位置的变化。浮动支承能增加与工件定位面的接触点数目，使接触应力减少。多点支承只限制一个自由度，多用于刚性不足与毛坯表面、断续平面、阶梯表面、带有角度误差平面的定位。如图 8-18 所示。

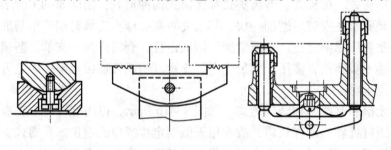

图 8-18 浮动式定位支承

4. 辅助支承

辅助支承是在工件定位后参与支承的元件，它不起定位作用。切削过程中，有时为了提高工件的刚度和定位稳定性，常采用辅助支承。如图 8-19 所示零件，被加工面距定位基准和夹紧点比较远，且加工部位处于悬臂状态，刚性差，加工时易出现变形和振动，因此必须在加工面附近设置辅助支承。

如图 8-20 所示，有三种辅助支承。图 8-20（a）所示支承形式的结构最简单，其依靠旋转支承的摩擦力而带动工件。图 8-20（b）所示支承形式避免了上述不足，获得了支承稳固的良好效果。图 8-20（a）和图 8-20（b）两类辅助支承均用于小批量生产。图 8-20（c）所示支承为推力式辅助支承，用于大批量生产。

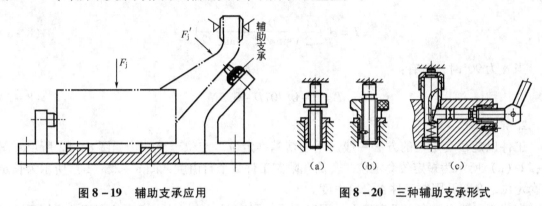

图 8-19 辅助支承应用　　　图 8-20 三种辅助支承形式

需要指出的是辅助支承不能起定位作用，只能用于增加工件的刚性。辅助支承受力较小，要求方便、快捷或手动调节；其使用频繁，易磨损；螺母宜采用套筒式结构。

8.4.2 外圆定位

工件以外圆柱面作定位基准时，根据其外圆柱面的完整程度、加工要求和安装方式，可以采用诸如 V 形块、定位套、半圆套及圆锥套的定位方式。其中以 V 形块最为常见。

1. V 形块

V 形块定位具有下列特点。首先是定位时的对中性好，可用于非完整外圆表面定位，应用范围较广。其次是不论定位基准是否经过加工，不论是完整的圆柱面还是局部圆弧面，均可采用 V 形块定位。

V 形块有长短之分，长 V 形块限制 4 个自由度，而短 V 形块限制 2 个自由度。

V 形块是常用的外圆定位元件。V 形块两斜面的夹角 α 一般取 60°、90° 或 120°，其中 90° 应用用最多。90° V 形块结构已标准化，如图 8-21 所示。

V 形块的材料一般用 20 钢，需要渗碳深度达 0.8~1.2mm，淬火硬度为 60~64HBC。

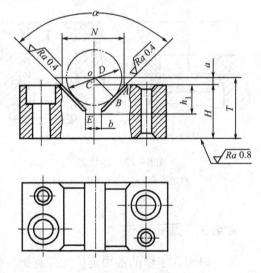

图 8-21 V 形块结构

设计非标准V形块时,可按图8-21进行有关尺寸计算。V形块的基本尺寸为:

D——标准心轴直径,即工件定位用外圆直径(mm);

H——V形块高度(mm);

N——V形块开口尺寸(mm);

T——V形块在夹具上的安装尺寸,是其主要设计参数,该尺寸将作为V形块检验和调整的依据;

α——V形块两斜面的夹角。

设计V形块应根据所需定位的外圆直径尺寸D计算,可以先设定α、N和H值再求T值。

$$T = H + \frac{1}{2}\left(\frac{D}{\sin\alpha/2} - \frac{N}{\tan\alpha/2}\right) \tag{8-1}$$

当α为90°时,可有:

$$T = H + 0.707D - 0.5N \tag{8-2}$$

2. 定位套

工件以定位套定位的方法一般适用于精基准定位。定位套筒结构如图8-22所示。图8-22(a)所示为短定位套定位,套筒孔限制工件2个自由度,图8-22(b)所示为长定位套定位,套筒孔限制工件4个自由度。

定位套一般安装在夹具底板上,用以支承外圆表面。其好处在于定位套筒被磨损后可以进行更换。如果直接在底板上打孔定位,则将造成定位孔被磨损后必须更换底板,致使成本明显增加。

3. 外圆定心夹紧机构

外圆定心夹紧机构既能定心又能夹紧。图8-23所示为拉式锥面刀柄定心夹紧结构,锥孔限定5个自由度。

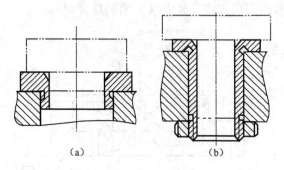

图8-22 定位套
(a)短定位套定位;(b)长定位套定位

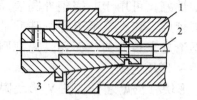

图8-23 拉式锥面刀柄定心夹紧结构
1—主轴;2—拉杆;3—刀柄

8.4.3 圆孔定位

工件以圆孔定位的常用定位元件有圆柱销、圆锥销和定位心轴等。圆孔定位还经常与平面定位联合使用。

1. 圆柱销

几种常用的圆柱销定如图 8-24 所示。

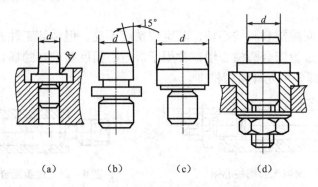

图 8-24 常用的圆柱销定位

(a) $d<10$；(b) $d=10\sim18$；(c) $d>18$；(d) $d>10$

圆柱销工作部分直径 d 按 g5、g6、f6 或 f7 的精度等级制造。图 8-24（a）~图 8-24（c）所示圆柱销与夹具体的连接将采用过盈配合。图 8-24（d）所示为带衬套的可换式圆柱销结构，圆柱销与衬套的配合则采用间隙配合，位置精度较固定式定位销低，一般用于大批量生产。

为便于工件顺利装入，圆柱销的头部设置有 15°倒角。

短圆柱销只限制工件的 2 个自由度，长圆柱销限制工件 4 个自由度。

2. 圆锥销

在加工套筒、空心轴等工件时，也经常用到圆锥销，如图 8-25 所示。图 8-25（a）所示圆锥销定位形式用于粗基准，图 8-25（b）所示圆锥销定位形式用于精基准。圆锥销限制了工件 3 个自由度。工件在单个圆锥销上定位容易倾斜，所以圆锥销一般与其他定位元件组合定位。如图 8-26 所示，工件以底面作为主要定位基面，采用活动圆锥销，只限制 $\widehat{x}$ 和 $\widehat{y}$ 两个转动自由度，即使工件的孔径变化较大，也能保证准确定位。

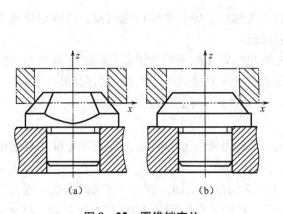

图 8-25 圆锥销定位

(a) 粗基准；(b) 精基准

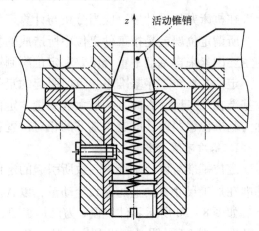

图 8-26 圆锥销组合定位

3. 定位心轴

定位心轴主要用于套筒类和空心盘类工件的车、铣、磨及齿轮加工,常见有圆柱心轴和圆锥心轴等结构形式。

图 8-27 所示为间隙配合圆柱心轴,其定位精度不高,但装卸工件方便。

图 8-28 所示为过盈配合圆柱心轴,常用于对定心精度要求高的场合。当工件孔的长径比 $L/D > 1$ 时,工作部分可允许略带锥度。

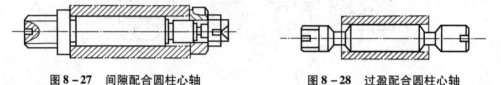

图 8-27　间隙配合圆柱心轴　　　　图 8-28　过盈配合圆柱心轴

如上所述,短圆柱心轴只限制工件 2 个自由度,长圆柱心轴限制工件 4 个自由度。

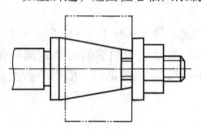

如图 8-29 所示为某工件在圆锥心轴上定位的情形。定位时,圆锥孔和圆锥心轴的锥度相同,因此定心精度与角向定位精度均较高,而轴向定位精度取决于工件孔和心轴的尺寸精度。圆锥心轴可单独限制除绕其 x 轴线转动的自由度 $\hat{x}$ 之外的其他 5 个自由度。

图 8-29　圆锥心轴上定位

8.4.4　组合表面定位

在实际加工过程中,工件往往不是采用单一表面的定位,而是采取组合表面定位的形式,常见有平面与平面组合、平面与孔组合、平面与外圆柱面组合、平面与其他表面组合和锥面与锥面组合等多种形式。最典型的组合表面定位是一面两销,如汽车连杆端面拉削等。

8.4.5　定位误差分析

在机床夹具设计中,应当分析与计算定位误差。

所谓定位误差是指工件定位中所造成的加工面相对工序基准的位置误差。造成定位误差的主要因素来自基准不重合误差和定位副制造误差。

定位基准与工序基准不一致所引起的定位误差称为基准不重合误差,即工序基准相对定位基准在加工尺寸方向上的最大变动量。定位副制造误差及其配合间隙所引起的定位误差又称为基准位移误差,即定位基准的相对位置在加工尺寸方向上的最大变动量。

1. 基准不重合误差

定位基准与设计基准不一致所引起的定位误差称基准不重合误差,即工序基准相对定位基准在加工尺寸方向上的最大变动量,以 $\Delta_{\text{不}}$ 表示。

如图 8-30 所示零件,设 e 为已加工面,f 和 g 为待加工面。在加工 f 面时若选 e 面为定位基准,则 f 面的设计基准和定位基准都是 e 面,基准重合,没有基准不重合误差,尺寸 A 的制造公差为 T_A。

为获得尺寸 B,在加工 g 面时可有两种方案:

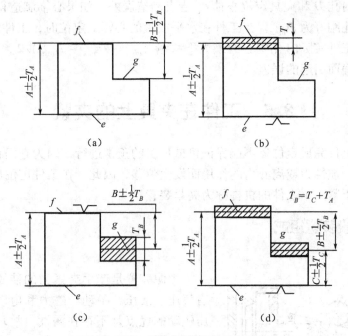

图 8-30 基准不重合误差分析

① 加工时选用 f 面作为定位基准，定位基准与设计基准重合，没有基准不重合误差，尺寸 B 的制造公差为 T_B。

② 选用 e 面作为定位基准来加工 g 面，将带来基准不重合误差。也就是说，工序尺寸 C 是直接得到的，尺寸 B 是间接得到的。由于定位基准 e 与设计基准 f 不重合，尺寸 B 的两个基准均存在加工误差，其值为 T_A。由此出现基准不重合误差：

$$T_B = T_C + T_A$$

显然，T_B 相对 T_C 和 T_A 而言是一个增量，这充分说明基准不重合将增加定位误差。

需要指出，如果零件中某一个尺寸有两个设计基准，并按两个设计基准分别加工，那么，该尺寸必然存在有两个误差。若以其中一个基准作为定位基准来加工另一个基准，则该尺寸只有一个误差。因此，应尽量采用基准重合原则进行定位。

2. 基准位置误差

定位基准面和定位元件本身的制造误差所引起的定位误差，称基准位置误差，即定位基准的相对位置在加工尺寸方向上的最大变动量。

如图 8-31 所示工件的孔被装夹在水平放置的心轴上铣削平面，要求保证尺寸 h。由于

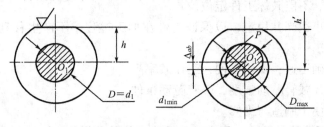

图 8-31 基准位置误差

工件的定位基面内孔 D 和夹具定位心轴 d_1 皆有制造误差，如果心轴制造得刚好为 $d_{1\min}$，则工件所得到的内孔刚好为 $D_{\max}$。当工件在水平放置的心轴上定位时，工件内孔与心轴将在 P 点相接触，此时工件实际内孔中心的最大下移量 $\Delta_{ab} = (D_{\max} - d_{1\min})/2$。显然，该 Δ_{ab} 就是定位副制造不准确而引起的误差。

8.5 工件在夹具上的夹紧

工件在夹具上仅完成定位还不能保证机械加工的正常进行，因为它们在加工过程中会受到切削力、重力、惯性力或离心力的作用而发生位移，因此，在工件定位后必须对其夹紧并要求牢靠。这种压紧夹牢工件的机构称为夹紧装置。

8.5.1 夹紧装置组成

1. 力源装置

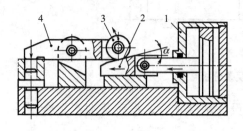

图 8-32 气动夹具
1—气缸；2—楔块；3—滚轮；4—杠杆

力源装置是产生夹紧力的装置。常用力源装置有气压、液压、手动、磁力和电动等驱动方式。气压驱动的优点是不存在漏油，故环境清洁、机构简单、应用较广泛，但其夹紧力较小。液压驱动装置由于漏油、装置庞大等原因一般不宜采用。手动夹紧用于简单场合。图 8-32 所示为一副典型的气动夹具，其力源装置是气缸 1。

2. 传力机构

传力机构位于力源和夹紧元件之间，是将原动力以一定的大小和方向传递给夹紧元件的机构。如图 8-32 所示的杠杆 4 和楔块 2，它们可以改变力的方向和力的大小，并具有自锁性能。

3. 夹紧元件

夹紧元件与工件直接接触而完成夹紧工作，如图 8-32 所示杠杆 4 对夹紧元件的要求是对工件实施夹紧时不能破坏工件的正确位置；夹紧力大小要合适，必须防止因夹紧力过大而损伤工件表面或使工件产生过大的夹紧变形；结构应简单，便于制造与维修。

8.5.2 夹紧装置的设计要求

夹紧装置是夹具的重要组成部分。合理设计夹紧装置有利于保证工件的加工质量、提高生产率和减轻工人的劳动强度。因此，对夹紧装置应该提出以下基本要求：

① 夹紧过程中，不能破坏工件定位位置。
② 夹紧力的大小适当并稳定，以保证工件在加工过程中不产生移动或震动，且不产生过大变形和表面损伤。
③ 夹紧动作准确迅速，操作方便，工作效率高。
④ 省力、安全，减轻劳动强度，改善劳动条件。
⑤ 结构简单，便于制造与维修。

夹紧装置的合理性是在保障、稳定工件准确定位的前提下而取决于夹紧力的方向、作用点和大小三个要素的科学合理。

1. 夹紧力的大小

实践证明，夹紧力大小应当适当。因为夹紧力过大不仅会增大工件的夹紧变形，还会加大夹紧装置尺寸，造成浪费；夹紧力过小会使得工件夹不紧，加工中工件的定位位置将被破坏，甚至可能引发安全事故。

确定夹紧力大小的方法有两种：分析计算法和经验类比法。

分析计算法是根据静力平衡原理列出静力平衡方程式求得夹紧力。确定夹紧力时，可将夹具和工件看成一个整体，将作用在工件上的切削力、重力和惯性力等视为外力。在考虑夹紧力时，为使夹紧可靠，需要乘一个安全系数 k。粗加工时可取 $k = 2.5 \sim 3$，精加工时取 $k = 2.5 \sim 2$。由于加工过程中切削力、惯性力的作用点、方向和大小都有可能随时改变，故在计算夹紧力大小时应该充分考虑一些最不利的情况。

实际生产中一般很少通过计算法求得夹紧力，而是采用类比的方法估算夹紧力的大小。加工中由于刀具的磨钝，工件材料性质和加工余量的不均匀等因素的影响和变化，导致切削力很难精确计算，通常只是提供一个参考。因此，生产中常常采用类比的方法来估算夹紧力的大小。夹紧装置被正式使用时，可以通过应用试验并根据实际加工情况给予修正和调整。

2. 夹紧力的方向

夹紧力方向应使所需夹紧力尽可能小并保证夹紧可靠。

图 8 - 33 所示为夹紧装置中夹紧力 Q、切削力 F 和重力 G 三者作用方向的分布及效果。如图 8 - 33 (a) 所示，三力方向重合，能充分利用切削力 F 和重力 G 合成而起到夹紧作用，所需夹紧力最小，同时夹紧力的方向垂直于工件的主要定位基面，与工件刚度最大方向一致，工件夹紧变形小，故最为合理。相反，图 8 - 33 (f) 所示恰恰是切削力 F 和重力 G 与夹紧力反向，需要在平衡切削力 F 和重力 G 后才能起到夹紧作用，显然，夹紧力将会很大且不安全，最不合理。

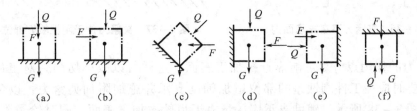

图 8 - 33　夹紧力、切削力和重力作用方向的分布及效果
(a) 最合理；(b) 较合理；(c) 可行；(d) 不合理；(e) 不合理；(f) 最不合理

由图 8 - 33 看出，支承面在底部并处水平位置最好，支承面不宜倾斜或位于侧面、顶部。

图 8 - 34 所示直角支座以 A、B 面定位镗孔，要求保证孔中心线垂直于 A 面。为此，应选择设计基准 A 面为主要定位基准，要求夹紧力 F_{j1} 的方向垂直于 A 面。这样，无论 A 面与 B 面有多大的垂直度误差，都能保证孔中心线与 A 面垂直。相反，如果夹紧力 F_{j2} 方向垂直于 B 面，则因 A、B 面间有垂直度误差（$\alpha > 90°$ 或 $\alpha < 90°$），使得镗出的孔不垂直于 A 面而可能超差。

在选择夹紧力作用方向时，一个主要目标是使工件变形尽可能小。特别是对于薄壁零件加工,一般应该考虑设计专用夹具来改变夹紧力的作用方向而用以减小夹紧变形,如图 8-35 所示。

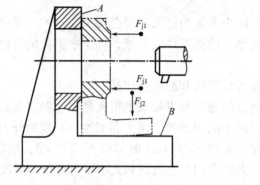

图 8-34 夹紧力垂直工件主要定位面

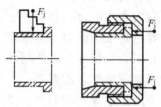

图 8-35 改变夹紧力方向

3. 夹紧力的作用点

在夹具设计中,夹紧力作用点的合理选择应该遵循下列原则:

① 夹紧力的作用点应对正定位元件或位于定位元件所形成的支承面内而保证定位。如图 8-36 所示,因作用点位于支承面范围之外,故造成工件倾斜或移动而破坏了定位。

② 夹紧力的作用点应选择位于工件刚性较好的部位,使得夹紧稳固可靠。如图 8-37 所示,将作用点由中间的单点改成两旁的两点施夹,其变形大为改善,且夹紧也较可靠。

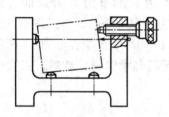

图 8-36 夹紧力不在支承面内

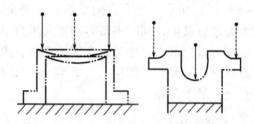

图 8-37 夹紧力位于刚性较好部位

③ 夹紧力的作用点应尽可能靠近被加工表面,这样可以减小切削力对工件形成的翻转力矩。必要时应在工件刚性差的部位增加辅助支承并施加附加夹紧力,以免产生震动和变形。如图 8-38 所示,辅助支承应尽量靠近齿轮被加工表面,同时给予附加夹紧力。这样翻转力矩小,又同时增大了工件的刚性,既保证了定位夹紧的可靠性,又减小了震动变形。

夹紧力三要素的确定是一个综合技术性问题,需要全面考虑工件的结构特点、工艺方法、定位元件的结构和布置等多种因素。

8.5.3 典型夹紧机构

常用的基本夹紧机构有斜楔、螺旋和偏心夹紧机构等形式,它们都是根据斜面夹紧原理来夹紧工件的。

1. 斜楔夹紧机构

斜楔是夹紧机构中最为基本的一种形式,如图 8-39 所示。其特点是具有增力作用,可改变夹紧力方向和获取小的夹紧行程;斜楔是利用斜面移动所产生的分力来夹紧工件;斜楔常用于气动和手动夹具中。但为了保证斜楔工作时的可靠性,斜楔结构中要求在夹紧后能够自锁。

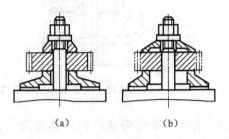

图8-38 夹紧点靠近加工表面
(a) 改前;(b) 改后

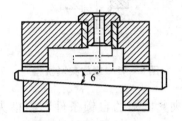

图8-39 斜楔夹紧机构

下面以斜楔为研究对象而进行受力分析。如图8-40所示,斜楔受到三个力的作用,即工件反力 R_1、夹具体反力 R_2 和斜楔驱动力 Q。工件反力 R_1 和夹具体反力 R_2 均由正压力和摩擦力合成,它们的垂直分量均相等为 W。

夹紧时,斜楔受力平衡,可得:

$$W = \frac{Q}{\tan(\alpha + \varphi_2) + \tan\varphi_1} \quad (8-3)$$

式中,W——夹紧力。

夹紧后斜楔驱动力 Q 消失,当满足:

$$W\tan\varphi_1 \geq W\tan(\alpha - \varphi_2) \quad (8-4)$$

斜楔才能自锁。

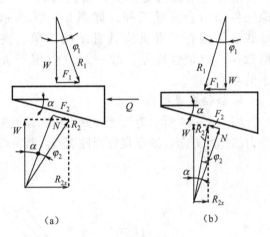

图8-40 斜楔受力分析

由式(8-4)可得自锁条件:

$$\alpha \leq (\varphi_1 + \varphi_2) \quad (8-5)$$

钢铁表面间的摩擦系数一般为 $f = 0.1 \sim 0.15$,可知摩擦角 φ_1 和 φ_2 值为 $5.75° \sim 8.5°$。因此,斜楔夹紧机构满足自锁的条件是:$\alpha \leq 11.5° \sim 17°$。但为了保证自锁可靠,一般取 α 为 $10° \sim 15°$或更小些。

斜楔夹紧机构结构简单,工作可靠,但由于其机械效率较低,夹紧行程小且操作不方便,因而很少直接应用于手动夹紧,一般多用于机动夹紧和工件质量较高的场合。

2. 螺旋夹紧机构

螺旋夹紧机构可以看作是绕在圆柱表面上的斜面,将它展开就相当于一个斜楔。如图8-41所示为最简单的螺旋夹紧机构,图8-42所示为螺旋—压板组合夹紧机构。

螺旋夹紧机构结构简单,易于制造,夹紧行程大,扩力比宽,自锁性能好。由于螺旋升角小,螺旋夹紧机构的自锁性能好,夹紧力和夹紧行程都较大,在手动夹具上应用较多。但其夹紧动作缓慢,效率低,不宜用于自动化夹紧装置上。

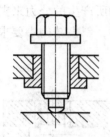
图8-41 螺旋夹紧机构

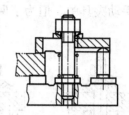
图8-42 螺旋—压板组合夹紧机构

螺旋夹紧机构的自锁条件和斜楔夹紧机构相同。螺旋夹紧机构因其螺旋升角 α 很小（一般为 $2°\sim4°$），故自锁性能好。

3. 偏心夹紧机构

偏心夹紧机构是斜楔夹紧机构的一种变形，它是通过偏心轮直接夹紧工件或与其他元件来组合夹紧工件，如图8-43所示。常用的偏心件有圆偏心和曲线偏心两种形式。圆偏心夹紧机构具有结构简单、夹紧迅速等优点，但它的夹紧行程小，增力倍数小，自锁性能差，故一般只应用于被夹紧表面尺寸变动不大和切削过程震动较小的场合。

4. 铰链夹紧机构

如图8-44所示为铰链夹紧机构。铰链夹紧机构的优点是动作迅速，增力比大，易于改变力的作用方向；缺点是自锁性能差。其一般常用于气动与液动夹紧中。

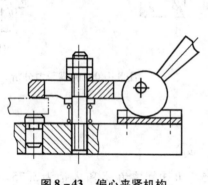
图8-43 偏心夹紧机构

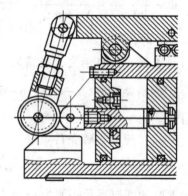
图8-44 铰链夹紧机构

5. 定心夹紧机构

定心夹紧机构能够在实现定心作用的同时，起到夹紧工件的作用。定心夹紧机构中与工件定位基面相接触的元件既是定位元件，又是夹紧元件。

定心夹紧机构是一种同时实现对工件定心定位和夹紧的机构。工件在夹紧过程中，利用定位夹紧元件的等速移动或均匀弹性变形来消除定位副制造不准确或定位尺寸偏差对定心或对中的影响，使得这些误差或偏差能够均匀而对称地分配在工件的定位基准面上。

定心夹紧机构按工作原理可分为两大类：

① 按等速移动原理工作的定心夹紧机构。图8-45所示为一种螺旋定心夹紧机构。

螺杆两端的螺纹旋向相反，螺距相同。当其旋转时，通过左右螺旋带动两V形左右钳口移向中心，从而对工件同时起着定位和夹紧作用。这类定心夹紧机构的特点是制造方便，夹紧力和夹紧行程较大，但由于制造误差和组成元件间的间隙较大，故定心精度不高，常用于粗加工和半精加工中。

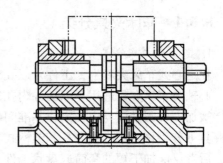

图8-45 定心夹紧机构

图8-46所示为一种定心式车床夹具，它以均匀弹性变形原理进行工作。当定心精度要求较高时，一般都利用这类定心夹紧机构，其结构主要包括弹簧夹头、弹性薄膜卡盘、液塑定心夹紧机构和蝶形弹簧定心夹紧机构等。

② 图8-47所示为液性塑料定心夹紧机构。工件以内孔作为定位基面，装在薄壁套筒上，而起直接夹紧作用的薄壁套筒则压配在夹具体上，并在所构成的环槽中注满液性塑料。当旋转螺钉通过柱塞向腔内加压时，液性塑料便向各个方向传递压力，在压力作用下薄壁套筒产生径向均匀的弹性变形，从而将工件定心夹紧。

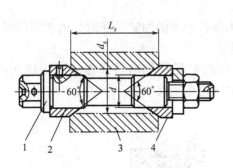

图8-46 定心式车床夹具

1—心轴；2—顶尖套；3—工件；4—活顶尖套

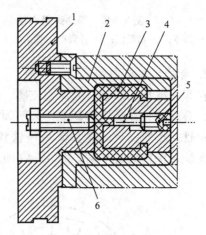

图8-47 液性塑料定心夹紧机构

1—夹具体；2—薄壁套筒；3—液性塑料；4—柱塞；5—螺钉；6—限位螺钉

8.6 车床夹具

车床夹具主要用来加工工件内、外回转表面及端面，其多数安装在主轴上，少数安装在床鞍或床身上。本节主要介绍前一类车床夹具。

安装在车床主轴上的通用夹具有三爪自定心卡盘、四爪单动卡盘、花盘、前后顶尖以及拨盘与鸡心夹头的组合车床夹具。这些夹具已经标准化，并可作为机床附件独立配置。

专用车床夹具按工件定位方式不同分为定心式、角铁式和花盘式等。

8.6.1 车床夹具分类

1. 定心式车床夹具

在定心式车床夹具上，工件常以孔或外圆定位，夹具则采用定心夹紧机构。

心轴类车床夹具适用于以工件内孔定位，用以加工套类、盘类等回转体零件，可以保证工件被加工外圆表面与内孔定位基准间的同轴度。按与机床主轴连接方式的不同，心轴类车床夹具可分为顶尖式心轴夹具和锥柄式心轴夹具两种，且应用较广。前者用于加工长筒形工件，后者仅能加工短的套筒或盘状工件。心轴的定位表面根据工件定位基准的精度和工序加工要求，可以设计成圆柱面、圆锥面、可胀圆柱面以及花键等特形面。其中较为常用的类型有圆柱心轴和弹性心轴等。弹性心轴又可分为波纹套弹性心轴、蝶形弹簧片心轴、液性介质弹性心轴和弹簧心轴等。

图 8-48 所示为手动弹簧心轴，工件以精加工过的内孔在弹性套筒 5 和心轴端面上定位。旋紧螺母 4，通过锥体 1 和锥套 3 使弹性套筒 5 产生向外的均匀弹性变形，将工件胀紧，以实现对工件的定心夹紧。手动弹簧心轴的弹性变形量较小，要求工件定位孔的精度高于 IT8，定心精度一般可达 0.02 ~ 0.05mm。

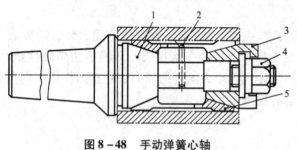

图 8-48 手动弹簧心轴
1—锥体；2—防转销；3—锥套；4—螺母；5—弹性套筒

2. 角铁式车床夹具

在车床上加工曲轴、壳体、支座、杠杆和接头等在零件的回转端面时，由于零件形状较复杂，难以装夹在通用卡盘上，因而须设计专用夹具。

角铁式车床夹具的夹具体呈角铁状，采用带摆动 V 形块的回转式螺旋压板机构夹紧，用平衡块来保持夹具平衡。图 8-49 所示为曲轴角铁式车床夹具。

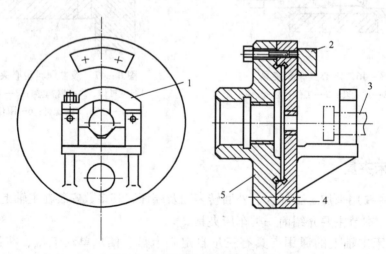

图 8-49 曲轴角铁式车床夹具
1—压板；2—平衡块；3—曲轴；4—夹具体；5—过渡盘

3. 花盘式车床夹具

花盘式车床夹具的夹具体称花盘，上面开有若干个T形槽，以安装定位元件、夹紧元件和分度元件等辅助元件，如图8-50所示。用花盘可加工形状复杂工件的外圆和内孔。

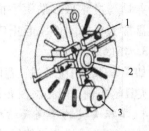

图8-50 花盘式车床夹具
1—压板；2—工件；3—平衡块

8.6.2 车床夹具设计要点

车床夹具与主轴的连接方式。由于加工中车床夹具随车床主轴一起回转，要求车床夹具与主轴二者轴线有较高的同轴度。通常连接方式有以下几种：夹具通过主轴锥孔与主轴连接，夹具通过过渡盘与车床主轴连接，如图8-51所示。

1. 夹具安装在车床主轴锥孔中

如图8-51（a）所示，夹具安装在车床主轴锥孔中。这种连接方式的定心精度较高，适用于径向尺寸D小于140mm或$D \leqslant (2 \sim 3)d$的小型夹具。

2. 夹具与车床主轴外圆连接

图8-51（b）和图8-51（c）所示为夹具与车床主轴外圆的连接方式，其特点是通过使用过渡盘来实施夹具与车床主轴外圆的连接。这种连接方式适用于径向尺寸较大的夹具。过渡盘的使用，使同一夹具可以用于不同型号和规格的车床上，增加了夹具的通用性。过渡盘与机床主轴配合处的形状结构设计取决于车床主轴的前端结构。

如图8-51（b）所示为CA6140车床主轴与过渡盘的连接结构。过渡盘2以内孔与主轴1前端的轴径按H7/h6或H7/js6配合定心，用螺纹紧固，使过渡盘端面与主轴前端的台阶面接触。为防止停车和倒车时过渡盘与主轴因惯性作用而松脱，常用两块压块4将过渡盘压在主轴凸缘端面上。这种安装方式的安装精度将受到其相互配合精度的影响。

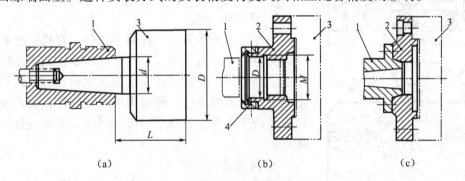

图8-51 车床夹具与车床主轴的连接
1—车床主轴；2—过渡盘；3—专用夹具；4—压块

图8-51（c）所示为CA6140车床主轴与过渡盘的连接结构。过渡盘2以锥孔和端面在车床主轴1前端的短圆锥面和端面上定位。安装时，先将过渡盘推入主轴，使其端面与主轴端面之间有0.05~0.1mm的间隙，用螺钉均匀拧紧后，会产生一定的弹性变形，使端面与锥面全部接触。这种安装方式定心准确，刚性好，但加工精度要求高。

常用车床主轴前端夹具的结构尺寸，可参阅夹具手册。

夹具与过渡盘多采用平面及定位止口定位，按 H7/h6 或 H7/js6 配合，并用螺钉锁紧。过渡盘常为车床配件，但止口的凸缘与大端面将由用户按需自行加工。

3. 其他连接方式

如果车床没有配备过渡盘时，可将过渡盘与夹具体合成一个零件设计，也可采用通用花盘来连接夹具与主轴，但必须在夹具外圆上加工一段找正圆，用以保证夹具相对主轴的径向位置。

4. 车床夹具的平衡及结构要求

对角铁式、花盘式等结构不对称的车床夹具，设计时应采用平衡装置以减小由离心力产生的震动和主轴轴承磨损。

由于车床夹具一般都在悬臂状态下工作，因而其结构必须力求简单紧凑、轻便且安全，要求悬伸长度应尽量小，并使其重心靠近主轴前支撑。为保证安全，夹具体应制造成圆形，且夹具体上的各元件不允许伸出于夹具体直径之外。此外，夹具的结构还应便于工件的安装、测量和切屑的顺利排出与清理。

8.7 铣床夹具

铣床夹具主要用于加工平面、凹槽及各种成形表面，一般由定位元件、夹紧机构、对刀装置对刀块与塞尺、定位键和夹具体组成。

由于铣削加工切削用量及切削力较大，且为多刃断续切削，加工时易产生震动，因此，在设计铣床夹具时应注意：夹紧力要足够大且能自锁；夹具安装准确可靠，即安装及加工时要求正确使用定向键与对刀装置；夹具体具有足够的刚度和稳定性，做到结构科学合理。

8.7.1 典型铣床夹具

1. 直线进给式

图 8-52 所示为铣一种菱形连杆上直角凹槽的直线进给式夹具。夹具直接安装在按直线进给方式运动的铣床工作台上。工件以一面两孔在定位支承板、圆柱销和菱形销上定位。拧紧厚螺母，通过螺栓带动杠杆，使两副压板同时夹紧两个工件。夹具上一次可同时安装 6 根连杆，生产率高。

2. 圆周连续进给

圆周连续进给铣床夹具多数安装在有回转工作台的铣床上，其在加工过程中随回转盘旋转做连续的圆周进给运动，这样可以在不停车的情况下装卸工件，因此其加工效率高，适用于大批量生产。

图 8-53 所示为铣拨叉用的圆周连续进给铣床夹具，回转工作台上一共备有 12 个工位。工件以内孔、端面及侧面通过空心定位销 2 和侧挡销 4 定位，并由液压缸 6 驱动拉杆 1 通过开口垫圈 3 将工件夹紧。工作台由电动机连

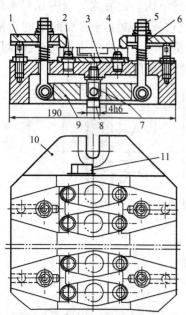

图 8-52 铣床铣槽夹具
1—压板；2—圆销；3—支承板；
4—菱销；5—螺母；6—螺栓；
7—铰链；8—定位键；9—杠杆；
10—夹具体；11—对刀块

接蜗杆蜗轮机构带动回转,从而将工件依次送入切削区 A、B。当工件离开切削区而被加工好后,在非切削区 C、D 内,可将工件卸下,并装上待加工工件,使得辅助时间与铣削时间相重合,能够有效提高机床利用率。

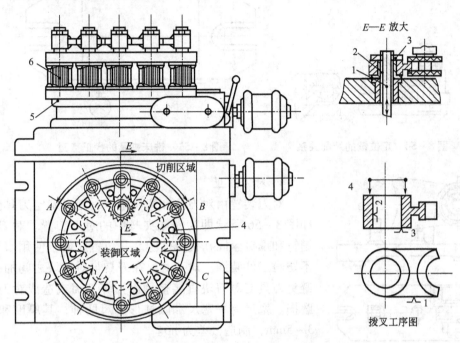

图 8-53 圆周连续进给铣床夹具
1—拉杆;2—空心定位销;3—开口垫圈;4—侧挡销;5—转台;6—液压缸

8.7.2 铣床夹具设计要点

1. 定位稳定,夹紧可靠

铣削加工是多刀多刃断续切削,切削用量和切削力较大,且切削力的方向不断改变,容易产生震动。因此,定位装置的设计和布置应尽量使定位支承面积大一些;夹紧力应作用在工件刚度较大的部位上;当从侧面压紧工件时,压板在侧面的着力点必须低于工件侧面的支承点;夹紧力要求靠近加工面;夹紧装置要有足够的夹紧力,自锁性好,一般不宜采用偏心夹紧,特别是粗铣时应当特别注意。

2. 提高生产率

铣削加工有空行程,加工辅助时间长,因此要求尽可能安排多件、多工位加工,尽量采用快速夹紧、联动夹紧和液压气动夹紧等高效夹紧装置。

3. 定位键

定位键也称定向键。定位键通常安装在夹具底面的纵向槽中,一般用两个,安装在一条直线上。两工件距离越远,导向精度越高,则可以直接用螺钉紧固在夹具体上,如图 8-54 所示。

定位键通过与铣床工作台的 T 形槽配合确定夹具在机床上的正确位置,并能承受部分切削扭矩,以减轻夹紧螺栓负荷、增加夹具的稳定性。

定位键具有矩形和圆形两种。定向精度要求高或重型夹具不宜采用定位键，而是在夹具体上加工出一窄长面作为找正基面来校正夹具的安装位置，如图8-55所示。

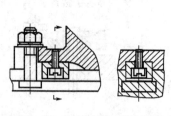

图8-54 定位键的装配关系

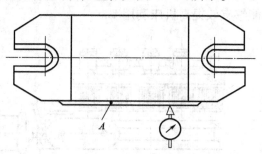

图8-55 铣床夹具的找正基面

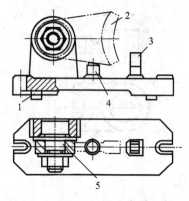

图8-56 铣床夹具对刀装置
1—定位键；2—拨叉；3—对刀块；
4—定位支承；5—定位元件

4. 对刀装置

对刀装置由对刀块和塞尺组成，用来确定刀具的位置。如图8-56所示即为铣床夹具中的对刀装置。对刀块常用销钉和螺钉紧固在夹具体上，其位置应便于使用塞尺对刀，不妨碍工件装卸。对刀时，在刀具与对刀块之间加一塞尺，避免刀具与对刀块直接接触而损坏刀刃或造成对刀块过早磨损。塞尺有平塞尺和圆柱形塞尺两种，其厚度和直径为3~5mm，制造公差为h6。

图8-57（a）所示为圆形对刀块，用于铣单一平面时对刀；图8-57（b）所示为直角对刀块，用于铣槽或台阶面时对刀；图8-57（c）和图8-57（d）所示为用于铣成形面的特殊对刀块。

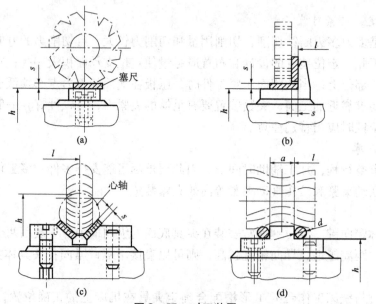

图8-57 对刀装置

5. 夹具体设计

为提高铣床夹具在机床上安装的稳固性，减轻其断续切削等引起的震动，夹具体不仅要有足够的刚度和强度，其高度和宽度比也应恰当，其高、宽比一般保持 $H/B \leqslant 2 \sim 2.25$，这样可以降低夹具重心，使工件加工表面尽量靠近工作台面。

若夹具体较宽，可在同一侧设置两个与铣床工作台 T 形槽间等距的耳座。对重型铣床夹具，夹具体两端还应设置吊装孔或吊环等，以便搬运与吊装。

8.8 钻床夹具

钻床夹具是在钻床上用于钻孔、扩孔、铰孔及攻螺纹的机床夹具。钻模一般都设有安装钻套的钻模板，以确定刀具位置并引导刀具进行切削，保证孔的加工要求和大幅度提高生产率。钻床夹具主要由钻套、钻模板、定位及夹紧装置、夹具体组成。

8.8.1 钻床夹具典型结构

钻模的结构形式很多，可分为固定式、分度式、翻转式、盖板式和滑柱式等主要类型。

1. 固定式钻模

固定式钻模在机床上的位置一般固定不动，要求加工精度较高，主要用于立式钻床上加工直径较大的单孔及同轴线上的孔或在摇臂钻床上加工轴线平行的孔系。为了提高加工精度，在立式钻床上安装钻模时，要求先将安装在主轴上的钻头伸入钻套中，以确定钻模的位置后再将夹具夹紧，如图 8-58 所示。

2. 分度式钻模

带有分度装置的钻模称为分度式钻模。

分度式钻模的分度方式有两种，即回转式分度和直线式分度。

回转式钻模应用较多，主要用于加工平面上成圆周分布、轴线互相平行的孔系，或分布在圆柱面上的径向孔系。工件一次安装，经夹具分度机构转位可顺序加工各孔。

如图 8-59 所示为卧式回转分度式钻模。这类钻模多用以加工工件圆柱面上 3 个径向均布孔。在分度盘的左端面上有成圆周均布的 3 个轴向钻套孔，内设定位锥套。钻孔前，对定销在弹簧力的作用下插入分度锥孔，反转手柄，螺套通过锁紧螺母使分度盘锁紧在夹具体上。钻孔后，正转手柄，将分度盘松开，同时螺套 4 上的端面凸轮将对定销拔出，将分度盘转动 120°，直至对定销重新插入第二个锥孔，然后锁紧加工另一孔。

3. 盖板式钻模

盖板式钻模没有夹具体，其定位元件和夹紧装置直接安装在钻模板上。钻模板在工件上定位，夹具结构简单轻便，切屑易于清除，常用于箱体等大型工件上的小孔加工，也可以用于中、小批量生产中的中、小工件孔加工。加工小孔时，可以不设夹紧装置。

图 8-60 所示为加工主轴箱 7 个螺纹孔的盖板式钻模。工件以端面及两大孔作为定位基面，在钻模板的 4 个支承钉 1 组成的平面、夹具体 2 及菱形销 6 上定位；旋转螺杆 5，推动钢球 4 向下，钢球同时使 3 个柱塞 3 外移，将钻模板夹紧在工件上。

4. 滑柱式钻模

图 8-61 是手动滑柱式钻模通用底座。升降钻模板通过两根导柱与夹具体的导孔相连。

转动操纵手柄，经斜齿轮带动斜齿条导杆移动，使钻模板实现升降。

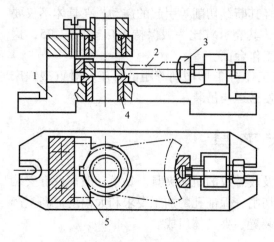

图 8-58 固定式钻模
1—夹具体；2—拨叉；3—夹紧装置；
4—定位套；5—V形块

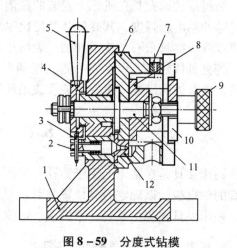

图 8-59 分度式钻模
1—夹具体；2—对定销；3—横销；4—螺套；
5—手柄；6—分度盘；7—钻套；8—定位件；
9—旋钮；10—开口垫圈；11—转轴；12—锥套

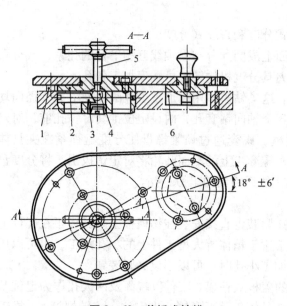

图 8-60 盖板式钻模
1—支承钉；2—夹具体；3—柱塞；
4—钢球；5—螺杆；6—菱形销

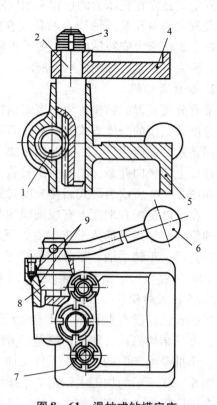

图 8-61 滑柱式钻模底座
1—齿轮；2—斜齿轴；3—螺母；4—钻模板；
5—夹具体；6—手柄；7—导柱；
8—齿轮轴；9—锥面

滑柱式钻模的特点是：夹具可调，操作方便，夹紧迅速；钻孔的垂直度和孔距精度一般，适用于中等精度的孔和孔系加工。

8.8.2 钻套结构设计

钻套用来引导钻头，以保证被加工孔的位置精度和提高工艺系统的刚度。钻套可分为标准钻套和特殊钻套两大类。

1. 标准钻套

标准钻套又分为固定钻套、可换钻套和快换钻套，如图 8-62 所示。

（1）固定钻套

图 8-62（a）所示为固定钻套的两种形式。钻套直接压入钻模板或夹具体的孔中，位置精度高，但磨损后不易更换，常在中、小批生产中使用。

（2）可换钻套

图 8-62（b）所示为可换钻套的标准结构。钻套 1 以间隙配合安装在衬套 2 中，衬套压入钻模板 3 中，并用螺钉 4 固定，以防止钻套在衬套中转动。可换钻套磨损后，将螺钉松开便可迅速更换，多用于大批量生产。

（3）快换钻套

如图 8-62（c）所示，快换钻套适用于在同一道工序中，需要依次将不同钻套安装在钻模板或夹具体上，用来确定工件上加工孔的位置，引导钻头进行加工，提高加工过程中工艺系统的刚度并防震。

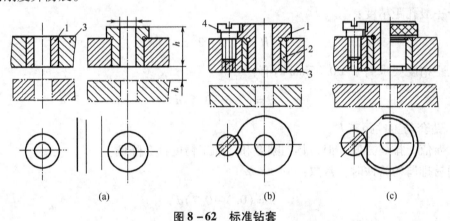

图 8-62 标准钻套

(a) 固定钻套；(b) 可换钻套；(c) 快换钻套

1—钻套；2—衬套；3—钻模板；4—螺钉

2. 特殊钻套

由于工件的形状特殊或者被加工孔位置的特殊性，不适合采用标准钻套，故需要自行设计结构特殊的钻套。图 8-63 所示即为几种特殊钻套的例子。

图 8-63（a）所示为在凹形表面上钻孔的加长钻套。钻套可做成悬伸式。为减少刀具与钻套的摩擦，可将钻套引导高度 H 以上的孔径放大，做成阶梯形。

其中，图 8-63（b）所示为在斜面或圆弧面上钻孔的钻套。排屑空间的高度 $h <$ 0.5mm，可避免钻头引偏或折断。

图 8-63（c）和图 8-63（d）所示为小孔距钻套。将两孔做在同一个钻套上时，要用定位销确定钻套位置。

3. 钻套结构尺寸

（1）导向孔径 d

如图 8-64 所示，钻套基本尺寸取刀具的最大极限尺寸。对于钻头、扩孔钻、铰刀等定尺寸刀具，按基轴制选用动配合 F7 或 G6。

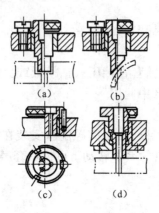

图 8-63 四种特殊钻套

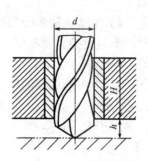

图 8-64 钻套的尺寸

（2）钻套高度 H

对于一般孔距精度：

$$H = (1.5 \sim 2)d$$

当孔距精度要求高于 ±0.05mm 时有：

$$H = (2.5 \sim 3.5)d$$

（3）钻套与工件距离 h

增大 h 值，排屑方便，但刀具的刚度和孔加工精度都会降低。

钻削易排屑的铸铁时，常取：

$$h = (0.3 \sim 0.7)d$$

钻削较难排屑的钢件时，常取：

$$h = (0.7 \sim 1.5)d$$

工件精度要求高时，取 $h = 0$，使切屑全部从钻套中排出。

8.8.3 钻模板结构

钻模板用于安装钻套，并确保钻套在钻模上的位置。常见的钻模板有以下几种。

1. 固定式钻模板

固定式钻模板与夹具体铸成一体，或用螺钉与销钉和夹具体连接在一起。其特点是结构简单、制造方便、定位精度高，但有时装配工件不方便。

2. 铰链式钻模板

如图 8-65 所示，钻套导向孔与夹具安装面的垂直度可通过调整两个支承钉的高度加以保证。加工时，钻模板由螺母锁紧。由于铰链销、孔之间存在一定间隙，故工件的加工精度不会太高。

3. 可卸式钻模板

如图 8-66 所示，可卸式钻模板与夹具体做成可拆卸式。工件每装卸一次，钻模板也要装卸一次，只适用于钻孔后继续进行倒角、锪平、攻螺纹等加工或其他类型钻模板不便装卸工件的中、小批生产情况。

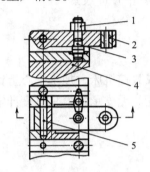

图 8-65 铰链式钻模板

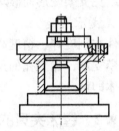

图 8-66 可卸式钻模板

1—螺母；2—钻模板；3—支承钉；4—夹具体；5—定位销轴

8.9 镗床夹具

镗床夹具简称镗模，主要由镗套、镗模支架、镗模底座以及必需的定位、夹紧机构组成，多用于在镗床、组合机床、车床和摇臂钻床上加工箱体、支座等零件上的精密孔或孔系。

按其所使用的机床形式不同，镗床夹具可分为卧式和立式两类；按其导向支架的布置形式不同，可分为双支承镗模、单支承镗模和无支承镗模三类。采用镗模可以不受机床精度的影响而加工出较高精度的工件。

8.9.1 镗床夹具的典型结构

1. 单支承引导镗模

单支承引导时，因镗杆与机床主轴采用刚性连接，主轴回转精度会影响镗孔精度，故只适于小孔和短孔加工。镗杆在镗模中只有一个镗套引导，因镗杆与机床主轴刚性连接，即镗杆插入机床主轴的莫氏锥孔中，保证了镗套中心与主轴轴线重合，故机床主轴的回转精度将影响工件镗孔精度。

2. 双支承引导镗模

双支承引导时，镗杆和机床主轴采用浮动连接，所以镗孔的位置精度取决于镗模两导向孔的位置精度，而与机床主轴精度无关，如图 8-67 所示。

镗模导向支架主要用来安装镗套和承受切削力。因要求其有足够的刚性及稳定性，故在结构上一般要有较大的安装基面和必要的加强筋，且支架上不允许安装夹紧机构来承受夹紧

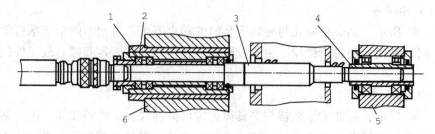

图 8-67 前后双支承镗模

1,4—镗套；2—导向滑套；3—镗杆；5,6—支架

反力,以免支架变形而破坏精度。

3. 无支承镗模

工件在刚度好、精度高的金刚镗床、坐标镗床或数控机床、加工中心上镗孔时,夹具上不设镗模支承,加工孔的尺寸和位置精度由镗床保证。无支承镗模只需设计定位、夹紧装置和夹具体即可。

8.9.2 镗床夹具的设计要点

1. 引导支架结构

主要依据镗孔的长径比 L/D 来选取,一般有如下四种形式。

（1）单边前导向

单个导向支架布置在刀具的前方,如图 8-68 所示。这种形式适用于加工工件孔径 $D > 60\text{mm}$,加工长度 $L < D$ 的通孔。在多工步加工时,可不更换镗套,又便于在加工过程中进行观察和测量,特别适用锪平面或攻螺纹等工序。一般情况下 $h = (0.5 - 1)D$,不小于 20mm,镗套长度一般取 $H = (1.5 - 3)d$。

（2）单边后导向

单个导向支架布置在刀具的后方,如图 8-69 所示。这种形式适用于盲孔或 $D < 60\text{mm}$ 的通孔,装卸工件和更换刀具较方便。

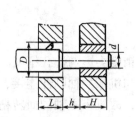

图 8-68 单边前导向支架

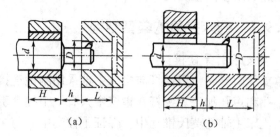

图 8-69 单边后导向支架

(a) $L < D$；(b) $L > D$

当 $L < D$ 时,采用图 8-69（a）所示结构。刀具导向部分的直径 d 可大于所加工孔径 D,此时刀具刚度好,加工精度高,装卸工件和换刀方便,且在多工步加工时可不更换镗套。

当 $L>D$ 时，采用图 8-69（b）所示结构。刀具导向部分的直径 d 应小于所加工孔径 D，镗杆能进入孔内，可减小镗杆的悬伸量，有利于缩短镗杆的长度。镗套长度一般取 $H=(1.5\sim3)d$。h 值的大小取决于换刀、装卸和测量工件及排屑是否方便。

(3) 单边双导向

在刀具后方装有两个导向镗套，如图 8-70 所示，镗杆与机床主轴浮动连接。为保证镗杆刚度，镗杆的悬伸量 $l_1<5d$，两个支架的导向长度 $L>(1.25\sim1.5)l_1$。单边双导向镗模便于装卸工件和刀具，并便于在加工中进行观察和测量。

(4) 双边单导向

导向支架分别装在工件的两侧，镗杆与机床主轴浮动连接，如图 8-71 所示。这种形式适用于加工孔径较大、工件孔的长径比大于 1.5 的通孔、同轴线的几个短孔或有较高同轴度和中心距要求的孔系。

双边单导向结构镗杆长，刚性较差，刀具装卸不便。当镗套间距 $L>10d$ 时，应增加中间导向支撑。在采用单刃镗刀镗削同一轴线上的几个等径孔时，需要设计让刀机构。

固定式镗套长度取：

$$H_1=H_2=(1.5\sim2)d$$

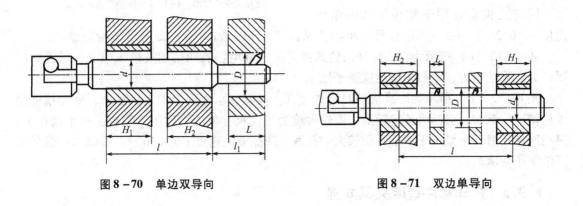

图 8-70　单边双导向　　　　　图 8-71　双边单导向

2. 镗套的选择与设计

镗套的结构和精度直接影响加工精度。镗套的结构有固定式和回转式两种。

(1) 固定式镗套

固定式镗套是指在镗孔过程中不随镗杆转动的镗套，其结构与快换钻套基本相同。

如图 8-72（a）所示的固定式镗套开有油槽，设有压配式油杯，外形小、结构简单、中心位置准确，适用于低速镗孔。

(2) 回转式镗套

如图 8-72（b）～图 8-72（d）所示，回转式镗套在镗孔过程中随镗杆一起转动，镗杆与镗套之间只有相对移动而无相对转动，从而减少了镗套的磨损，不会因摩擦发热而卡死，因此，回转式镗套特别适用于高速镗削。

回转式镗套可分为滑动和滚动两种。

图 8-72（b）所示为滑动回转式镗套。镗套可在滑动轴承内回转，镗模架上所设镗套的结构形式和精度直接影响被加工孔的精度。

固定式镗套是一类常用的镗套。固定式镗套外形尺寸小，结构简单，导向精度高，但镗杆在镗套内一边回转一边做轴向移动，镗套易磨损，故只适用于低速镗孔。

回转式镗套随镗杆一起转动，是一类与镗杆之间只有相对移动而无相对转动的镗套。这种镗套能够大大减少磨损，也不会因摩擦发热而"卡死"，适合于高速镗孔。

在回转式镗套结构中设置有油杯和油孔，为使回转副得到充分润滑而在镗套中间开有键槽；镗杆上的键通过键槽带动镗套一起回转；这种镗套径向尺寸较小、回转精度高、减震性好、承载能力大，但需充分润滑。

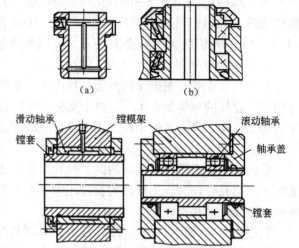

图 8-72 镗套结构
（a）固定式镗套；（b）滑动回转式镗套；（c）立式滚动回转式镗套；（d）卧式滚动回转式镗套

回转式镗套适用于常用于摩擦面线速度 $v<0.3\sim0.4$ m/s、孔心距较小的孔系的精加工。如图 8-72 所示为镗套结构。

图 8-72（c）所示为立式滚动回转式镗套。为避免切屑和切削液落入镗套，需设防护罩；为承受轴向力，一般采用圆锥滚子轴承。

图 8-72（d）所示为卧式滚动回转式镗套。镗套支承在两个滚动轴承上，回转精度受轴承精度的影响，对润滑要求较低。但这种镗套径向尺寸较大，适用于粗加工和半精加工。滚动回转式镗套一般用于镗削孔距较大的孔系，摩擦面线速度 $v>0.4$ m/s。其结构中常采用圆锥滚子轴承。

8.9.3 汽车零件镗床夹具案例

图 8-73 所示为镗缸体主轴承孔夹具。为了提高刚度，镗杆除在工件两端采用支撑外，在轴承座之间还采用中间支撑，以提高刚度。图 8-74 所示为连杆双轴镗孔夹具。

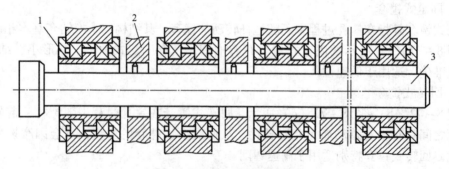

图 8-73 镗缸体主轴承孔
1—导向套；2—缸体；3—镗杆

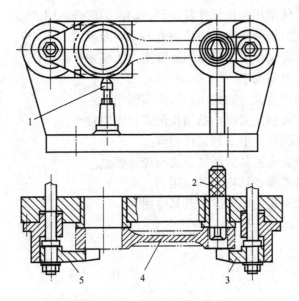

图8-74 连杆双轴镗孔夹具
1—定位螺钉；2—过渡销；3，5—压头；4—连杆

【本章知识点】

1. 工件装夹要求与夹具功能。
2. 机床夹具的机构组成。
3. 基准的概念、分类。
4. 工件的六点定位原理及应用。
5. 关于几种工件定位的定义与应用分析。
6. 工件定位方式及定位元件。
7. 夹紧装置组成、夹紧力与典型夹紧机构。
8. 车、铣、钻、镗四类机床夹具的结构分析与应用。

【思考与习题】

1. 说明工件装夹要求与夹具功能。
2. 机床夹具由哪几部分组成？
3. 机床夹具可分为哪几类？
4. 工件在空间上具有哪几个自由度？何谓工件的六点定位原理？
5. 何谓完全定位和不完全定位？请举例说明其应用。
6. 何谓欠定位和过定位？请举例说明。
7. 机床夹具中常用的定位方式有哪几种？
8. 说明平面定位中支承元件的结构形式与应用。
9. 说明外圆柱面定位中的定位方式及其应用。

10. 说明圆孔定位的常用定位元件及与平面定位的联合使用。
11. 何谓定位误差？请分析造成定位误差的主要原因。
12. 如何实现工件在夹具上的夹紧？其常用力源装置有哪些？
13. 设计夹紧装置有何要求？
14. 如何计算和确定夹紧力的大小、方向和作用点？
15. 分别说明几种典型夹紧机构的结构形式与应用特点。
16. 分析车床夹具的结构形式与设计要点。
17. 说明几种典型铣床夹具的结构形式与设计要点。
18. 分析钻床夹具的典型结构及其应用。
19. 分析几种镗床夹具的典型结构及其应用。
20. 说明镗床夹具的设计要点。

第 9 章

汽车零件加工工艺规程的制定

【学习目标】

本章基于前面各有关汽车零件机械加工的实践与理论知识，介绍和总结汽车零件机械加工工艺规程的制定。机械加工工艺规程是指将汽车零件的机械加工工艺过程、操作要求和方法，用表格或文字的形式制定出用于组织生产、指导生产和制定生产计划的工艺文件。工艺规程的编制是工艺人员的核心工作。学习制定机械加工工艺规程，要求掌握制定工艺规程的原则，了解制定加工工艺规程的步骤，掌握分析与设计机械加工工艺路线的内容和方法，熟悉加工余量、工序尺寸和工艺尺寸链的计算，学会机械加工生产率和经济性的分析等。最终要求学习者通过本课程学习，能够结合汽车生产实际和将来职业岗位需要完成零件机械加工有关工艺设计的课题与试验研究。

9.1 概 述

9.1.1 机械加工工艺规程及其作用

机械制造中，通常将合理制定的零（部）件的机械加工工艺过程按一定的表格和要求格式书写成册，作为指令性技术文件，即为机械加工工艺规程。当然，不同部门其工艺规程表现形式也各不同。

1. 机械加工工艺规程分类

机械加工工艺规程分类为机械加工工艺过程卡、工序卡、检验工序卡和机床调整卡等。

（1）机械加工工艺过程卡

机械加工工艺过程卡是说明零件机械加工工艺过程的工艺文件，供工艺人员使用。

（2）工序卡

工序卡需要对每道工序作详细说明，是一种直接用于指导工人操作的工艺文件。

（3）检验工序卡

检验工序卡即对成批或大量生产中重要检验工序作详细说明，用以指导产品检验的工艺文件。

（4）机床调整卡

机床调整卡是一种对由自动线、流水线上的机床以及由自动机或半自动机所完成的工序作说明，为设备调整工提供机床调整规范的工艺文件。

2. 机械加工工艺规程的格式

不同的生产类型对工艺规程的要求不同。

单件小批生产由于生产的分工比较粗糙，通常只需说明零件加工工艺路线，即其加工工序顺序，一般只填写机械加工工艺过程卡，见表9-1。

表9-1 机械加工工艺过程卡

（工厂名）	机械加工工艺过程卡	产品名称及型号		零件名称		零件图号			
		材料	名称	毛坯	种类	零件质量/kg	毛重		第 页
			牌号		尺寸		净重		共 页
			性能	每料件数		每台件数		每批件数	
工序号	工序内容		加工车间	设备名称及编号	工艺装备名称及编号			技术等级	时间定额/min
					夹具	刀具	量具		单件　准备—终结
更改内容									
编制		抄写		校对		审核		批准	

对于大批量生产，其生产组织严密，分工细密，工艺规程详尽，要求对每道加工工序的加工精度、操作过程、切削用量、使用的设备及刀、夹、量具等均作出具体规定。因此，除了工艺过程卡外，还应有相应的机械加工工序卡（见表9-2）。此外，必要时还需要检验工序卡和机床调整卡。

表9-2 机械加工工序卡

（工厂名）	机械加工工序卡	产品名称及型号	零件名称	零件图号	工序名称	工序号	第 页
							共 页
（画工序简图处）			车间	工段	材料名称	材料牌号	力学性能
			同时加工件数	每料件数	技术等级	单件时间/min	准备—终结时间/min
			设备名称	设备编号	夹具名称	夹具编号	切削液
			更改内容				

续表

工步号	工步内容	计算数据/mm			走刀次数	切削用量				工时定额/min			刀具、量具及辅助工具			
		直径或长度	进给长度	单边余量		背吃刀量/mm	进给量/(mm·r^{-1} 或 mm·min^{-1})	切削速度/(r·min^{-1}) 或双行程数/min	切削速度/(m·min^{-1})	基本时间	辅助时间	工作地服务时间	正步号	名称	规格	编号	数量

编制	抄写	校对	审核	批准

中、小批量生产经常采用机械加工工艺卡（见表9-3），其详细程度介于工艺过程卡和加工工序卡之间。

表9-3 机械加工工艺卡

(工厂名)	机械加工工艺卡	产品名称及型号		零件名称		零件图号	
		材料	名称	毛坯	种类	零件质量/kg	毛重	第 页
			牌号		尺寸		净重	共 页
			性能	每料件数		每台件数		每批件数

工序	安装	工步	工序内容	同时加工零件数	切削用量				设备名称及编号	工艺装备名称及编号			技术等级	时间定额/min	
					背吃刀量/mm	进给量/(mm·r^{-1} 或 mm·min^{-1})	切削速度/(r·min^{-1})或双行程数/(m·min^{-1})	切削速度/(m·min^{-1})		夹具	刀具	量具		单件	准备—终结
更改内容															

编制	抄写	校对	审核	批准

3. 工艺规程的作用

机械加工工艺规程具有以下不可替代的作用。

（1）指导生产的主要技术文件

机械加工车间生产的计划、调度，工人的操作，零件的加工质量检验，加工成本的核算，都是以工艺规程为依据的。处理生产中的问题和矛盾，也常以工艺规程作为共同依据。如处理质量事故，必须按工艺规程来确定各有关单位和人员的责任。

（2）生产准备工作的主要依据

车间要生产新零件，首先要制定该零件的机械加工工艺规程，再根据工艺规程进行生产准备。如新零件加工工艺中关键工序的分析研究，所需刀、夹、量具的准备，原材料及毛坯的采购或制造，新设备的购置或旧设备的改装等，均必须根据工艺来安排。

（3）新建机械制造厂的基本技术文件

新建批量或大批量生产的机械加工车间时，应根据工艺规程确定所需机床的种类和数量以及车间的布置，然后再由此确定车间的面积大小、动力和吊装设备配置以及所需工人的工种、技术等级、数量等。

9.1.2 制定工艺规程的原则和原始资料

1. 制定工艺规程的原则

制定工艺规程的原则是：在一定的生产条件下，应保证优质、高产、低成本和安全。在制定工艺规程时，应该切实注意以下问题。

（1）技术先进

在制定工艺规程时，需要及时了解国内外本行业工艺技术的发展水平，并通过必要的工艺试验积极采用科学合理的先进工艺和工艺装备。

（2）经济合理

在一定的生产条件下，应该提出几种能保证零件技术要求的工艺方案，然后通过核算和相互对比，选取经济上最为合理的方案，以保证产品的能源、原材料消耗及成本最低。

（3）劳动条件良好，安全可靠

在制定工艺规程时，要注意保证工人在操作时具有良好而安全的工作条件。在工艺方案制定上，要求结合企业未来发展与投资状况制定规划，尽力采取机械化或自动化措施，将工人从某些繁重的体力劳动中解放出来，切实保障安全生产。

2. 制定工艺规程的原始资料

制定零件机械加工工艺规程需要以下原始资料。

① 产品的全套装配图及零件图。

② 产品的验收质量标准。

③ 产品的生产纲领及生产类型。

④ 零件毛坯图及毛坯生产情况。零件毛坯图通常由毛坯车间技术人员设计。机械加工工艺人员应研究毛坯图并了解毛坯的生产情况，如毛坯的加工余量、结构工艺性、铸件的分型面和浇冒口位置、锻件的模锻斜度和飞边位置等，以便正确选择零件加工时的装夹部位和装夹方法，能够合理确定工艺过程。

⑤ 本厂的生产条件。应全面了解工厂设备的种类、规格和精度状况，工人的技术水平，现有的刀、辅、量、夹具规格以及非标装备的设计制造能力，等等。

⑥ 各种相关手册、标准等技术资料。

⑦ 国、内外先进工艺及生产技术的发展与应用资料。

9.1.3 制定加工工艺规程的步骤

制定加工工艺规程的内容和步骤,分述如下:

1. 分析产品装配图和零件图

制定加工工艺规程时,首先需要根据产品装配图和零件图熟悉产品的性能、用途、工作条件,明确各零件的相互装配位置及其作用,了解和研究各项技术条件制定的依据,找出其主要技术要求和关键技术问题等。同时,必须仔细审查图纸尺寸、视图和技术要求是否完整、正确和统一,分析关键技术问题,审查零件的结构工艺性。

2. 进行零件结构工艺审查

工艺审查即零件的结构工艺性分析。其目标是对所设计的零件,要求在满足使用功能的前提下,分析和研究产品制造的可行性和经济性。零件的结构工艺性对加工工艺过程影响很大。若零件的使用性能相同而结构不同,则其加工方法及制造成本将有很大的差别。对零件作结构分析时,应主要考虑以下两方面的内容:

首先检查,看零件标注尺寸是否合理和完整,设计基准是否与工艺基准相匹配,检查尺寸标注是否正确,要求尺寸规格尽量标准化。

其次是分析零件结构工艺性。要求零件结构便于加工与度量,具有足够的刚度。

如果在工艺审查中发现了问题,需要及时同产品设计部门联系,共同研究解决办法。零件结构工艺性分析与改进实例见表9-4。

表9-4 零件结构工艺性分析与改进实例

序号	改前	改后	说明
1			改后两键槽方位尺寸均相同可在一次装夹中加工出来
2			便于引进刀具,保证加工
3			底面积小,稳定性好,加工量小
4			设计退刀槽,保证加工
5			钻头不易钻偏和折断

续表

序号	改前	改后	说明
6			避免了深孔加工，节省了材料，紧固件连接可靠
7			退刀槽尺寸相同，节省换刀时间
8			通、直孔容易加工
9			减少零件的加工表面面积，可降低刀具消耗，保证配合表面接触良好
10			孔端圆形凸台平行，以便同时加工出来
11			提高安装刚度，减少空程损失，生产率高
12			尽量将加工表面放在零件外部
13			尽量将加工表面放在零件外圆表面

3. 确定毛坯种类及其制造方法

汽车常用机械零件的毛坯来自于铸件、型材、模锻件、冲压件、焊接件以及粉末冶金、成形轧制件等。零件的材料和毛坯种类一般从零件图纸上可以得到明确信息，有的则随着零件材料的选定而确定，如选用铸铁、铸钢、铸铜、铝镁铸造合金等，此时毛坯必为铸件。

对于材料为结构钢的零件，除了货车前梁、军车曲轴、连杆等重要零件明确是锻件外，大多数只规定了材料及其热处理要求，这就需要工艺设计人员根据零件的作用、尺寸和结构形状来确定毛坯种类。如制作一般的阶梯轴，若各阶梯的直径差较小，则可直接以圆棒料作毛坯；重要的轴或直径差大的阶梯轴，为了减少材料消耗和切削加工量，则宜采用锻制毛坯。

常用毛坯的特点及适用范围见表9-5。

表9-5 各类毛坯的特点及适用范围

毛坯种类	制造精度（IT）	加工余量	原材料	工件尺寸	工件形状	力学性能	适用生产类型
型材		大	各种材料	小型	简单	较好	各种类型
型材焊接件		一般	钢材	大、中型	较复杂	有内应力	单件
砂型铸件	14级以下	大	铸铁、铸钢、青铜	各种尺寸	复杂	差	单件小批
自由锻件	14级以下	大	钢材为主	各种尺寸	较简单	好	单件小批
模锻件	11~14	一般	钢、锻铝、铜等	中、小型	一般	好	中、大批量
金属型铸造	10~12	较小	铸铝为主	中、小型	较复杂	较好	中、大批量
精密模锻	8~11	较小	钢材、锻铝等	小型	较复杂	较好	大批量
压力铸造	8~11	小	铸铁、铸钢、青铜	中、小型	复杂	较好	中、大批量
熔模铸造	7~10	很小	铸铁、铸钢、青铜	小型为主	复杂	较好	中、大批量
冲压件	8~10	小	钢	各种尺寸	复杂	好	大批量
粉末冶金件	7~9	很小	铁、铜、铝基材料	中、小尺寸	较复杂	一般	中、大批量
工程塑料件	9~11	较小	工程塑料	中、小尺寸	复杂	一般	中、大批量

4. 制定机械加工工艺路线

机械加工工艺路线是机加工工艺规程的核心，其主要内容包括选择定位基准、确定加工方法、安排加工顺序以及热处理、检验和其他工序。拟订工艺路线是制定工艺规程的关键性一步，必须在充分调查研究的基础上提出工艺方案，并加以分析比较，最终确定一个最佳经济合理的方案。

5. 确定各工序加工余量、工序尺寸和公差

6. 确定各工序设备、刀具、夹具、量具和辅助工具

设备的选择应在满足零件加工工艺的需要和可靠地保证零件加工质量的前提下，必须与生产批量和生产节拍相适应。首先应优先考虑采用标准化的工艺装备和充分利用现有条件，以降低生产准备费用。对改装或重新设计的专用机床、专用或成组工艺装备，应在进行经济

性分析和论证的基础上提出设计任务书。

7. 确定各工序的切削用量及时间定额
8. 确定各主要工序的技术要求及检验方法
9. 填写工艺文件。

下面将就制定加工工艺规程中的几个重要环节给以分节总结与介绍。

9.2 工艺路线分析与设计

从前面第 2 章曲轴、缸体、连杆和齿轮等汽车典型零件的机械加工工艺路线的内容与步骤来看，拟订机械加工工艺路线的第一步是选择被加工零件的定位基准。定位基准选择合理与否，将直接影响零件加工质量。比如说，基准选择不当，往往会增加工序，致使工艺路线不合理、夹具设计困难，达不到零件加工的精度要求，特别是位置精度，所以首先要把握好零件加工时的定位基准选择。

9.2.1 粗基准的选择

机械加工中，粗基准的选择，将遵循以下几个原则。

1. 选择主要非加工表面原则

为了保证工件上加工面与主要非加工面的相互位置要求，应以主要非加工面作为粗基准，如图 9-1 所示。对于次要非加工面则不宜作粗基准，因为在毛坯制造时，应保证毛坯壁厚分布的均匀、质量的平衡以及尺寸、形状的对称性等。对于次要非加工面，一般只检查轮廓尺寸。

2. 余量均匀分配原则

如果首先要求保证工件某重要表面加工余量均匀时，应选择该表面的毛坯面作为粗基准。加工时若以非加工外圆表面 1 作粗基准定位，则加工后内孔 2 与外圆 1 同轴，可以保证零件壁厚均匀，但加工内孔 2 的余量不均匀，如图 9-2（a）所示。然而，若以零件毛坯孔 3 作粗基准定位，则加工内孔 2 与毛坯孔 3 同轴，可以保证加工余量均匀，但内孔 2 与非加工面外圆 1 不同轴，加工后壁厚会不均匀，上厚下薄，如图 9-2（b）所示。

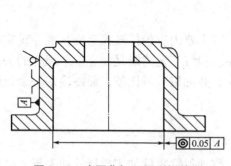

图 9-1 主要非加工面为粗基准

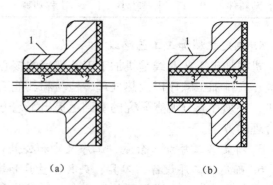

图 9-2 粗基准选择比较
（a）外圆为粗基准；（b）内孔为粗基准
1—外圆；2—内孔；3—毛坯内孔

如车床床身加工，导轨面是床身的重要表面，精度要求高、晶体组织致密且要求均匀。这时若以导轨面为粗基准加工底面，再以底面为基准加工导轨面，即可保证其余量均匀，如图9-3（a）所示；否则若以底面为粗基准加工导轨面［见图9-3（b）］就无法满足保证导轨面余量分布均匀的要求。

上述两个原则是选择粗基准最主要的原则。两个原则有时相互矛盾，需根据具体情况加以选择。

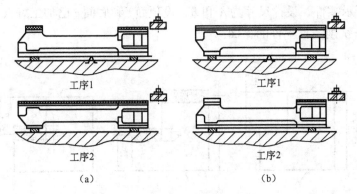

图9-3 粗基准选择比较
（a）导轨面为粗基准；（b）底面为粗基准

除上述两个原则外，选择粗基准还要考虑以下要求，即粗基准的不重复使用原则和便于工件装夹的原则。

3. 不重复使用原则

因为粗基准本身是毛坯表面，精度和表面粗糙度均较差，若初次加工将其选为粗基准，则接下来安排加工则应选择已加工面为基准。如果再重复使用粗基准，就会造成两次加工出的表面之间存在较大的位置误差。

如图9-4所示，第一道工序以不加工外圆表面定位来加工中心内孔，而第二道工序仍以外圆表面定位加工凸缘上的几个均布孔，显然，该凸缘上的均布孔自然会与中心内孔产生较大的同轴度误差。正确的工艺方案应以已加工过的内孔定位加工均布孔。

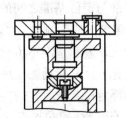

4. 便于工件装夹原则

要求选用的粗基准面尽可能平整、光洁，且有足够大的尺 图9-4 不重复使用粗基准
寸，不允许有锻造飞边、铸造浇冒口或其他缺陷，也不宜选用铸造分型面作粗基准。

第2章中提到，缸体加工的粗基准，通常选取两端主轴承座孔和气缸内孔的毛坯孔。如果毛坯铸造精度较高，能保证缸体侧面对气缸孔轴线的尺寸精度，那也可选用侧面上的几个工艺凸台作为粗基准，这样便于定位和装夹。

9.2.2 精基准的选择原则

1. 基准重合原则

在第8章有关基准问题的讨论中，我们已经提到，为使定位或试切测量方便，工序基准可与定位基准或测量基准重合,这种基准选择原则称为基准重合原则。

事实上,基准重合原则还应包括以下几点:

尽量选择加工表面的设计基准作为精基准,以保证工艺或者工序基准尽可能与设计基准重合,这样可避免由于基准不重合而出现定位误差。在对加工面位置尺寸和位置关系有决定性影响的工序中,特别是当位置公差要求较严时,一般不应违背这一原则。否则,将由于存在基准不重合误差而增大加工难度。

如图9-5所示零件,设计尺寸为 A 和 B,设顶面 f 和底面 e 已加工好(即尺寸 A 已经保证),现用调整法铣削一批零件的 g 面。

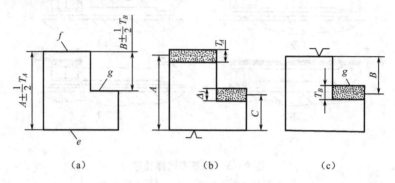

图9-5 基准重合分析
(a) 零件图;(b) 基准不重合;(c) 基准重合

为保证设计尺寸 B,以 e 面定位,则定位基准 e 与设计基准 f 不重合。由于铣刀相对于夹具定位面 e 而调整,对于一批零件来说,刀具调整好后位置不再变动。加工后尺寸 B 的大小除受本工序加工误差 Δ_j 的影响外,还与上道工序的加工误差 T_A 有关。这一累计误差乃所选定位基准与设计基准不重合而产生。这种定位误差称为基准不重合误差。它的大小等于设计基准与定位基准之间的联系尺寸 A 的公差 T_A 和加工尺寸 B 的误差 Δ_j 之和。为了保证尺寸 B 的精度,应限制 $\Delta_j + T_A \leq T_B$。也就是说,采用基准不重合的定位方案,必须控制该工序的加工误差和基准不重合误差的总和不得超过尺寸 B 的公差 T_B。这样既缩小了本道工序的加工允差,又对前面工序提出了较高的要求,使得加工成本提高,这应该尽量避免。所以,在选择定位基准时,需要尽量使定位基准与设计基准相重合。

若以 f 面定位加工 g 面,做到基准重合,此时尺寸 A 的误差对加工尺寸 B 无影响,本工序的加工误差只需满足 $\Delta_j \leq T_B$ 即可。

上面所述就是强调基准重合的意义所在。

2. 基准统一原则

用同一组基准定位加工零件上尽可能多的表面,这就是基准统一原则。应用基准统一原则可以简化工艺规程和夹具结构,减少制造工作量和成本,缩短生产准备周期,甚至方便流水线的物流。由于减少了基准转换,故有利于保证各加工表面的相互位置精度。比如,箱体零件采用一面(底面)两孔(轴承孔)定位,如图9-6所示;轴类零件采用两中心孔定位,如图9-7所示;盘套类零件常使用止口面作精基准;齿轮加工多采用齿轮的内孔及一端面为定位基准等都属于基准统一原则范畴。

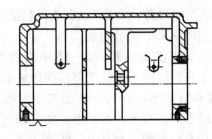
图9-6 箱体（可采用一面两孔定位）

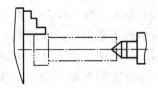
图9-7 轴类零件（可采用两中心孔定位）

3. 互为基准原则

当对工件上两个相互位置精度要求很高的表面进行加工时，需要用两个表面相互作为基准，以反复进行加工，能够充分保证高的位置精度要求。例如，要保证精密齿轮的齿圈跳动精度，在齿面淬硬后，先以齿面定位磨削内孔，再反过来又以内孔定位磨削齿面，从而有效地保证位置精度。再如车床主轴的前锥孔与主轴支承轴颈间有严格的同轴度要求，加工时要先以支承轴颈外圆为定位基准来加工锥孔，然后再以锥孔作为定位基准来加工外圆，如此反复多次，最终达到加工要求。如图9-8所示车床主轴即采用前锥孔与主轴支承轴颈两者间互为基准加工的范例之一。

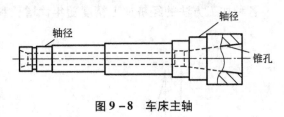
图9-8 车床主轴

4. 自为基准原则

某些要求加工余量小而均匀的精加工工序，将选择加工表面自身作为定位基准，称为自为基准原则。图9-9所示为磨削车床导轨面，用可调支承支撑床身零件；在导轨磨床上，用百分表找正导轨面相对机床运动方向的正确位置；然后按百分表所找正的导轨面的运动轨迹来加工导轨面，保证余量均匀，以满足对导轨面的质量要求。又如采用浮动镗刀镗孔（见图9-10）、常用珩磨孔、拉孔及无心磨外圆等，都能实现自动对中，其均属于自为基准加工。

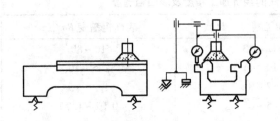
图9-9 加工表面自身作为定位基准

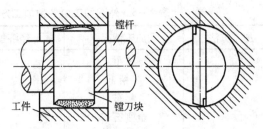
图9-10 浮动镗刀镗孔（自动对中）

9.2.3 经济加工精度与加工方法的选择

1. 经济加工精度

经济加工精度指在正常加工条件下（包括采用符合质量标准的设备和工艺装备，使用标准技术等级的工人,不延长加工时间),用一种加工方法所能得到的加工精度和表面粗糙度。

任何一种加工方法的加工误差与加工成本之间有如图 9-11 所示关系。

图 9-11 中 δ 为加工误差,表示加工精度,S 表示加工成本。由图 9-11 中曲线可知,两者关系的总趋势是加工成本随着加工误差的减小而上升,但在不同的误差范围内成本上升的比率却不同。显然,位于 A 点左侧的曲线,加工误差每减小一点时,其加工成本幅度会上升较大;当加工误差减小到一定程度时,所投入的成本即使再大,加工误差的下降也微乎其微,这说明无论哪一种加工方法加工误差的减小都是有极限的(见图 9-11 中 δ_0)。从图 9-11 中也可看到,位于 B 点右侧,即使加工误差放大许多,成本也下降很少。这说明对于任一种加工方法,成本下降也有一个极限,即最低成本 S_0。只有在曲线的 AB 段,加工成本随着加工误差的减小而上升的比率相对稳定。可以认定,只有当加工误差等于曲线 AB 段所对应的误差值时,采用相应的加工方法加工才算经济合理。于是,人们称 AB 段所对应的误差值或所对应的精度即为该加工方法的经济加工精度。因此,经济加工精度是指一个精度范围而不是一个单值。

各种加工方法的经济加工精度随年代增长和技术进步而不断提高,如图 9-12 所示。

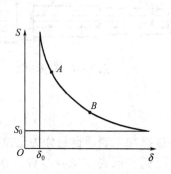
图 9-11 加工误差与加工成本的关系

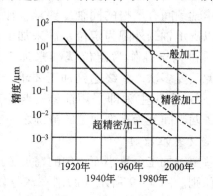
图 9-12 加工精度与年代的关系

表 9-6、表 9-7 和表 9-8 分别给出了外圆表面、内孔及平面加工中各种加工方法所对应的经济加工精度和表面粗糙度。表 9-9 为常用机床加工的形位精度,可供选择时参考。

表 9-6 外圆加工中各种加工方法的经济加工精度及表面粗糙度

加工方法	加工情况	经济加工精度(IT)	表面粗糙度 $Ra/\mu m$
车	粗车	12~13	10~80
	半精车	10~11	2.5~10
	精车	7~8	1.25~5
	金刚石车(镜面车)	5~6	0.02~1.25
铣	粗铣	12~13	10~80
	半精铣	11~12	2.5~10
	精铣	8~9	1.25~5
车槽	一次行程	11~12	10~20
	二次行程	10~11	2.5~10

续表

加工方法	加工情况	加工经济精度（IT）	表面粗糙度 $Ra/\mu m$
外磨	粗磨	8~9	1.25~10
	半精磨	7~8	0.33~2.5
	精磨	6~7	0.13~1.25
	精密磨（精修砂轮）	5~6	0.08~0.42
	镜面磨	5	0.008~0.08
抛光			0.08~1.25
研磨	粗研	5~6	0.16~0.63
	精研	5	0.04~0.32
	精密研	5	0.008~0.08
超精加工	精加工	5	0.08~0.32
	精密加工	5	0.01~0.16
砂带磨	精磨	5~6	0.02~0.16
	精密磨	5	0.01~0.04
滚压		6~7	0.16~1.25

注：加工有色金属时，表面粗糙度 Ra 取小值。

表9-7　孔加工中各种加工方法的加工经济精度及表面粗糙度

加工方法	加工情况	加工经济精度 IT	表面粗糙度 $Ra/\mu m$
钻	φ15mm 以下	11~13	5~80
	φ15mm 以上	10~12	20~80
扩	粗扩	12~13	5~20
	一次扩孔（铸孔或冲孔）	11~13	10~40
	精扩	9~11	1.25~10
铰	半精铰	8~9	1.25~10
	精铰	6~7	0.32~5
	手铰	5	0.08~1.25
拉	粗拉	9~10	1.25~5
	一次拉孔（铸孔或冲孔）	10~11	0.32~2.5
	精拉	7~9	0.16~0.63
推	半精推	6~8	0.32~1.25
	精推	6	0.08~0.32
镗	粗镗	12~13	5~20
	半精镗	10~11	2.5~10
	精镗（浮动镗）	7~9	0.63~5
	金刚镗	5~7	0.16~1.25

续表

加工方法	加工情况	加工经济精度 IT	表面粗糙度 $Ra/\mu m$
内磨	粗磨	9~11	1.25~10
	半精磨	9~10	0.32~1.25
	精磨	7~8	0.08~0.63
	精密磨（精修整砂轮）	6~7	0.04~0.16
珩	粗珩	5~6	0.16~1.25
	精珩	5	0.04~0.32
研磨	粗研	5~6	0.16~0.63
	精研	5	0.04~0.32
	精密研	5	0.008~0.08
挤	滚珠、滚柱扩孔器，挤压头	6~8	0.01~1.25

注：加工有色金属时，表面粗糙度 Ra 取小值。

表 9-8　平面加工中各种加工方法的经济加工精度及表面粗糙度

加工方法	加工情况	经济加工精度 IT	表面粗糙度 $Ra/\mu m$
周铣	粗铣	11~13	5~20
	半精铣	8~11	2.5~10
	精铣	6~8	0.63~5
端铣	粗铣	11~13	5~20
	半精铣	8~11	2.5~10
	精铣	6~8	0.63~5
车	半精车	8~11	2.5~10
	精车	6~8	1.25~5
	细车（金刚石车）	6	0.02~1.25
刨	粗刨	11~13	5~20
	半精刨	8~11	2.5~10
	精刨	6~8	0.63~5
	宽刀精刨	6	0.16~1.25
插	普通立插	10~11	2.5~20
拉	粗拉（铸造或冲压表面）	10~11	5~20
	精拉	6~9	0.32~2.5
平磨	粗磨	8~10	1.25~10
	半精磨	8~9	0.63~2.5
	精磨	6~8	0.16~1.25
	精密磨	6	0.04~0.32
刮	$25\times25mm^2$ 内点数	8~10	0.63~1.25
		10~14	0.32~0.63
		13~16	0.16~0.32
		16~20	0.08~0.16
		20~25	0.04~0.08

续表

加工方法	加工情况	经济加工精度 IT	表面粗糙度 Ra/μm
研磨	粗研	6	0.16~0.63
	精研	5	0.04~0.32
	精密研	5	0.008~0.08
砂带磨	精磨	5~6	0.04~0.32
	精密磨	5	0.01~0.04
滚压		7~10	0.16~2.5

注：加工有色金属时，表面粗糙度 Ra 取小值。

表9-9 各种机床加工时的形位精度（表中括号内的数字是新机床的精度标准）

机床类型			圆度/mm	圆柱度/(mm·mm^{-1},长度)	直线度/(mm·mm^{-1},直径)
普通车床	最大加工直径/mm	≤400	0.02（0.01）	0.015（0.01）/100	0.03（0.015）/200
					0.04（0.02）/400
					0.05（0.025）/400
					0.06（0.04）/500
		≤800	0.03（0.015）	0.05（0.04）/400	0.08（0.04）/600
					0.10（0.05）/700
					0.12（0.06）/800
					0.14（0.07）/900
		≤1600	0.04（0.02）	0.06（0.04）/400	0.16（0.08）/1000
	提高精度车床		0.01（0.005）	0.02（0.01）/150	0.02（0.01）/200
外圆磨床	最大磨削直径/mm	≤200	0.006（0.004）	0.011（0.007）/500	
		≤400	0.008（0.005）	0.02（0.01）/1000	
		≤800	0.012（0.007）	0.025（0.015）/全长	

机床类型	钻孔的偏斜度/(mm·mm^{-1},长度)	
	划线法	钻模法
立式钻床	0.3/100	0.1/100
摇臂钻床	0.3/100	0.1/100

机床类型		圆度/mm	圆柱度/(mm·mm^{-1},长度)	直线度（凹入）/(mm·mm^{-1},直径)	孔轴心线的平行度/(mm·mm^{-1},长度)	孔与端面的垂直/(mm·mm^{-1},长度)
卧式镗床	镗杆直径/mm ≤100	外圆 0.05（0.025）孔 0.04（0.02）	0.04（0.02）/200	0.04（0.02）/400		
	≤160	外圆 0.05（0.03）孔 0.05（0.025）	0.05（0.03）/400	0.05（0.03）/500	0.05（0.03）/300	0.05（0.03）/300

续表

机床类型		圆度 /mm	圆柱度 /(mm·mm^{-1} 长度)	直线度（凹入）/(mm·mm^{-1} 直径)	孔轴心线的平行度 /(mm·mm^{-1}, 长度)	孔与端面的垂直 /(mm·mm^{-1}, 长度)
卧式镗床	镗杆直径/mm >160	外圆 0.05 (0.04) 孔 0.05 (0.03)	0.06 (0.04)/400			
内圆磨床	最大直径/mm ≤50	0.008 (0.005)①	0.008 (0.005)/200	0.009 (0.005)①		0.015 (0.008)①
内圆磨床	最大直径/mm ≤200	0.015 (0.008)①	0.015 (0.008)/200	0.014 (0.008)①		0.018 (0.01)①
立式金刚镗床		0.008 (0.005)	0.02 (0.01)/400			0.03 (0.02)/400

机床类型		直线度 /(mm·mm^{-1} 长度)	平行度（加工面对基准面）/(mm·mm^{-1} 长度)	垂直度	
				加工面对基准面 /(mm·mm^{-1} 长度)	加工面相互间 /(mm·mm^{-1} 长度)
卧式铣床		0.06 (0.04)/300	0.06 (0.04)/300	0.04 (0.02)/150	0.05 (0.03)/400
立式铣床		0.06 (0.04)/400	0.06 (0.04)/400	0.04 (0.02)/150	0.05 (0.03)/400
龙门铣床	最大加工宽度/mm ≤2 000	0.05 (0.03)/1000	0.05 (0.04)/2 000 0.07 (0.05)/4 000		0.06 (0.04)/300
龙门铣床	最大加工宽度/mm >2 000	0.05 (0.03)/1000	0.10 (0.06)/6 000 0.14 (0.08)/8 000		0.10 (0.06)/500
插床	最大插削长度/mm ≤200	0.05 (0.025)/300		0.05 (0.025)/300	0.05 (0.025)/300
插床	≤500	0.05 (0.03)/300		0.05 (0.03)/300	0.05 (0.04)/300
插床	≤800	0.06 (0.04)/500		0.06 (0.04)/500	0.06 (0.04)/500
插床	≤1250	0.07 (0.05)/500		0.07 (0.05)/500	0.07 (0.05)/500
平面磨床	立轴矩台 卧轴矩台		0.02 (0.015)/1000		
平面磨床	卧轴矩台（提高精度）		0.009 (0.005)/500		0.01 (0.005)/100
平面磨床	卧轴圆台		0.02 (0.01)/工作台直径		
平面磨床	立轴圆台		0.03 (0.02)/1000		

① 工件长度大于1/2机床最大磨削长度，但小于200mm。

2. 选择加工方法应考虑的问题

加工方法选择应综合考虑生产类型、本单位生产条件、材料加工性能、加工表面类型、相关形状与尺寸、加工质量要求等诸多因素。对于汽车零件来讲，由于生产批量大、质量要求高，常采用自动线流水生产和社会配套加工，若对生产条件、材料与毛坯性能等控制严格，则更要全面分析和选择加工方法。

9.2.4 典型表面的加工路线

这里就汽车零件三类典型表面，即外圆表面、圆孔及平面的加工路线分别予以介绍和总结。

1. 外圆表面加工路线

图 9-13 所示为外圆表面的典型加工路线以及路线中各工序所能达到的精度和表面粗糙度。由此可概括成四条基本路线。

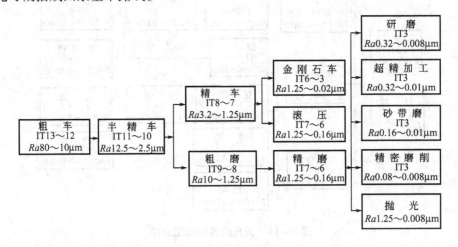

图 9-13 外圆表面的典型加工路线

（1）粗车—半精车—精车

对于一般常用材料，这是应用最广泛的一条工艺路线。精度要求不高于 IT7、表面粗糙度 $Ra \geqslant 0.8\mu m$ 的零件表面，均可采用此加工路线。

（2）粗车—半精车—粗磨—精磨

对于黑色金属材料，精度要求高和表面粗糙度值要求较小、零件需要淬硬时，其后续工序只能用磨削而采用的加工路线。

（3）粗车—半精车—精车—金刚石车

对于有色金属，用磨削加工通常不易得到所要求的表面粗糙度，因为有色金属比较软，容易堵塞磨粒间的空隙，故最终工序多用精车和金刚石车。

（4）粗车—半精车—粗磨—精磨—光整加工

对于黑色金属材料的淬硬零件，其精度要求较高且表面粗糙度值要求很小，故常用此加工路线，如发动机曲轴加工。

表 9-10 为上述典型外圆表面加工的四条基本路线特点比较。

表 9-10 典型外圆表面的加工路线比较

加工路线 分项	粗车—半精车—精车	粗车—半精车—粗磨—精磨	粗车—半精车—精车—金刚石车	粗车—半精车—粗磨—精磨—光整加工
适用材料	常用材料	淬硬黑色金属	未淬黑色金属及有色金属	淬硬黑色金属
尺寸精度	中	较高	高	高
表面粗糙度	中	小	较小	小
生产类型	大批量	小批量	各种	各种

2. 圆孔的加工路线

图 9-14 所示为典型圆孔的加工路线框图，也可把它归纳为如下四条基本的加工路线。

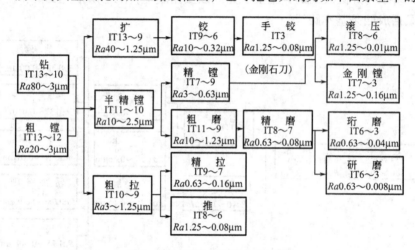

图 9-14 圆孔的典型加工路线

（1）钻（粗镗）—粗拉—精拉（或推）

多用于大批量生产中加工盘套类零件的圆孔、单键孔和花键孔。加工出的孔的尺寸精度可达 IT7，且加工质量稳定，生产效率高。当工件上无铸出或锻出的毛坯孔时，第一道工序安排钻孔；若有毛坯孔，则安排粗镗孔；如毛坯孔的精度好，可直接拉孔。

（2）钻（粗镗）—扩—铰—手铰

主要用于直径 $D<\phi 50\mathrm{mm}$ 的中、小孔加工，是一条应用最为广泛的加工路线，在各种生产类型中都有应用。加工后孔的尺寸精度通常达 IT8~6，表面粗糙度 $Ra\ 3.2 \sim 0.8\mu \mathrm{m}$。若尺寸、形状精度和表面粗糙度要求还要高，可在铰后安排一次手铰。由于铰削加工对孔的位置误差的纠正能力差，因此，孔的位置精度主要由钻—扩来保证。位置精度要求高的孔不宜采用此加工方案。

（3）钻（粗镗）—半精镗—精镗—液压（或金刚镗）

这是一条应用非常广泛的加工路线，在各种生产类型中都有应用。用于加工未经淬火的黑色金属及有色金属等材料的高精度孔和孔系（IT7~5 级，$Ra1.25 \sim 0.16\mu \mathrm{m}$）。与钻—扩—铰加工路线不同的是：所能加工的孔径范围大，一般孔径 $D \geqslant \phi 18\mathrm{mm}$ 即可采用装夹式镗刀镗孔；加工出孔的位置精度高，如金刚镗多轴镗孔，孔距公差可控制在 $\pm 0.005 \sim \pm 0.01\mathrm{mm}$，常用于加工位置精度要求高的孔或孔系，如连杆大小头孔和发动机箱体孔系等。

(4) 钻（粗镗）—半精镗—粗磨—精磨—研磨（或珩磨）

这条工艺路线常用于黑色金属特别是淬硬零件的高精度的孔加工。其中研磨孔的原理和工艺与前述外圆研磨相同，只是此时研具是一圆棒。如发动机缸体活塞孔就是采用这条工艺路线。

表9-11为上述典型孔加工的四条基本路线特点比较

表9-11 典型孔的加工路线特点比较

加工路线 特点	钻（粗镗）—粗拉—精拉	钻—扩—铰	钻（粗镗）—半精镗—精镗—浮动镗（金刚镗）	钻（粗镗）—半精镗—粗磨—精磨—研磨（珩磨）
适用材料	未淬火黑色金属及有色金属	未淬火黑色金属及有色金属	未淬火黑色金属及有色金属	淬硬件黑色金属
位置精度	高	低	高	高
生产类型	大批量	小批量	各种	各种
孔径范围	大	$D < \phi 50mm$	$D \geqslant \phi 18mm$	大

3. 平面加工路线

如图9-15所示为常见平面加工路线框图，可概括为五条基本工艺路线。

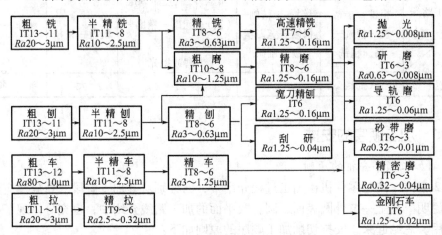

图9-15 平面典型的加工路线

(1) 粗铣—半精铣—精铣—高速精铣

铣削是平面加工中用得最多的方法。若采用高速精铣作为终加工，不但可获到较高精度，而且可获得较高的生产效率。高速精铣的工艺特点是：高速（$v = 200 \sim 400 m/min$），小进给（$f = 0.04 \sim 0.10 mm/Z$），小吃深（$\alpha_p < 2mm$）。其精度和效率主要取决于铣床的精度和铣刀的材料、结构和精度以及工艺系统的刚度。其在大规模生产应用较多，如发动机缸体平面加工。

(2) 粗刨—半精刨—精刨—宽刀精刨或刮研

此工艺路线以刨削加工为主。通常，刨削的生产率较铣削低，但机床运动精度易于保证，刨刀的刃磨和调整也较方便，故在单件小批生产中应用较多。

宽刀精刨可达到较高的精度和较低的表面粗糙度，在大平面精加工中用以代替刮研。

刮研是获得精密平面的传统加工方法，由于其生产率低、劳动强度大，已逐渐被其他机械加工方法代替，但在单件小批生产中仍普遍采用。

（3）粗铣（刨）—半精铣（刨）—粗磨—精磨—研磨、导轨磨、砂带磨或抛光

此工艺路线主要用于淬硬表面或高精度表面的加工，淬火工序可安排在半精铣（刨）之后。

（4）粗拉—精拉

这是一条适合于大批量生产的加工路线，主要特点是生产率高，特别是对台阶面或有沟槽的表面，优点更为突出。如发动机缸体的底平面、曲轴轴承座的半圆孔及分界面，都是一次拉削完成的。由于拉削设备和拉刀价格昂贵，因此只有在大批量生产中使用才经济。由于拉床有空程损失、耗能高，故此工艺已趋于淘汰。

（5）粗车—半精车—精车—金刚石车

此加工路线主要用于有色金属零件的平面加工，如轴类零件的端面。如果是黑色金属，则在精车以后安排精磨、砂带磨等工序。各类典型平面加工路线所应用的生产类型见表9-12。

表9-12 典型平面加工路线特点比较

加工路线 特点	粗铣—半精铣—精铣—高速精铣	粗刨—半精刨—精刨—宽刀精刨或刮研	粗铣（刨）—半精铣（刨）—粗磨—精磨—研磨、导轨磨、砂带磨或抛光	粗拉—精拉	粗车—半精车—精车—金刚石车
生产类型	大批量	小	小	大	各种

9.2.5 加工顺序的安排

1. 切削加工顺序安排的原则

在第2章汽车典型零件机械加工过程介绍中，已分别对其加工阶段的划分及应用原则进行过重点说明。在上一节外圆表面、圆孔及平面的加工路线介绍中，也充分体现了一些原则的贯彻使用。总结起来，安排切削加工顺序的原则如下：

（1）先粗后精

零件的加工一般应划分加工阶段，以将粗精加工分开进行。即先进行粗加工，然后进行半精加工，最后进行精加工和光整加工。

（2）先主后次

先考虑主要表面的加工，后考虑次要表面的加工。因为主要表面加工容易出废品，应放在前阶段进行，以减少工时的浪费。应予指出，先主后次的原则必须正确理解和使用。次要表面一般加工余量较小，加工起来比较方便。因此，把次要表面穿插在各加工阶段中进行，就能使加工阶段的任务进展更加明显和顺利，还能增长加工阶段的时间间隔，并有足够的时间让残余应力重新分布以使其引起的变形充分体现，便于在后续工序中做到及

时修正。

（3）先面后孔

先加工平面，后加工孔。因为平面一般面积较大，轮廓平整。先加工好平面，便于加工孔时的定位安装，利于保证孔与平面的位置精度，同时也能给孔的加工带来方便。另外，由于平面已加工好，对于平面上的孔加工时，应使刀具的初始工作条件得以改善。

（4）先基准后其他

第一道工序一般进行定位基面的粗加工或半精加工，有时还包括精加工。然后以精基面来定位加工其他表面，如曲轴第一道工序就是加工第四主轴颈，最后以其为精基准来加工其他轴颈。

2. 热处理工序的安排

汽车零件机械加工过程中，合理穿插退火、正火、淬火或调质与表面热处理等热处理工序是十分重要的技术环节。其执行原则是：

① 为改善材料切削性能而进行的热处理工序（如退火、正火等），须安排在切削加工之前。

② 为消除内应力而进行的热处理工序（如退火、人工时效等），最好在粗加工之后、精加工之前进行，有时也可在切削加工之前进行。

③ 为改善工件材料的力学性能而进行的热处理工序（如调质、淬火或表面淬火等）通常安排在粗加工后、精加工之前。其中渗碳淬火一般安排在磨削加工之前。对于表面淬火、渗碳和离子氮化等变形小的热处理工序，可允许安排在精加工后进行。

④ 为了提高零件表面耐磨性或耐蚀性而进行的热处理工序以及以装饰为目的的热处理工序或表面处理工序（如镀铬、镀锌、氧化、磷化等）一般放在工艺过程的最后。

3. 辅助工序的安排

辅助工序一般包括去毛刺、倒棱、清洗、探伤、校直、防锈、退磁和检验等。其中检验工序是主要的辅助工序，它对保障产品质量有着极其重要的作用。

检验工序的安排原则：

① 安排在关键工序或较长工序前后。

② 零件换车间加工前后，特别是在热处理工序前后一般都要进行形状、尺寸和表面硬度，甚至是 X 光透视或金相组织的检查。

③ 在粗加工后精加工前的中间检查。

④ 零件全部加工完毕的最终检测等。

9.2.6　工序的集中与分散

在安排机械加工过程中，有一个工序集中还是工序分散的选择问题。所谓工序集中就是将工件加工内容集中在少数几道工序内完成，每道工序的加工内容较多。工序分散就是将工件加工内容分散在较多的工序中进行，每道工序的加工内容较少，工序最少时可以少到一道工序只包含一个简单工步。

工序集中可用多刀、多轴机床、自动机床、数控机床和加工中心等技术措施集中，称为机械集中；也可采用普通机床顺序加工，称为组织集中。

1. 工序集中

采用工序集中，在一次安装中可完成零件多个表面加工，能较好地保证这些表面的相互位置精度，同时减少了装夹时间和工件在车间内的搬运工作量，有利于缩短生产周期。

工序集中将减少机床和操作工人数量，节省车间面积，简化生产计划和生产组织工作。

工序集中还可采用高效率的机床或自动线、数控机床等，生产率高。

因为工序集中需要采用专用设备和工装，使得投资增大，后期设备调整和维修复杂，生产准备工作量增加。

2. 工序分散

工序分散就是将工件加工内容分散在较多的工序中进行，每道工序的加工内容较少，其机床设备及工艺装备简单，调整和维修方便，工人易于掌握，生产准备工作量少，便于平衡工序时间。

工序分散可采用最合理的切削用量，以减少基本时间，且其所需设备数量和操作工人多，占用场地大。

3. 工序集中与工序分散的应用比较

工序集中和工序分散各有利弊，应根据生产类型、现有生产条件、企业能力、工件结构特点和技术要求等进行综合分析，择优选用。

单件小批生产采用通用机床顺序加工，使工序集中，可以简化生产计划和生产组织。多品种小批量生产可采用数控机床等先进的加工方法。

对于重型工件，为了减少工件装卸和运输的劳动量，工序应适当集中。

大批大量生产的产品，可采用专用设备和工艺装备，如多刀、多轴机床或自动机床等，将工序集中，也可将工序分散后组织流水生产，但对一些结构简单的产品，如轴承和刚性较差、精度较高的的精密零件，则工序应适当分散。

9.2.7 加工阶段的划分

为了保证零件的加工质量、生产效率和经济性，即贯彻"质量、效率、成本和安全"原则，通常在安排工艺路线时，都必须划分成几个加工阶段。对于一般精度要求的零件，可划分成粗加工、半精加工和精加工三个阶段。对精度要求高的零件，尚需随后相继安排精密加工（含光整加工）和超精密加工阶段。各阶段的主要任务如下：

（1）粗加工阶段

粗加工阶段将去除各加工表面的大部分余量，约占总余量的75%，并加工出精基准。

（2）半精加工阶段

半精加工用来减少粗加工阶段留下的误差，使加工面达到一定的精度，为精加工做好准备，并完成一些精度要求不高的表面，如非配合面的加工等。

（3）精加工阶段

精加工阶段主要是保证零件的尺寸、形状、位置精度及表面粗糙度符合图纸要求。这是相当关键的加工阶段。大多数表面至此加工完毕，也为少数需要后续精密加工或光整加工做好准备。

（4）精密和超精密加工阶段

精密和超精密加工必须采用一些高精度的加工方法，如精密磨削、珩磨、研磨、金刚石车削等，以进一步提高表面的尺寸和形状精度、降低表面粗糙度，最终达到图纸的精度要求。

9.3 加工余量与工序尺寸

9.3.1 加工余量的概念

1. 加工总余量与工序余量

加工总余量即毛坯余量，是指毛坯尺寸与零件设计尺寸之差，也就是某加工表面上需要切除的金属层总厚度。工序余量是指相邻两工序的尺寸之差，也就是某道工序所切除的金属层厚度，也可以理解为工件被加工面对于切削刀具的相对位置，即有

$$Z_0 = Z_1 + Z_2 + Z_3 + \cdots + Z_n = \sum_{i=1}^{n} Z_i \tag{9-1}$$

式中，Z_0——加工总余量（mm）；
Z_i——第 i 道工序余量（mm）；
n——工序数目。

工序余量可以分为单边余量和双边余量。通常平面加工属于单边余量（见图9-16），回转面如外圆、内孔加工等和某些对称平面如键槽等加工均属于双边余量［见图9-17 (a) ~ 图9-17 (c)］。

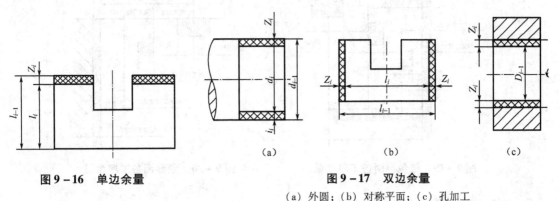

图9-16 单边余量　　图9-17 双边余量
(a) 外圆；(b) 对称平面；(c) 孔加工

单边余量。设某加工表面上道工序的尺寸为 l_{i-1}，本道工序的尺寸为 l_i，则本道工序的基本余量 Z_i 可表示为

$$Z_i = l_{i-1} - l_i \tag{9-2}$$

零件的对称面，其加工余量为双边余量（见图9-17），即

$$2Z_i = l_{i-1} - l_i \tag{9-3}$$

同样，外圆表面：

$$2Z_i = d_{i-1} - d_i \quad (9-4)$$

内圆表面：

$$2Z_i = D_i - D_{i-1} \quad (9-5)$$

加工余量也有公差，其公差大小等于本道工序尺寸公差 T_b 与上道工序尺寸公差 T_a 之和（见图9-18），即

$$T_z = T_a + T_b \quad (9-6)$$

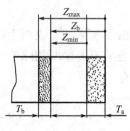

图9-18 加工余量及公差

工序尺寸的公差按"入体原则"标注，好处是可以减少废品。因为人们加工时，习惯将粗加工靠近名义尺寸，而公差带则标注在名义尺寸之外，故起到了"过载"保护的作用。

图9-19和图9-20分别表示了被包容面与包容面的工序尺寸及其公差、工艺余量和毛坯余量之间的关系。图9-19和图9-20中工艺过程包括粗加工、半精加工、精加工三道工序。

图9-19和图9-20中 $d_{坯}(D_{坯})$、$d_1(D_1)$、$d_2(D_2)$、$d_3(D_3)$ 分别表示毛坯、粗加工、半精加工和精加工工序尺寸；

Z_1、Z_2、Z_3 分别表示粗加工、半精加工和精加工工序余量，Z_0 表示毛坯总余量；$T_{坯}$、T_1、T_2、T_3 分别表示毛坯、粗加工、半精加工、精加工工序余量公差。

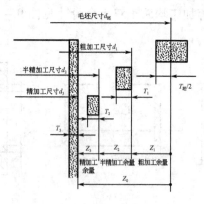

图9-19 被包容面各工序余量

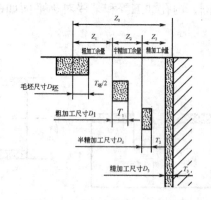

图9-20 包容面各工序余量

2. 最小加工余量

加工余量主要取决于前一工序加工面（或毛坯面）的状态。为保证本工序的加工精度，需将前一工序加工面（或毛坯面）的缺陷和误差部分去除。

如图9-21所示，最小加工余量包括以下四种误差与表面缺陷层深度累计，即：

① 上道工序加工表面（或毛坯表面）的表面质量，即表面粗糙度高度 Ry 和表面缺陷层深度 H_a（见表9-13）。

② 上道工序的尺寸公差 T_a。

③ 上道工序的位置误差 e_a。

④ 本工序的安装误差 ε_b。

安装误差 ε_b 将直接影响被加工面对于切削刀具的相对位置,因此也应该包含在最小余量之中。要注意的是安装误差具有方向性,如图 9-22 所示,如果刀具一旦调整好,它与正确基准线距离不变,其安装误差为正时会增大切削余量,安装误差为负时会减少切削余量。

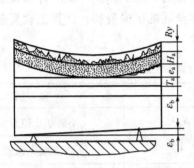

图 9-21 最小加工余量构成

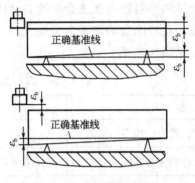

图 9-22 安装误差图解

表 9-13 各种加工方法的表面粗糙度 Ry 和表面缺陷层 H_a 的数值　　　　μm

加工方法	Ry	H_a	加工方法	Ry	H_a
粗车内外圆	15~100	40~60	磨端面	1.7~15	15~35
精车内外圆	5~40	30~40	磨平面	1.5~15	20~30
粗车端面	15~225	40~60	粗刨	15~100	40~50
精车端面	5~54	30~40	精刨	5~45	25~40
钻	45~225	40~60	粗插	25~100	50~60
粗扩孔	25~225	40~60	精插	5~45	35~50
精扩孔	25~100	30~40	粗铣	15~225	40~60
粗铰	25~100	25~30	精铣	5~45	25~40
精铰	8.5~25	10~20	拉	1.7~45	10~20
粗镗	25~225	30~50	切断	45~225	60
精镗	5~25	25~40	研磨	0~1.6	3~5
磨外圆	1.7~15	15~25	超级加工	0~0.8	0.2~0.3
磨内圆	1.7~15	20~30	抛光	0.06~1.6	2~5

对于单边余量:

$$Z_{\min} \geq T_a + Ry + H_a + e_a + \varepsilon_b \tag{9-7}$$

对于双边余量:

$$Z_{\min} \geq T_a + 2 \times (Ry + H_a + e_a + \varepsilon_b) \tag{9-8}$$

3. 确定加工余量的方法

确定加工余量有三种方法，即分析计算法、经验估计法和修正法。

(1) 分析计算法

分析计算法是对影响加工余量的各种因素进行分析，然后根据一定的计算式来计算加工余量的方法。此法确定的加工余量较合理，但需要全面的试验资料，计算也较复杂，实际上很少应用，见表 9-14。

表 9-14 几种加工方法的加工余量计算法

加工方式	加工余量	说　明
浮动镗刀、铰刀、拉刀加工孔	$T_a + 2(R_y + H_a)$	不能纠正位置误差
无心磨床磨外圆	$T_a + 2(R_y + H_a + e_a)$	无装夹误差
研磨、珩磨、抛光	$2R_y$（孔加工） R_y（平面加工）	仅去掉前工序表面痕迹

分析计算法多用于大批量生产或贵重材料零件的加工。对于成批单件生产，目前大部分工厂都采用查表法或经验法来确定工序余量和总余量。

(2) 查表法

查表法是根据有关手册提供的资料查出各表面的总余量以及不同加工方法的工序余量的方法。这种方法方便迅速，使用广泛。

(3) 经验法

经验估算法是根据工艺人员的经验来确定加工余量的方法。为避免产生废品，其所确定的加工余量一般偏大，适于单件小批生产。

9.3.2 工序尺寸及公差的确定

在加工过程中，多数情况属于基准重合。此时，可按如下方法确定各工序尺寸和公差。

① 先确定各工序加工余量。

② 从最终加工工序开始，即从设计尺寸开始，依次根据各工序加工余量计算出各工序的基本尺寸，直到毛坯尺寸为止。

③ 除最终加工工序取设计尺寸公差外，其余各工序按各自采用的加工方法所对应的经济加工精度确定工序尺寸公差。

④ 除最终加工工序按图纸标注公差外，其余各工序按"入体原则"标注工序尺寸公差。

⑤ 一般毛坯余量已事先确定，故第 1 道工序的余量由毛坯余量减去后续各半精加工和精加工的工序余量之和而求得。

[例] 某机床主轴一外圆设计尺寸要求为 $\phi 50_{-0.011}^{0}$，表面粗糙度为 $Ra0.4\mu m$，若采用加工路线为：粗车—半精车—粗磨—精磨—研磨。试确定各加工工序的加工余量、工序尺寸及其公差。

按机械加工手册所给数据，并按上述方法确定的工序尺寸及公差列于表 9-15。

表 9-15 主轴外圆工序尺寸及公差的确定

工序名称	工序余量/mm	经济精度/mm	表面粗糙度 Ra/μm	工序尺寸/mm	尺寸公差/mm
研磨	0.01	h5 ($^{\ 0}_{-0.011}$)	0.04	50	$\phi 50^{\ 0}_{-0.011}$
精磨	0.1	h6 ($^{\ 0}_{-0.016}$)	0.16	50 + 0.01 = 50.01	$\phi 50.01^{\ 0}_{-0.016}$
粗磨	0.3	h8 ($^{\ 0}_{-0.039}$)	1.25	50.01 + 0.1 = 50.11	$\phi 50.11^{\ 0}_{-0.039}$
半精车	1.1	h11 ($^{\ 0}_{-0.016}$)	2.5	50.11 + 0.3 = 50.41	$\phi 50.41^{\ 0}_{-0.016}$
粗车	4.49	h13 ($^{\ 0}_{-0.039}$)	16	50.41 + 1.1 = 51.51	$\phi 51.51^{\ 0}_{-0.039}$
锻造		±2		51.51 + 4.49 = 56	$\phi 56 \pm 2$

9.4 工艺尺寸链

9.4.1 直线尺寸链概述

在零件加工过程中,由同一零件有关工序尺寸所形成的尺寸链,称为工艺尺寸链。

尺寸链中的每一个尺寸,称为尺寸链的尺寸环。各尺寸环按其形成的顺序和特点,可分为封闭环和组成环。凡在零件加工过程中最终形成的环(或间接得到的环)称为封闭环,如图 9-23 中的尺寸 A_0。尺寸链中除封闭环以外的各环,称为组成环,组成环按其对封闭环影响又可分为增环和减环。

凡其环变动(增大或减小)引起封闭环同向变动(增大或减小)的环,称为增环。反之,由于其环变动(增大或减小)引起封闭环反向变动(减小或增大)的环,称为减环。

9.4.2 尺寸链的计算

工艺尺寸链基本上均用极值法计算。极值法是根据尺寸链尺寸及公差关系和各环上、下偏差关系计算封闭环公差的方法。该法使用简便、可靠。

尺寸链尺寸及公差关系和尺寸链偏差关系如图 9-24 和图 9-25 所示。

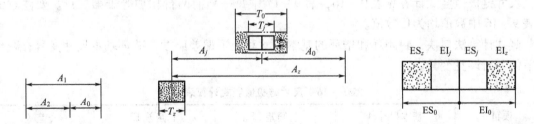

图 9-23 尺寸链示例　　图 9-24 尺寸链尺寸及公差关系　　图 9-25 各环上、下偏差关系

由图可知,减环 A_j 的公差 T_j、增环 A_z 的公差 T_z、减环 A_j 及 T_j 均可随增环 A_z 增加或减小,并在增环 A_z 公差范围 T_z 内做水平移动。

由图 9-24 和图 9-25 可得出下列计算公式。

1. 封闭环的基本尺寸

封闭环的基本尺寸等于各增环基本尺寸之和减去各减环基本尺寸之和。即

$$A_0 = \sum_{z=1}^{m} A_z - \sum_{j=m+1}^{n-1} A_j \qquad (9-9)$$

式中，A_0——封闭环的基本尺寸；

A_z——增环的基本尺寸；

A_j——减环的基本尺寸；

m——增环数；

n——尺寸链总环数。

2. 封闭环上、下偏差

封闭环的上（下）偏差等于各增环上（下）偏差之和减去各减环下（上）偏差之和，即

$$ES_0 = \sum_{z=1}^{m} ES_z - \sum_{j=m+1}^{n-1} EI_j \qquad (9-10)$$

$$EI_0 = \sum_{z=1}^{m} EI_z - \sum_{j=m+1}^{n-1} ES_j \qquad (9-11)$$

式中，ES_0、EI_0——封闭环的上、下偏差；

ES_z、EI_z——增环的上、下偏差；

ES_j、EI_j——减环的上、下偏差。

3. 封闭环公差

封闭环的公差等于各组成环公差之和，即

$$T_0 = \sum_{i=1}^{n-1} T_i \qquad (9-12)$$

式中，T_0——封闭环公差（极值公差）；

T_i——组成环公差。

4. 极值竖式法

尺寸链极值竖式计算见表 9-16，表 9-17 中每一列前两行相加等于第三行。要注意的是表 9-16 中数值均为代数值。

竖式计算法口诀：封闭环和增环的基本尺寸和上下偏差照抄；减环基本尺寸变号；减环上下偏差对调且变号。

表 9-16 尺寸链极值竖式计算表

项目	基本尺寸 A	上偏差 ES	下偏差 EI	公差 T
增环	$+A_z$	ES_z	EI_z	T_z
减环	$-A_j$	$-EI_j$	$-ES_j$	T_j
封闭环	A_0	ES_0	EI_0	T_0

9.4.3 几种典型工艺尺寸链计算

1. 工艺基准与设计基准不重合时工序对及偏差的计算

(1) 定位基准与设计基准不重合

[**例1**] 本工序以 A 面为定位基面,加工 B 面,保证尺寸 $25^{+0.25}_{\ 0}$。试计算从 A 面至 B 面的工序尺寸 A_2 及偏差,如图 9-26(a)所示。

[**解**] 由题意知,工艺尺寸链如图 9-26(b)所示,计算所需工序尺寸 A_2 及偏差。

设尺寸 A_1 已加工好,可直接得到;尺寸 A_2 也能直接得到;由此,A_1、A_2 为组成环,尺寸 A_0 为间接得到,属封闭环。其中 A_1 为增环(A_1 增大或减小引起封闭环同向变动),A_2 为减环(A_2 增大或减小引起封闭环反向变动)。

将已知数据引入表 9-17 中,参照竖式计算法口诀,即可求出 $A_2 = 35^{-0.1}_{-0.25}$。

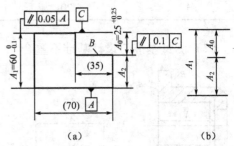

图 9-26 例 1 图
(a) 零件图;(b) 尺寸链

表 9-17 例 1 尺寸链极值竖式计算表 mm

项目	A	ES	EI	T
A_{1z}	+60	0	-0.10	0.10
A_{2j}	-(35)	-(-0.25)	-(-0.10)	0.15
A_0	25	+0.25	0	0.25

[**例2**] 本工序加工直角面 C 和 D。以左端 A 面为定位基面,加工 C 面,保证尺寸 $20^{\ 0}_{-0.2}$,设计基准为 B 面。试计算从 A 面至 C 面的工序尺寸 A 及偏差。

[**解**]:工艺尺寸链如图 9-27(b)所示。由题意知,尺寸 $40^{+0.05}_{\ 0}$ 已直接加工好,且为增环,65 ± 0.05 已直接加工好且为减环。$20^{\ 0}_{-0.2}$ 间接形成封闭环。将已知数据引入表 9-18 中,即可得所求为:$A = 45^{-0.1}_{-0.15}$。

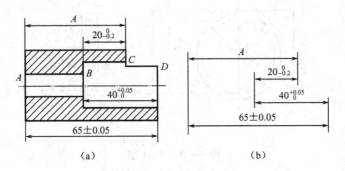

图 9-27 例 2 图
(a) 零件图;(b) 尺寸链

表 9-18　例 2 尺寸链极值竖式计算表　　　　　　　　　　　　　　　　　mm

项目	A	ES	EI	T
A_z	+45	-0.10	-0.15	0.05
A_z	+40	+0.05	0	0.05
A_j	-65	-(-0.05)	-(+0.05)	0.10
A_0	20	0	-0.20	0.20

（2）测量基准与设计基准不重合

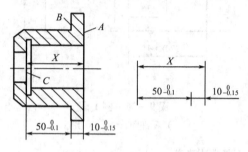

图 9-28　例 3 图

[例 3]　如图 9-28 所示，本工序加工 C 面。为保证设计尺寸 $50_{-0.1}^{\ 0}$，其设计基准为 B 面。由于该尺寸不便测量，现改为以右端 A 面为测量基准。由于测量基准与设计基准不重合，需计算测量尺寸 X。

[解]　由题意知，封闭环为 $50_{-0.1}^{\ 0}$，增环为 X，减环为 $10_{-0.15}^{\ 0}$。由于 $T_j > T_0$，将 T_j 改为 0.06，得 $A_j = 10_{-0.06}^{\ 0}$，见表 9-19 可得 $X = 60_{-0.1}^{-0.06}$。

表 9-19　例 3 尺寸链极值竖式计算表　　　　　　　　　　　　　　　　　mm

项目	A	ES	EI	T
X_z	+60	-0.06	-0.10	0.04
A_j	-10	-(-0.06)	0	0.06
A_0	50	0	-0.10	0.10

2. 工序间的工序尺寸及偏差的计算

[例 4]　如图 9-29 所示为一带键槽的齿轮孔加工。镗内孔至 $\phi 39.6_{\ 0}^{+0.1}$；插键槽至尺寸 A；热处理；磨内孔至 $\phi 40_{\ 0}^{+0.05}$，并同时间接保证键槽深度尺寸 $43.6_{\ 0}^{+0.34}$。

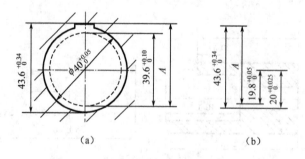

图 9-29　例 4 图
(a) 零件图；(b) 尺寸链图

[解]　由题意知，封闭环为：$43.6_{\ 0}^{+0.34}$；增环为 A 和孔的半径 $20_{\ 0}^{+0.025}$；

减环为镗内孔半径 $19.8^{+0.05}_{0}$。将已知数据带入表 9-20 中得 $A = 43.4^{+0.315}_{+0.05}$。

表 9-20　例 4 尺寸链极值竖式计算表　　　　　　　　mm

项目	A	ES	EI	T
A_z	20	+0.025	0	0.025
A_z	43.4	+0.315	+0.05	0.255
A_j	19.8	+0.05	0	0.05
A_0	43.6	+0.34	0	0.34

9.5　机械加工生产率和经济性

9.5.1　生产率

生产率是衡量生产效率的一个综合性指标，其表示在单位时间内生产出合格产品的数量或在单位时间内为社会创造财富的价值。不断提高劳动生产率是降低成本、增加积累和扩大再生产的主要途径，但需注意生产率与产品质量、加工成本之间的关系。首先，任何提高劳动生产率的措施必须以保证产品质量为前提，否则毫无意义。其次，提高劳动生产率时应该具有成本核算观点。在工艺过程中，若不恰当地采用自动化程度过高、复杂而又昂贵的设备，则生产率虽有提高，但由于设备折旧费太大，结果加工成本却高出很多。

1. 时间定额

时间定额是指在一定生产条件下，规定生产一件产品或完成一道工序所需消耗的时间。时间定额是安排作业计划、进行成本核算、确定设备数量、人员编制及规划生产面积的重要依据，是工艺规程的重要组成部分。

2. 时间定额组成

（1）基本时间

基本时间是指直接用于改变生产对象的尺寸、形状、相互位置，以及表面状态或材料性质等的工艺过程所消耗的时间。对于切削加工而言，基本时间是指切去材料所消耗的机动时间，包括真正用于切削加工的时间以及切入与切出时间。

（2）辅助时间

辅助时间指为实现工艺过程而必须进行的各种辅助动作所消耗的时间。这里所说的辅助动作包括装卸工件、开停机床、改变切削用量、测量工件以及进退刀等。确定辅助时间的方法主要有两种：在大批量生产中，将各辅助动作分解，然后采用实测或查表的方法确定各分解动作所需消耗的时间，并累计。在中、小批生产中，按基本时间的一定百分比估算并在实际生产中进行修改，使之趋于合理。

（3）布置工作地时间

布置工作地时间指为使加工正常进行，工人照管工作地（如更换刀具、润滑机床、清理切屑、收拾工具等）所消耗的时间。

（4）休息和生理需要时间

(5) 准备和终结时间

准备和终结时间指为生产一批产品或零部件而进行准备和结束工作所消耗的时间。包括加工一批工件前熟悉工艺文件、准备毛坯、安装刀具和夹具、调整机床等准备工作，加工一批工件后拆下和归还工艺装备、发送成品等结束工作的时间。

3. 单件时间的计算公式

$$T_S = t_B + t_A + t_C + t_R \tag{9-13}$$

式中，T_S——单件时间；
t_B——基本时间；
t_A——辅助时间；
t_C——布置工作地时间；
t_R——休息与生理需要时间。

4. 单件工时定额的计算公式

$$T_Q = T_S + t_p/B \tag{9-14}$$

式中，T_Q——单件工时定额；
t_P——准备终结时间；
B——批量。

在大批量生产中，由于 t_P/B 数值很小，常常忽略不计，此时可令

$$T_Q = t_S \tag{9-15}$$

9.5.2 提高生产率的措施

1. 缩短基本时间

(1) 提高切削用量

提高切削速度 v、进给量 f 和背吃刀量 a_p，都可以缩短基本时间。

(2) 减少切削行程长度

减少切削行程长度也可以缩减基本时间，如采用排刀装置，用几把车刀同时加工同一表面。

(3) 合并工步

用几把刀具或复合刀具对同一工件的几个不同表面或同一表面同时进行加工，或把原来单独的几个工步集中为一个复合工步，各工步的基本时间就可以全部或部分相重合，从而减少工序的基本时间。

(4) 采用多件加工

多件加工。顺序多件加工即工件顺着走刀方向一个接着一个装夹，如图 9 - 30（a）所示。这种方法减少了刀具切入和切出的时间，也减少了分摊到每一个工件上的辅助时间。平行多件加工即在一次走刀中同时加工多个平行排列的工件，如图 9 - 30（b）所示。平行顺序多件加工为上述两种方法的综合应用，如图 9 - 30（c）所示，这种方法适用于工件较小、批量较大的情况。

第9章 汽车零件加工工艺规程的制定

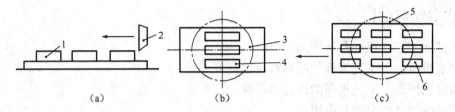

图9-30 多件加工
(a) 顺序加工；(b) 平行加工；(c) 平行顺序综合加工
1, 4, 6—工件；2—刨刀；3—铣刀；5—砂轮

2. 缩短辅助时间

图9-31所示为采用辅助时间与基本时间重合来提高生产率的例子。其实，平时从事任何工作或日常生活，为提高工作或时间效率，也常常需要建立这个正确的理念。

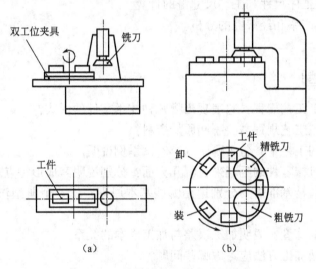

图9-31 辅助时间与基本时间重合
(a) 直线往复移动式加工；(b) 连续式回转加工

生产中，如果辅助时间占单件时间的55%~70%以上，那么，人们就必须考虑缩短辅助时间来提高生产率。由此，采用快速动作夹具和自动上、下料装置等都可以有效缩短装卸工件所占用的辅助时间。采用转位夹具或转位工作台，在利用机床加工的时间内装、卸工件，即将装、卸工件的辅助时间与基本时间重合。图9-31 (a) 所示为直线往复移动式加工；图9-31 (b) 所示为连续式回转加工。

3. 缩短技术性服务时间

缩短技术性服务时间主要是指耗费在更换刀具、修磨砂轮、调整刀具位置的时间。通常可以采用快速换刀、快速对刀、机夹式不刃磨刀具等措施来减少技术性服务时间。

4. 缩短准备结束时间

实践证明，采用成组技术，把结构形状、技术条件和工艺过程都比较接近的工件归为一类，制定出典型的工艺规程并为之选择、设计好一套工具和夹具，可以缩短准备结束时间。这样，在更换下一批同类工件时就不必更换工具和夹具或经过少许调整就能投入生产。

【本章知识点】

1. 机械加工工艺规程及其作用。
2. 制定机械加工工艺规程的原则和原始资料。
3. 制定机械加工工艺规程的内容和步骤。
4. 粗基准选择的原则与应用。
5. 精基准选择的原则与应用。
6. 各种机械加工方法所对应的经济加工精度和表面粗糙度状况。
7. 汽车零件三类典型表面，即外圆表面、圆孔及平面的加工路线。
8. 切削加工顺序安排的原则。
9. 热处理工序和辅助工序在机械加工加工路线安排中的意义与要求。
10. 工序集中与工序分散的应用意义与安排原则。
11. 加工余量、工序尺寸和工艺尺寸链的计算。
12. 机械加工生产率和经济性的分析。

【思考与习题】

1. 何谓机械加工工艺规程？它表现出哪几种技术文件的形式？
2. 制定机械加工工艺规程需要哪些原始资料？
3. 进行零件结构工艺审查包含哪些内容？试举例说明。
4. 汽车与常用机械零件的毛坯来自哪几方面？分别说明其成形特点。
5. 选择粗基准和精基准需要分别遵循哪些基本原则？就一个典型汽车零件的加工工艺分别予以说明。
6. 何谓经济加工精度？说明加工误差与加工成本的关系。
7. 选择零件机械加工方法应考虑哪些问题？
8. 说明并比较外圆表面加工的四条典型加工路线。
9. 说明并比较圆孔加工的四条基本加工路线。
10. 说明并比较平面加工的五种加工路线方案。
11. 说明切削加工顺序安排的原则及应用。
12. 说明热处理在机械加工路线安排中的意义与要求。举例说明热处理工艺在机械加工工艺过程中的安排与作用。
13. 说明机械加工辅助工序的内容与作用。
14. 何谓机械加工过程中的工序集中与工序分散？说明其安排原则。
15. 说明加工余量与工序尺寸计算的意义。
16. 何谓工艺尺寸链？何谓增环、减环与封闭环？如何运用极值竖式计算方法计算尺寸链？
17. 何谓时间定额？机械加工中时间定额由哪几方面的内容组成？
18. 如何提高机械加工的生产效率？说明缩短机械加工基本时间的具体措施。

参 考 文 献

[1] 韩英淳. 汽车制造工艺学 [M]. 北京：人民交通出版社，2005.
[2] 王永伦. 汽车制造工艺基础 [M]. 北京：机械工业出版社，2012.
[3] 何耀华. 汽车制造工艺 [M]. 北京：机械工业出版社，2012.
[4] 唐远志. 汽车制造工艺 [M]. 北京：化学工业出版社，2012.
[5] 周述积. 材料成形工艺 [M]. 北京：机械工业出版社，2005.
[6] 钟诗清. 汽车制造工艺学 [M]. 广州：华南理工大学出版社，2011.

发表文章